高等学校应用型特色规划教材·经管系列

成本会计理论与实务
(第二版)

冯 浩 刘克自 编 著

清华大学出版社

北 京

内容简介

　　本书是依据教育部关于加速培养高素质应用型人才的精神，针对应用型本科院校经济类、管理类专业的教学要求及特点而编写的成本会计教材。本书既注重对基本理论的分析与概括，又注重对成本会计实务的应用操作，采用大量实际操作案例，能同时满足课堂教学和自学的需要。全书共 8 章，包括成本核算的基本要求、基本原理、基本程序和基本方法，成本核算的其他方法，作业成本核算方法，成本控制与成本考核，成本费用报表与成本费用分析。

　　本书适用于应用型高等院校的经济类、管理类专业的学生；同时也可作为财经管理工作人员的学习和培训用书。

图书在版编目(CIP)数据

　　成本会计理论与实务(第二版)/冯浩，刘克自编著.--北京：清华大学出版社，2010.10(2016.4 重印)
(高等学校应用型特色规划教材　经管系列)
ISBN 978-7-302-23793-8

　　Ⅰ.①成…　Ⅱ.①冯…②刘…　Ⅲ.①成本会计—高等学校—教材　Ⅳ.①F234.2

　　中国版本图书馆 CIP 数据核字(2010)第 171836 号

责任编辑：温　洁
封面设计：杨玉兰
版式设计：北京东方人华科技有限公司
责任校对：周剑云
责任印制：李红英

出版发行：清华大学出版社
　　　　网　　　址：http://www.tup.com.cn，http://www.wqbook.com
　　　　地　　　址：北京清华大学学研大厦 A 座　　　　邮　　编：100084
　　　　社 总 机：010-62770175　　　　　　　　　　邮　　购：010-62786544
　　　　投稿与读者服务：010-62776969，c-service@tup.tsinghua.edu.cn
　　　　质 量 反 馈：010-62772015，zhiliang@tup.tsinghua.edu.cn
印 刷 者：清华大学印刷厂
装 订 者：三河市新茂装订有限公司
经　　销：全国新华书店
开　　本：185mm×230mm　　印　张：19.5　　字　数：419 千字
版　　次：2010 年 10 月第 2 版　　印　次：2016 年 4 月第 5 次印刷
印　　数：8501～9500
定　　价：29.00 元

产品编号：038930-01

出版说明

　　应用型人才是指能够将专业知识和技能应用于所从事的专业岗位的一种专门人才。应用型人才的本质特征是具有专业基本知识和基本技能，即具有明确的职业性、实用性、实践性和高层次性。加强应用型人才的培养，是"十一五"时期我国教育发展与改革的重要目标，也是协调高等教育规模速度与市场人才需求关系的重要途径。

　　教育部要求今后需要有相当数量的高校致力于培养应用型人才，以满足市场对应用型人才需求量的不断增加。为了培养高素质应用型人才，必须建立完善的教学计划和高水平的课程体系。在教育部有关精神的指导下，我们组织全国高校的专家教授，努力探求更为合理有效的应用型人才培养方案，并结合我国当前的实际情况，编写了这套《高等学校应用型特色规划教材　经管系列》丛书。

　　为使教材的编写真正切合应用型人才的培养目标，我社编辑在全国范围内走访了大量高等学校，拜访了众多院校主管教学的领导，以及教学一线的系主任和教师，掌握了各地区各学校所设专业的培养目标和办学特色，并广泛、深入地与用人单位进行交流，明确了用人单位的真正需求。这些工作为本套丛书的准确定位、合理选材、突出特色奠定了坚实的基础。

❖ 教材定位

➢ 以就业为导向。在应用型人才培养过程中，充分考虑市场需求，因此本套丛书充分体现"就业导向"的基本思路。

➢ 符合本学科的课程设置要求。以高等教育的培养目标为依据，注重教材的科学性、实用性和通用性。

➢ 定位明确。准确定位教材在人才培养过程中的地位和作用，正确处理教材的读者层次关系，面向就业，突出应用。

➢ 合理选材、编排得当。妥善处理传统内容与现代内容的关系，大力补充新知识、新技术、新工艺和新成果。根据本学科的教学基本要求和教学大纲的要求，制订编写大纲(编写原则、编写特色、编写内容、编写体例等)，突出重点、难点。

➢ 建设"立体化"的精品教材体系。提倡教材与电子教案、学习指导、习题解答、课程设计、毕业设计等辅助教学资料配套出版。

✧ 丛书特色

➢ 围绕应用讲理论，突出实践教学环节及特点，包含丰富的案例，并对案例作详细解析，强调实用性和可操作性。

➢ 涉及最新的理论成果和实务案例，充分反映岗位要求，真正体现以就业为导向的培养目标。

➢ 国际化与中国特色相结合，符合高等教育日趋国际化的发展趋势，部分教材采用双语形式。

➢ 在结构的布局、内容重点的选取、案例习题的设计等方面符合教改目标和教学大纲的要求，把教师的备课、授课、辅导答疑等教学环节有机地结合起来。

✧ 读者定位

本系列教材主要面向普通高等院校和高等职业技术院校，适合应用型人才培养的高等院校的教学需要。

✧ 关于作者

丛书编委特聘请执教多年且有较高学术造诣和实践经验的教授参与各册教材的编写，其中有相当一部分的教材主要执笔者是精品课程的负责人，本丛书凝聚了他们多年的教学经验和心血。

✧ 互动交流

本丛书的编写及出版过程，贯穿了清华大学出版社一贯严谨、务实、科学的作风。伴随我国教育改革的不断深入，要编写出满足新形势下教学需求的教材，还需要我们不断地努力、探索和实践。我们真诚希望使用本丛书的教师、学生和其他读者提出宝贵的意见和建议，使之更臻成熟。

清华大学出版社

第二版前言

本书自出版以来，得到了社会各界的一致好评，被多家兄弟院校以及各类培训机构选为教材，在此，我们对广大读者的厚爱表示最真诚的谢意。

为给读者提供更好的服务，我们对本教材进行了全面的修订和完善。在第一版的基础上，本次重新修订了各章中过时的资料和数据。修改了书中部分章节的例题。对各章的复习思考题进行了重新提炼和修订，补编了各章复习思考题的参考答案，重新制作了PPT课件。使用本教材的任课教师可登录清华大学出版社网站(www.tup.tsinghua.edu.cn)查询或下载。

本次修订由湖北大学冯浩教授和刘克自老师编著。冯浩负责各章正文部分的修订工作，刘克自负责各章复习思考题的重新提炼和修订工作，周晓阳、樊波和桂林平同学参加了全书的校对工作。

由于修订者水平有限，书中不足之处恳请读者批评指正。

编　者

前　言

　　本书是根据清华版《高等学校应用型特色规划教材　经管系列》的编写要求，由湖北大学组织编写的，作为普通高等学校财经类专业教材。

　　成本会计是以成本为对象的一种专业会计，是一门应用性的微观经济管理课程。它阐述了成本会计的基本理论和基本方法。任何一个企业的成功，小到社区的便利商店，大到跨国公司，都离不开成本会计。成本会计不仅能够提供产品、服务和客户等方面的成本信息，而且能够为管理者计划、控制和决策提供信息。在市场竞争日益加剧的情况下，成本会计不再局限于确定存货成本，企业需要更加精确、更加相关的成本信息以整合产品的开发、生产、营销和售后服务，成本会计正扮演新的角色。

　　本书根据 2006 年 2 月 15 日我国颁布的 39 项企业会计准则和 48 项注册会计师审计准则，按照实用性、通用性、国际化、前瞻性的原则，从理论与实践的结合上，总结和反映我国成本会计工作的经验与普通高等学校成本会计教育教学改革的实践经验，以工业企业为例来阐述企业成本核算与成本控制的基本理论和基本方法，具有较强的理论性、实践性和可操作性，本书在有关章节中安排了精选的案例分析，以突出实用性和可操作性。本书在内容上既有效地避免了与有关课程内容的重复和脱节问题，又注意保持了本教材体系的合理性和完整性，并有机地将学历教育和社会实践技能融为一体。

　　另外，本书配有电子课件，以适应多媒体教学的需要。下载地址：

www.tup.com.cn。

　　本书由湖北大学冯浩教授担任主编，负责拟定全书提纲并对全书进行了修改和总纂。全书编写人员如下：冯浩(第一、二、三、五章)、张娇(第四章)、王红玲(第六章)、储杰(第七章)、玄立平(第八章)。

　　本书适用于高等院校的经济类、财务管理类专业的师生；同时也可作为财经管理工作人员的学习和培训用书。

　　在本书的编写过程中，编者查阅、借鉴了大量文献资料，并得到有关部门和专家、学者的大力支持，在此一并表示诚挚的谢意。同时还要感谢清华大学出版社的温洁等有关编辑对本书出版给予的帮助。

限于我们的水平及教材的时效性，书中难免有不妥、疏漏或有待完善之处，敬请各位读者包涵谅解、不吝赐教。

编　者

目　　录

第一章

总　论

学习目标：本章要求理解和掌握成本的概念，掌握费用的分类，了解成本的作用；掌握成本会计的含义和内容，了解成本会计工作的组织，了解成本会计法规和基础工作制度。本章重点是成本的概念、生产费用的分类和成本会计的内容；难点是生产费用的分类。

关键概念：费用　理论成本　实际成本　期间费用　制造费用　直接成本　间接成本变动成本　固定成本

第一节　成本的意义

一、成本的概念

成本是商品生产发展到一定阶段的产物。它是商品生产过程中所耗费或支出的部分活劳动和物化劳动的货币表现。成本这种耗费或支出是相对于"主体"而言的，它必须明确是属于谁的耗费或支出，因此，成本是对象化了的费用或取得资源的代价。

在资本主义形成之前，小商品生产者为了维持再生产，也要考虑物化劳动消耗的补偿，但对于活劳动的消耗并不十分注意，他们经常把个人消耗压到身体最低限度的需要来维持简单再生产，所以缺乏明确的、完整的成本概念。商品生产发展到一定阶段后，成本概念才逐步完整起来。

马克思科学地分析了资本主义商品生产后指出：商品成本是由物化劳动和活劳动中必要劳动的价值组成的。他说："按照资本主义方式生产的每一个商品 W 的价值，用公式表示是 W=C+V+m。如果我们从这个产品价值中减去剩余价值 m，那么，在商品中剩下的，只是一个在生产要素上耗费的资本价值 C+V 的等价物或补偿价值。商品价值的这个部分，即补偿所消耗的生产资料价格和所使用的劳动力价格的部分，只是补偿商品使资本家自身耗费的东西，所以对资本家来说，这就是商品的成本价格。"[1]马克思的这段话包括两层含义：第一，从耗费角度指明了成本的经济内容是 C+V，并且进一步指出由于 C+V 的价值无法计量，因此人们能够计量和把握的成本，实际上是成本的价格；第二，从补偿角度指明了成本是补偿商品使资本家自身耗费的东西，实际上说明了成本对于再生产的作用。成

---

[1]　马克思.《资本论》第三卷. 人民出版社，1976：30.

本是企业维持简单再生产的补偿尺度，如果成本不能全部得到补偿，则企业简单再生产就无法进行。马克思对于成本的考察，既看到耗费，又重视补偿，这是对成本概念完整的理解。在资本主义商品生产条件下，耗费和补偿是对立统一的，任何耗费都是个别生产者的事，而补偿则是社会的过程。生产中耗费要求补偿和在流通中能否补偿是两码事。这就迫使资本家不得不重视成本，努力加强管理，力求以较少的耗费来寻求补偿，并获取尽可能多的利润。

在任何社会制度下，生产商品都要耗费一定数量的劳动，生产某种商品所需要耗费的社会劳动，就叫社会生产费用，它构成这种商品的价值。社会生产费用在各种社会制度下都客观存在，但社会主义社会的社会生产费用同其他社会形态的社会生产费用在作用上是不同的，因为只有社会主义社会才会存在以整个社会为主体的这样一种生产关系，社会生产费用才成为研究商品生产成本的根本出发点。社会主义国有企业在研究成本问题时，首先不能忘记社会利益。但同时，它又是自主经营、自负盈亏的商品生产者和经营者，因此，它不可能不考虑本企业成本的耗费和补偿，企业要在不违背社会整体利益的前提下，努力降低成本，提高经济效益，使国有资产得以持续增值。

在社会主义市场经济条件下，商品的价值、价格和成本的关系如图1-1所示。

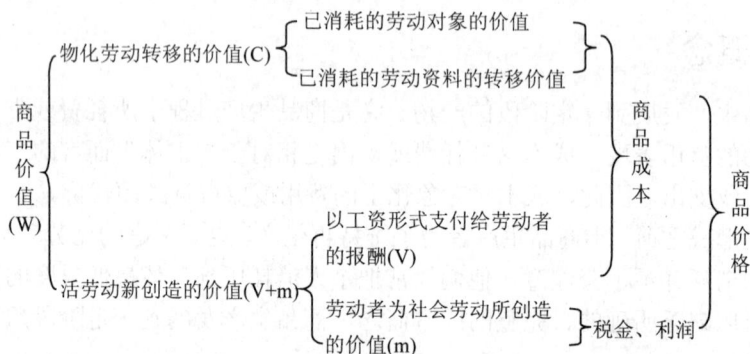

图1-1　商品价值、价格、成本关系图

在图1-1中，应注意以下几点：

(1) 商品价值决定于生产该种商品耗费的社会必要劳动量，而商品成本则决定于生产该种商品的个别劳动耗费。如果个别企业产品耗费的劳动时间小于社会必要劳动时间，那么企业利润就会增加；反之，企业的利润就会减少。

(2) 已消耗的劳动对象价值、已消耗的劳动资料的转移价值和以工资形式支付给劳动者的报酬都是按照一定的价值标准计算的，它们只是相对地反映了劳动对象耗费的价值、劳动资料转移的价值和必要劳动所创造的价值。

(3) 劳动者为社会劳动所创造的价值在难以直接计量的条件下，它是根据商品价格与商品成本的差额来确定的。

在实际工作中，为了促使企业厉行节约，减少生产损失，加强企业的经济责任，对于一些并不形成商品价值的损失性支出(如工业企业的废品损失、停工损失等)，也列入商品成本之内。此外，企业为销售产品而发生的销售费用，为组织和管理生产经营活动而发生的管理费用，以及为筹集生产经营资金而发生的财务费用，由于大多数情况下是按时期发生，难以按产品汇集，为了简化成本核算工作，都作为期间费用处理。因此，在实际工作中的商品成本，是指商品的生产成本，也称制造成本，而不是指商品所耗费的全部成本。这说明，商品成本的实际内容，一方面要反映成本的客观经济内容，另一方面又要体现国家方针政策和企业成本管理的要求。也就是说，理论成本和实际成本并不完全一致。

为了统一成本所包含的内容，使各企业列入成本的各种支出项目和内容保持一致，便于进行成本评比、分析，限制企业的成本开支权限，挖掘降低成本的潜力，防止乱挤乱摊成本，避免分散资金，保证国家能够集中必要的资金，正确计算利润和交纳税金，国家统一会计制度具体规定了企业的成本开支范围，并作为成本管理的依据。当然，根据不同时期经济管理要求的不同，国家规定的成本开支范围也会适当地调整。

总之，社会主义市场经济体制下成本的内涵和外延都在发展之中，它为开展成本研究，提高经济效益，开辟了崭新的途径。

二、生产费用的分类

为了正确计算产品成本，客观地考核和分析生产费用的发生情况，生产费用可以按以下标准分类。

(一)按费用要素(费用的经济内容)分类

费用是指企业在日常活动中发生的、会导致所有者权益减少的、与向所有者分配利润无关的经济利益的总流出。费用要素是指生产费用的构成要素，也就是生产经营费用按其经济内容进行的分类，如图 1-2 所示。

生产经营费用 {

外购材料　指企业为进行生产经营活动而耗费的一切由外部购入的原料及主要材料、半成品、辅助材料、包装物、修理用备件和低值易耗品等

外购燃料　指企业为进行生产经营活动而耗用的一切由外部购入的各种燃料

外购动力　指企业为进行生产经营活动而耗用的一切由外部购入的各种动力

应付职工薪酬　指企业为进行生产经营活动而发生的职工工资和根据规定按工资总额一定比例计提的应付职工福利费

折旧费　指企业按照规定方法计提的固定资产折旧费用

修理费　指企业为修理固定资产而发生的修理费用

利息支出　指企业为借入生产经营资金而发生的利息支出(扣除利息收入)

税金　指企业发生的应交房产税、车船使用税、土地使用税和印花税等

其他支出　指不属于以上各要素的费用支出，如邮电费、差旅费、租赁费、外部加工费、保险费等

}

图 1-2　按费用要素分类图

各种生产经营费用，一方面，按照经济内容的要素加以反映，便于考察生产经营费用中物化劳动消耗和活劳动消耗情况，揭示企业发生了哪些费用开支，从而为企业计算工业增加值指标提供依据。另一方面，却不能反映生产经营费用的用途和发生地点，不能确定费用支出和各种产品之间的关系，不便于分析成本升降的原因以及费用支出是否节约、是否合理。因此，还必须按其用途加以归类。

(二)按费用用途分类

费用按其经济用途分类，首先应分为生产经营管理费用和非生产经营管理费用。生产经营管理费用还应分为计入产品成本的生产费用和不计入产品成本的经营管理费用。

计入产品成本的生产费用在生产过程中的用途也各不相同，有的直接用于产品生产，有的间接用于产品生产。为了具体地反映计入产品成本的生产费用的各种用途，还应进一步划分为若干个项目，即产品生产成本项目，简称成本项目，如图 1-3 所示。

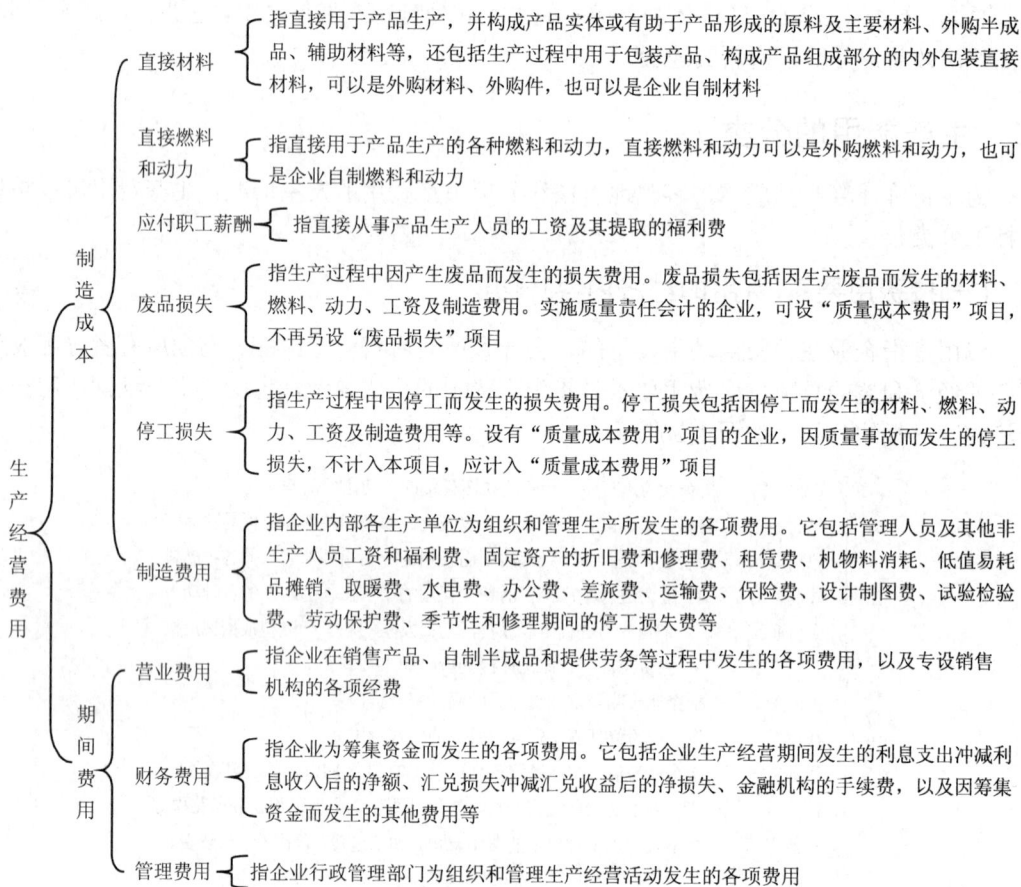

生产经营费用

- **制造成本**
  - **直接材料**：指直接用于产品生产，并构成产品实体或有助于产品形成的原料及主要材料、外购半成品、辅助材料等，还包括生产过程中用于包装产品、构成产品组成部分的内外包装直接材料，可以是外购材料、外购件，也可以是企业自制材料
  - **直接燃料和动力**：指直接用于产品生产的各种燃料和动力，直接燃料和动力可以是外购燃料和动力，也可是企业自制燃料和动力
  - **应付职工薪酬**：指直接从事产品生产人员的工资及其提取的福利费
  - **废品损失**：指生产过程中因产生废品而发生的损失费用。废品损失包括因生产废品而发生的材料、燃料、动力、工资及制造费用。实施质量责任会计的企业，可设"质量成本费用"项目，不再另设"废品损失"项目
  - **停工损失**：指生产过程中因停工而发生的损失费用。停工损失包括因停工而发生的材料、燃料、动力、工资及制造费用等。设有"质量成本费用"项目的企业，因质量事故而发生的停工损失，不计入本项目，应计入"质量成本费用"项目
  - **制造费用**：指企业内部各生产单位为组织和管理生产所发生的各项费用。它包括管理人员及其他非生产人员工资和福利费、固定资产的折旧费和修理费、租赁费、机物料消耗、低值易耗品摊销、取暖费、水电费、办公费、差旅费、运输费、保险费、设计制图费、试验检验费、劳动保护费、季节性和修理期间的停工损失费等
- **期间费用**
  - **营业费用**：指企业在销售产品、自制半成品和提供劳务等过程中发生的各项费用，以及专设销售机构的各项经费
  - **财务费用**：指企业为筹集资金而发生的各项费用。它包括企业生产经营期间发生的利息支出冲减利息收入后的净额、汇兑损失冲减汇兑收益后的净损失、金融机构的手续费，以及因筹集资金而发生的其他费用等
  - **管理费用**：指企业行政管理部门为组织和管理生产经营活动发生的各项费用

图 1-3　按费用用途分类图

　　上述按生产经营费用的用途加以归类反映，可以划清产品制造成本和期间费用的界限；企业按照其生产的特点和成本管理的要求设置成本项目，可以反映成本结构，考核各项消耗定额、费用标准、费用预算、成本计划的执行情况，分析费用支出是否节约合理，便于企业采取有效措施，挖掘降低成本的潜力。

　　成本的经济内容，按用途加以归类反映，是会计核算配比原则的要求。按配比原则要求，与销售收入相配比的生产经营费用，区分为产品制造成本和期间费用。列入当期损益的产品制造成本，只能是当期实现销售收入，即销售了的产品的制造成本；列入当期损益的期间费用，只能是当期发生的全部期间费用。前者，符合直接配比原则；后者，符合期间(或间接)配比原则。

(三)费用的其他分类方法

1. 生产经营费用按照计入产品成本的方法分类

　　按照计入产品成本的方法划分，生产经营费用可以分为直接计入费用和间接计入费用。直接计入费用是指为生产某种产品而发生的费用，在计算产品成本时，可根据费用发生的原始凭证直接计入该种产品成本，如直接用于某种产品生产的原材料、生产工人的计件工资等，就可以根据领料单和有关工资凭证直接计入该种产品成本。间接计入费用是指几种产品共同发生的费用，这种费用无法根据费用发生的原始凭证直接计入各种产品成本，需要采用适当的方法在几种产品之间进行分配。

　　将生产经营费用划分为直接计入费用和间接计入费用，对于正确计算产品成本有重要作用。凡是直接计入费用的必须根据费用的原始凭证直接计入产品成本，间接计入费用要选择合理的分配方法分配计入产品成本。分配方法选择是否妥当，直接影响成本核算的正确性，这是成本核算中的一个重要问题。

2. 生产经营费用按照与产品产量的关系分类

　　生产经营费用按照与产品产量的关系可分为变动费用和固定费用两种。

　　变动费用是指费用总额随着产品产量(或业务量)的变动而成正比例变动的费用。若就单位产品成本而言，则是固定的，无论产量(或业务量)如何变动，每一单位产品应包含的这类费用不变，如原材料及主要材料费用、生产工人计件工资等。

　　固定费用是指在一定产量(或业务量)范围内，费用总额不随产品产量(或业务量)的变动而变动的相对固定的费用。若就单位产品成本而言，这一类费用则是变动的，随着产量(或业务量)的增加，每一单位产品应负担的费用数额将随之减少。

　　区分固定费用与变动费用，是为了研究费用与产量的依存关系，寻找降低成本的途径。

3. 生产经营费用按费用与生产工艺的关系分类

　　按费用与生产工艺的关系，生产经营费用可以分为基本费用和一般费用。基本费用是指由于生产工艺本身引起的各种费用,如工艺技术过程用原材料、辅助材料、燃料和动力、生产工人工资及提取的福利等。一般费用是企业内部各生产单位为组织和管理生产所发生的各项费用。

划分基本费用与一般费用,有助于考察和分析企业的管理水平。管理水平越高,产品成本中一般费用比重就越低。

三、成本的作用

1. 成本是企业补偿生产耗费的尺度

成本是以货币形式对生产耗费进行计量,并为企业的简单再生产提出资金补偿的标准。企业只有按照这个标准补偿生产中的资金耗费,企业的简单再生产才能顺利进行,否则,企业就无法保持原有的生产规模。同时补偿份额的大小对企业以及整个社会都有重要的现实经济意义。在价格不变的情况下,成本越低,企业的纯收入就越多,企业为自身发展及社会创造的财富就越多。反之,用于补偿的份额增大,企业的纯收入就减少,甚至产生亏损。这样,企业不仅不能为社会提供财富,还会影响企业自身的生存和发展。

但是还要看到,上述成本只是成本价格。在市场经济条件下,由于价格是价值的货币表现,价格总是围绕着价值上下波动,经常发生背离。因此,成本价格作为补偿价值的货币表现,与其补偿价值也会不一致。如材料费用并非所耗费材料的价值,而是它的价格,在物价不变的情况下,其价格与价值一致,在物价发生较大变化尤其是上涨时,按成本价格确定的补偿量,与价值的补偿就会产生较大的差异,出现补偿不足的现象。同时,会计上还有一些无法精确计算的因素使成本价格同客观上的补偿价值发生背离。如果固定资产磨损价值的计算带有很大的主观性,也使得成本中固定资产折旧费用与固定资产实际损耗的价值不一致。所以,产品价值中的补偿价值只构成产品成本的基础,补偿价值与补偿价值的货币表现在量上也允许发生差异。认识到这一点,对理解成本作为生产耗费的补偿尺度,并正确计量企业盈利,具有重要的意义。

2. 成本可以综合反映企业的工作质量

成本同企业生产经营各个方面的工作质量和效果有着内在的联系。如劳动生产率的高低、固定资产的利用程度、原材料的使用是否合理、产品产量的变动、产品质量的好坏、企业经营管理水平等诸多因素,都能通过成本直接或间接地反映出来。因此,成本又是反映企业工作质量的综合性指标。

3. 成本是制定产品价格的重要依据

价格是价值的货币表现。因此,产品价格的确定以价值作为基础。由于目前人们还无法计算产品的价值,但却有可能比较准确地计算产品成本,即计算出产品价值中的 C+V,所以成本可以作为制定价格的参考。在市场经济条件下,价格往往是由各个部门的平均成本再加上平均利润构成的。

4．成本是企业竞争的主要手段

在市场经济条件下，企业的竞争主要是价格与质量的竞争，而价格的竞争归根到底是成本的竞争，只有成本低才能售价低，并有盈利。因此，成本是企业竞争的重要手段。企业效益高低，竞争能力强弱，在很大程度上取决于其成本的高低。若一个企业的个别成本能低于社会的平均成本，该企业在竞争中就占有较大的优势。因此，成本的竞争将日益成为企业竞争的重要手段。

5．成本可以为企业经营决策提供重要数据

现代企业中，成本越来越成为企业管理者进行投资决策、技术决策和经营决策的重要数据，如运用差量成本的数据，可为企业扩大产量、增加品种、选择加工方式等提供决策依据。

第二节　成本会计的含义和内容

一、成本会计的含义

成本会计是运用会计的基本原理和一般原则，采用专门方法对企业各项费用的发生和生产经营成本(产品制造成本)的形成进行预测、决策、计划、控制、核算、分析和考核的一种管理活动。成本会计有广义和狭义两种解释。狭义的成本会计是指对生产经营过程中发生的费用进行汇集、分配，计算出有关成本核算对象的总成本和单位成本，并加以分析和考核。广义的成本会计是指成本管理的全过程，即包括成本预测、成本决策、成本计划、成本控制、成本核算、成本考核和成本分析等项管理活动。

成本会计是现代会计的一个分支，是社会生产力发展到一定历史阶段的产物，并随着社会生产力的不断发展而逐步完善。

在资本主义初期，企业主为了确定经营盈亏，就试图计算成本。开始时，成本只估计一个大概值，后来逐步用统计方法去计算成本，但准确性较差。到了19世纪产业革命后，企业数量增多，规模逐渐扩大，企业之间出现了竞争，生产成本受到重视。英国的会计界为适应这种形势的需要，担当起研究成本核算的重任，经过一段时期的探索，最后才将成本的记录与计算和普通会计的工作结合起来。当时，部分行业在计算成本时，开始采用分批法和分步法。会计人员开始探索成本形态问题，将产品成本划分为主要成本、车间费用和一般管理费用。主要成本包括材料耗用、直接工资和其他直接费用，并制定了人工成本的汇集及分配的方法，通过使用"时间卡"和"计时簿"，记录职工的出勤时间和完成的工作件数，以控制工资开支和正确计算人工成本。不少企业形成了一套材料核算与管理办法，建立了"永续盘存制"、"先进先出法"等，从此使成本会计得以形成，并为进一步发展奠

定了良好的基础。

从 20 世纪 20 年代到第二次世界大战前，随着资本主义经济的进一步发展，在管理上泰勒制的实行，为会计提出了新的课题。为了配合泰勒的劳动定额和计件工资等管理模式，在会计中引入了"标准成本"、"差异分析"和"预算控制"等技术方法。同时，成本核算方法也扩大到各个行业和企业内部的各个部门。成本会计的范围扩大了，它不仅是会计核算与成本核算的结合，而且还包括了预算和控制内容。随着成本会计理论和方法的进一步完善与发展，相对财务会计而言，其已经具有一定的独立性。

第二次世界大战以后，资本主义经济发展十分迅速，资本高度集中，企业规模日益扩大，跨国公司不断涌现。同时，科学技术与生产经营相结合，使新产品层出不穷，产品更新换代加快，企业在市场中的竞争日益激烈。企业主为了在竞争中处于有利地位，一方面积极依靠科学技术开发新产品，开拓市场；另一方面注重企业管理，挖掘内部潜力，控制和降低成本，以实现产品的低成本高质量。因而，成本管理就成为企业管理中的一个重要组成部分。通过实践，企业管理人员意识到，要想大幅度地降低成本，必须从产品的设计、工艺、组织、生产诸方面入手，制订各种不同方案，通过预测，作出科学决策，选取最优方案。因而，企业管理需要会计人员不仅要做好生产过程中成本的日常控制和成本核算，更重要的还要做好成本预测和决策，加强对成本的事前控制；同时，还要注重成本的事后分析和反馈，为企业决策提供信息支持。这些内容的引入进一步拓宽了成本会计的范围，完善了成本会计体系，推动了成本会计的发展。随着经济的发展，成本会计在企业管理中将发挥越来越重要的作用。

二、成本会计的具体内容

成本会计的具体内容包括：成本预测、成本决策、成本计划、成本控制、成本核算、成本考核和成本分析等。

1. 成本预测

成本预测是根据当前已达到的成本水平和有关经营活动的历史数据。考虑到当前市场动态和今后可能影响成本的各种因素，认真分析各种技术、经济条件和发展前景，研究可能采取的技术和经济措施，在此基础上，运用一定的技术方法，对未来的成本水平及其变动趋势作出科学的估计和推断，为成本决策、成本计划和成本控制提供及时有效的信息，避免决策、计划和控制中的主观性、盲目性和片面性。

2. 成本决策

成本决策是在成本预测基础上，结合其他有关资料，运用定量和定性分析的方法，选择最优的行动方案。例如，工业方面有建厂、扩建的决策，新产品设计或老产品改造的决策，合理下料方案的决策，产品质量成本决策等；农业方面有产业结构决策、农作物结构决策、轮作决策、投资决策等；商业方面有经济批量决策、营销组合决策等。进行成本决策、确定目标成本是编制成本计划的前提，也是实现成本的事前控制、提高经济效益的重要途径。

3．成本计划

成本计划是根据成本决策所确定的方案，根据计划期的生产任务、降低成本的要求以及有关资料，通过一定的程序，运用一定的方法，以货币形式规定计划期产品生产耗费和各种产品的成本水平，并提出保证成本计划顺利实现所应采取的措施。通过成本计划管理，可以在降低产品成本方面给企业提出明确的奋斗目标，推动企业加强成本管理责任制，增强企业全体职工的成本意识，控制生产费用，挖掘降低成本的潜力，保证企业降低成本任务的完成。

4．成本控制

成本控制是根据预定的目标，对成本发生和形成过程以及影响成本的各种因素和条件施加主动的影响，以实现最低成本和保证合理的成本补偿的一种行为。从企业的经营进程来看，成本控制包括产品生产的事前控制、生产过程控制和事后控制。成本事前控制是从立项建厂、扩建、改建、技术组织措施，以及新产品的设计和研制、老产品改造直到产品正式投产前所进行的一系列降低产品成本的活动，事前控制是整个成本控制活动中最重要的环节，它直接影响以后产品制造成本和使用成本的高低。事前成本控制活动主要有厂址选择和建厂的成本控制，新产品设计、研制的成本控制，老产品改进的成本控制，生产工艺改进的成本控制等。产品生产过程中的成本控制包括从生产计划安排、采购原材料、生产准备、生产，直到产品完工入库这一整个过程；生产过程的成本控制是对制造产品实际劳动耗费的控制，包括原材料耗费的控制、人工耗费的控制、劳动工具耗费和其他费用支出的控制等。事后成本控制是指定期地对过去某一段时间成本控制进行总结，并反馈控制下一年的一种行为。通过成本控制，可以防止浪费，及时揭示存在的问题，消除生产损失，实现成本目标。

5．成本核算

成本核算是根据产品成本核算对象，采用相适应的成本核算方法，按规定的成本项目，通过一系列生产费用的汇集与分配，正确划分各种费用界限，从而计算出各种产品的实际总成本和实际单位成本。因此，成本核算既是对产品的实际生产耗费进行如实反映的过程，也是对各种生产费用实际支出进行控制的过程。

6．成本考核

成本考核是定期对成本计划及其有关指标实际完成情况进行总结和评价，意在鼓励先进，鞭策后进，以监督和促使企业加强成本管理责任制，履行经济责任，提高成本管理水平。各责任者(各部门、各层次和执行人)均为成本考核的对象。根据"干什么、管理什么、算什么"的原则,按责任的归属来核算和报告有关成本信息,评价其工作业绩。成本责任以各岗位所控制的成本为界限,在计算时要剔除外来因素对成本变动的影响。成本考核一般应与一定的奖励制度结合起来,以调动各责任者努力达到成本目标的积极性。

7. 成本分析

成本分析是在成本核算及其他有关资料的基础上,运用一定的方法,揭示产品成本水平的变动,进一步查明影响产品成本变动的各种因素、产生的原因,以及应负责任的单位和个人,并提出积极的建议,以采取有效措施,进一步降低成本,从而为新的经营决策提供依据。

上述各项成本管理活动的内容是互相配合、互相依存的一个有机整体。成本预测是成本决策的前提,成本决策是成本预测的结果。成本计划是成本决策所确定目标的具体化。成本控制是对成本计划的实施进行监督,保证决策目标的实现。成本核算是对决策目标是否实现的最后检验。决策目标未能达到,不外乎两个原因,一是决策本身的错误,二是计划执行过程中的缺点。只有通过成本分析,才能查明原因,对决策正确性作出判断。成本考核是实现决策目标的重要手段。要实现决策目标,归根到底是要依靠职工的积极性,把决策目标分解落实到各车间小组,通过成本考核,正确评价各车间、小组的工作业绩,并与一定的精神鼓励和物质奖励结合起来,调动各部门和全体职工为完成计划而努力的积极性。职工积极性的充分发挥,就能为进一步挖掘降低成本的潜力提供新的可能,促进经济效益的提高。

第三节　成本会计工作的组织

一、成本会计机构

企业的成本会计机构,是在企业中直接从事成本会计工作的机构。由于成本会计是会计工作中的一部分,因而企业的成本会计机构一般是企业会计机构的一部分。以工业企业为例,厂部的成本会计机构一般设在厂部会计部门中,是厂部会计处的一个科,或者厂部会计科的一个组。厂部供、产、销等职能部门和下属生产车间等,可以设置成本会计组或者配备专职或兼职的成本会计或成本核算人员,这些单位的成本会计机构或人员,在业务上都应接受厂部成本会计机构的指导和监督。

成本会计机构内部的组织分工,可以按成本会计的职能进行,如将厂部成本会计科分为成本预测决策组、成本计划控制组、成本核算和成本分析考核组;也可以按成本会计的对象分工,如分为产品成本组、经营管理费用组和专项成本组。为了科学地组织成本会计工作,还应按照分工建立成本会计岗位责任制,使每一项成本会计工作都有专人负责,每一个成本会计人员都明确自己的责任。

企业内部各级成本会计机构之间的组织分工，有集中工作和分散工作两种方式。

集中工作方式，是指成本会计工作中的预测、决策、计划、控制、核算、分析和考核等各方面工作，主要由厂部成本会计机构集中进行；生产单位(分厂、车间)及其他单位和部门中的成本会计机构或人员只负责登记原始记录和填制原始凭证，对原始凭证进行初步的审核、整理和汇总，为厂部进一步工作提供资料。在这种方式下，车间等单位大多只配备专职或兼职的成本会计或成本核算人员。

采用集中工作方式，厂部成本会计机构可以比较及时地掌握企业有关成本的全面信息，便于集中使用电子计算机进行成本数据处理，还可以减少成本会计机构的层次和成本会计人员的数量。但不便于实行责任成本核算，不便于直接从事生产经营活动的各单位和职工及时掌握本单位的成本信息，因而不利于调动他们自我控制成本费用、提高经济效益的积极性。

分散工作方式，也称非集中工作方式，是指成本会计工作中的计划、控制、核算和分析工作，分散由生产单位(分厂、车间)和其他部门的成本会计机构或人员分别进行，成本考核工作由上一级成本会计机构对下一级成本会计机构逐级进行。厂部成本会计机构负责对部门或车间成本会计机构或成本核算人员进行业务上的指导和监督，并对全厂成本进行汇总核算工作。成本的预测和决策工作一般仍由厂部成本会计机构集中进行。分散工作方式的优缺点与集中工作方式的优缺点恰好相反。

二、成本会计的工作制度

(一)制定成本会计工作制度的原则

成本会计工作制度，应该按照统一领导、分级管理的原则制定。全国性的成本会计工作制度，应由国务院和财政部统一制定。每一个企业的成本会计工作制度或办法，应由企业根据国家的有关规定，结合本企业的实际情况制定。

成本会计工作制度的制定，既要满足企业成本管理和生产经营管理的要求，又要满足国家宏观经济管理的要求，还应适当简化手续，力求做到简明实用，便于贯彻执行，节约成本会计工作的人力和费用。成本会计工作制度，应随着经济的发展、经济体制改革的深入以及会计制度的改革，进行相应的改革。成本会计制度的改革，应该既与国际惯例接轨，又要考虑我国国情，从实际出发。

(二)成本会计法规和制度的种类

与成本会计有关的法规和制度，可以分为以下四类，也就是四个层次。

1.《中华人民共和国会计法》和《企业财务会计报告条例》

这是我国会计工作的基本法规，各专业会计，包括成本会计的一切法规、制度，都应按照其要求制定。用法律形式确定会计工作的地位和作用，有利于提高人们对于会计工作的认识，端正人们对待会计工作的态度。它可以使全体职工特别是会计人员依法办事，保证会计工作按照正常秩序进行。用法律形式明确会计人员的职权，并用法律保障会计人员的职权不受侵犯，有利于会计人员坚持原则、遵守制度、履行职责。

2．国家统一的会计制度

国家统一的会计制度包括国家统一的会计核算制度、国家统一的会计监督制度、国家统一的会计机构和会计人员制度、国家统一的会计工作管理制度等。

国家统一的会计核算制度包括会计准则和会计制度。会计准则是经国务院批准，由财政部发布的企业进行财务、会计工作的基本准则。其制定和实施，可以使企业的财务、会计工作适应社会主义市场经济的需要，规范企业包括成本会计工作在内的财务和会计工作，提高财务和会计工作的水平，并与国际会计准则趋同，有利于企业加强经营管理，有利于吸收外资和对外开放。

财政部根据《企业会计准则》的要求，制定了一系列对企业各类经济业务进行会计处理的企业会计准则应用指南，其中与成本会计有关的具体准则，也是规范成本会计的重要法规。企业的成本会计应符合企业会计制度的要求。

3．企业内部会计制度

企业内部会计制度是由各企业根据《企业会计准则——基本准则》、企业会计的具体准则和国家制定的企业会计制度，结合本企业具体条件自行制定的会计制度。企业的成本会计工作是本企业会计工作的重要组成部分，企业的成本会计工作也应符合本企业会计制度的规定。

4．企业成本会计制度、规程或办法

各企业为了具体规范本企业的成本会计工作，还应根据上述各种法规和制度，结合本企业生产经营特点和管理的要求，具体制定本企业的成本会计制度、规程或办法。它是企业进行成本会计工作具体、直接的依据。

三、成本会计的基础工作

做好成本会计的基础工作是搞好成本管理的前提条件。这些基础工作主要包括以下几点。

1．原始记录制度

原始记录是企业最初记载各项业务实际情况的书面凭证。它是编制成本计划、制定各项定额的主要依据，也是成本管理的基础。企业应建立健全材料、生产、成品、人事工资、财务会计、设备动力等方面的原始凭证，统一规定各种原始凭证的格式、内容和计算方法，

以及填写、签署、报送、传递、存档等制度，训练职工掌握原始记录的填制方法，做到及时准确地反映生产经营活动的情况。原始记录要符合企业管理和成本管理的要求，要有利于开展班组经济核算，力求简便易行，讲求实效，并根据实际使用情况和提高企业管理的要求，随时补充和修改，以充分发挥原始记录的作用。

2．定额管理制度

定额是企业在一定的生产技术和组织条件下，在充分考虑人的能动性的基础上，对生产过程中消耗的人力、物力和财力所作的规定和应达到的数量标准。定额是企业进行成本决策、制定定额成本、编制成本计划的基础，是进行成本控制、分析、考核的依据，也是评价和衡量企业经营活动好坏的尺度。因此，定额工作要求做到全、准、快。"全"就是定额要全面；"准"就是要正确地确定定额水平，提高定额的准确性；"快"就是要及时地制定定额，适时地修正定额，以保持定额的先进性。

3．计量验收制度

计量和验收工作是企业管理的必要条件。从购置、采购材料到产品出厂各个环节，都离不开计量和验收工作。计量和验收为企业生产、科学实验、经济核算提供可靠数据，对保证生产、提高质量、降低成本都有重要作用。

4．企业内部计价制度

企业应当根据进行内部经济核算和成本管理的需要，对原材料、辅助材料、燃料、动力、工具、配件、在产品、半成品、其他劳务等，制订合理的厂内计划价格，以便划分经济责任，计算经济效果。计划价格要尽可能符合实际，并定期进行修订，使之在计划、核算和内部结算过程中更好地发挥作用。

案 例 分 析

【案例】

某小型生产企业，由于考虑成本—效益原则，所以在成本核算工作中存在一些不足，比如材料消耗是根据实际领料数量进行核算，没有考虑核算标准，因而各月之间成本波动较大，而且领用材料计量不够准确，对于不能点数的材料用目测的方法估算。鉴于存在的问题，企业经理决定进行整改。如果请你为经理出谋划策，请问你有哪些建议？

【分析】

进行成本核算，必须做好各项基础工作，包括建立定额管理制度，制定必要的消耗定额，加强物质的计量、验收、领发和清查制度，建立内部结算制度，制定内部结算价格，以及建立原始记录制度，制定合理的凭证转递流程。

本案例中的企业存在的问题，就是没有做好成本核算的基础工作。整改建议：一是通过制定材料消耗定额，解决材料领用与考核没有标准的问题；二是加强材料的计量、验收和清查工作，以控制生产消耗。

复习思考题

一、简答题

1. 什么是费用？什么是成本？
2. 什么是理论成本？理论成本包括哪些内容？
3. 成本开支范围是什么？
4. 哪些开支不能计入产品成本？
5. 成本的一般含义是什么？
6. 成本按其经济性质或内容可划分为哪几类？这种分类的作用是什么？
7. 成本按其经济用途或职能可划分分为哪几类？这种分类的作用是什么？
8. 成本按其习性或可变性可分为哪几类？这种分类的作用是什么？
9. 按成本与特定产品的关系可分为哪几类？这种分类的作用是什么？
10. 成本的作用是什么？

二、判断题(正确的画"√"，错误的画"×")

1. 成本的经济内涵，就是生产过程中所耗费生产资料转移价值的货币表现。（　　）
2. 生产费用是指企业在生产经营过程中发生的全部支出。（　　）
3. 为了保持成本的可比性，应由国家统一规定产品成本开支范围。（　　）
4. 废品损失不应计入产品成本。（　　）
5. 期间费用是企业在生产经营过程中发生的费用，应在其发生时计入产品成本。

（　　）
6. 生产费用按经济用途所进行的分类称为生产费用要素。（　　）
7. 直接成本是为某一特定产品所消耗，可以直接计入该产品的成本。（　　）
8. 制造费用是企业在生产过程中发生的各项可以直接计入产品成本的费用。（　　）
9. 企业除对外投资的支出以及分配给投资者的利润支出外，其他各项支出均可计入成本中。

（　　）
10. 废品损失可以计入产品成本，但季节性和修理期间发生停工损失不能计入产品成本。

（　　）
11. 成本按经济用途进行的分类，是最基本的分类。（　　）
12. 差别成本、机会成本应与企业发生的其他各项成本一样，根据其发生地点和用途分别计入相关账户中。

（　　）
13. 变动成本是指在一定期间和一定业务量范围内，其总额不随着业务量变动而变动

的成本。　　　　　　　　　　　　　　　　　　　　　　（　　）

14. 混合成本兼有固定成本和变动成本两种性质。　　　　　　（　　）

15. 将成本按其习性或可变性分为变动成本和固定成本，是为了便于计算产品成本。
　　　　　　　　　　　　　　　　　　　　　　　　　　　　（　　）

16. 企业发生的各项费用支出标准，可由企业自行确定。　　　（　　）

17. 按成本计算模式分类，可将成本分为实际成本计算模式和标准成本计算模式。
　　　　　　　　　　　　　　　　　　　　　　　　　　　　（　　）

三、单项选择题

1. 成本的经济内涵是＿＿＿＿＿＿。
   A. 已耗费的生产资料的转移价值
   B. 劳动者为自己劳动所创造的价值
   C. 劳动者为社会劳动所创造的价值
   D. 已耗费的生产资料的价值和劳动者为自己劳动所创造的价值

2. 下列各项中可以列入产品成本的开支是＿＿＿＿＿＿。
   A. 购置和建造固定资产的支出　　　B. 购置和建造无形资产的支出
   C. 废品损失和停工损失　　　　　　D. 企业行政管理部门发生的各项费用

3. 实际工作中的成本开支范围与理论成本包括的内容＿＿＿＿＿＿。
   A. 是有一定差别的　　　　　　　　B. 是完全一致的
   C. 是完全不同的　　　　　　　　　D. 是可以相互替代的

4. 下列各项中应计入管理费用的是＿＿＿＿＿＿。
   A. 企业专设销售机构人员的工资
   B. 销售产品发生的广告费用
   C. 企业的职工教育经费
   D. 生产单位管理和组织生产发生的各项费用

5. 下列各项中属于产品成本项目的是＿＿＿＿＿＿。
   A. 原材料　　　　　　　　　　　　B. 外购燃料
   C. 外购动力　　　　　　　　　　　D. 折旧费用

6. 下列各项中属于直接生产成本的是＿＿＿＿＿＿。
   A. 辅助生产工人的工资薪酬　　　　B. 基本生产工人的工资薪酬
   C. 车间管理人员的工资薪酬　　　　D. 生产车间的办公费用

7. 下列各项费用中，计入产品成本的是＿＿＿＿＿＿。
   A. 营业费用　　　　　　　　　　　B. 制造费用
   C. 销售费用　　　　　　　　　　　D. 财务费用

8. 按成本习性或可变性可将成本分为＿＿＿＿＿＿。
   A. 直接成本和间接成本　　　　　　B. 变动成本和固定成本

C. 可控成本和不可控成本　　　　D. 机会成本和差别成本

四、多项选择题

1. 生产过程中发生的各种耗费包括_____。
   A. 劳动对象方面的耗费　　　　B. 劳动手段方面的耗费
   C. 活劳动方面的耗费　　　　　D. 对外投资的支出
   E. 其他方面的支出

2. 产品成本开支范围包括_____。
   A. 行政管理部门为管理和组织生产而发生的各种管理费用
   B. 为制造产品而消耗的材料费用
   C. 为制造产品而消耗的动力费用
   D. 生产过程中发生的废品损失
   E. 生产单位为管理组织生产而发生的费用

3. 产品成本项目包括的内容是_____。
   A. 废品损失　　　　　　　　　B. 直接人工费用
   C. 制造费用　　　　　　　　　D. 应付工资
   E. 管理费用

4. 按计算产品成本和确定损益为目的，成本的分类形式是_____。
   A. 按经济用途或职能分类　　　B. 按成本与特定产品的关系分类
   C. 按成本的习性或可变性分类　D. 按成本与决策相关性分类
   E. 按成本可控性分类

5. 成本的作用是_____。
   A. 成本是生产耗费的补偿尺度
   B. 成本是制定价格的重要依据
   C. 成本是进行经营预测的重要依据
   D. 成本是进行经营决策和分析的重要依据
   E. 成本是反映企业工作质量的一个综合指标

6. 以规划成本和控制成本为目的的成本分类形式是_____。
   A. 按经济用途或职能分类　　　B. 按成本与特定产品的关系分类
   C. 按成本的习性或可变性分类　D. 按成本与决策相关性分类
   E. 按成本可控性分类

7. 与决策相关或无关的各种成本是_____。
   A. 差别成本　　　　　　　　　B. 机会成本
   C. 重置成本　　　　　　　　　D. 沉没成本
   E. 专属成本

第二章

成本核算的基本要求、程序和方法

学习目标： 本章要求掌握成本核算应划分的五个方面的费用界限和确定成本核算对象的时空观，熟悉成本核算的基本程序，了解产品成本核算方法的确定原则。本章重点是成本核算的基本程序，难点是各种支出、费用、成本界限的划分。

关键概念： 成本核算 费用要素 产品生产成本项目 制造费用 销售费用 管理费用 财务费用 直接生产费用 间接生产费用 直接计入费用 间接计入费用 基本生产 辅助生产

第一节 成本核算的基本要求

为了保证产品成本核算的客观性和合理性，在生产经营费用汇集分配进程中，必须正确划分以下五个方面的费用界限。

一、正确划分生产经营费用和非生产经营费用的界限

企业的经济活动是多方面的，除了生产经营活动以外，还有其他方面的经济活动，因而费用也是来自多方面的，并非都计入生产经营费用。例如，企业购置和建造固定资产、购买无形资产以及对外投资，这些经济活动的支出都属于资本性支出，不应计入生产经营费用；又如企业的固定资产盘亏损失、固定资产报废清理损失、由于自然灾害等原因而发生的非常损失，以及由于非正常原因发生的停工损失等，都不是由于日常的生产经营活动而发生的，其支出属于营业外支出，也不应计入生产经营费用。只有用于产品的生产和销售、用于组织和管理生产经营活动，以及用于筹集生产经营资金的各种费用，才应计入生产经营费用。企业既不应将不属于生产经营的费用计入生产经营费用，也不应将属于生产经营的费用，不计入生产经营费用，这样会使成本、费用不实，不利于企业成本管理。乱计生产经营费用，还会减少企业利润和国家财政收入；少计生产经营费用，则会虚增企业利润，超额分配，使企业生产经营的耗费得不到应有的补偿，影响企业再生产的顺利进行。因此，每一个企业都应正确划分生产经营费用与非生产经营费用的界限，遵守国家关于成本、费用开支范围的规定，防止乱计和少计生产经营费用的错误做法的出现。

二、正确划分产品生产费用与期间费用的界限

工业企业的产品生产费用应计入产品成本。产品成本要在产品产成并销售以后才计入企业的损益；当月投入生产的在产品不一定当月产成、销售，因而本月发生的产品生产费用往往不是全部计入当月损益。工业企业当月发生的管理费用、销售费用、财务费用等经营管理费用作为期间费用处理，不计入产品成本，而直接计入当月损益，从当月利润中扣除。因此，为了正确地计算产品制造成本和期间费用，正确计算企业各个月份的损益，还应将生产经营费用正确地划分为产品生产费用和期间费用。用于产品生产的原材料费用、生产工人工资费用和制造费用等，属于产品费用，应当计入产品成本；用于产品销售、组织和管理生产经营活动及筹集生产经营资金所发生的费用，属于期间费用，应当汇集为销售费用、管理费用、财务费用，直接计入当月损益，从当月利润中扣除。应该防止混淆产品生产费用和期间费用的界限，将应计入产品成本的费用计入期间费用，或者将某些期间费用计入产品成本，借以调节各月产品成本和各月损益的错误做法。

三、正确划分本月(期)费用与非本月(期)费用的界限

为了按月(期)分析和考核产品成本和期间费用，正确计算各月(期)损益，还应将应计入产品成本的生产费用和直接列作当期损益的期间费用，在各个月份(各期)之间进行划分。为此，本月(期)发生的成本、费用都应在本月(期)入账，不应将其一部分递延到下月(期)入账；也不应未到月(期)末就提前结账，将本月(期)成本、费用的一部分作为下月(期)成本、费用处理。更为重要的是：应该贯彻权责发生制原则，正确核算待摊费用和预提费用。本月(期)支付，但属于以后各月(期)受益的成本、费用，应列为待摊费用，分摊计入以后各月(期)的成本、费用；本月(期)虽未支付，但本月(期)已经受益的成本、费用，应列为预提费用，预提计入本月(期)的成本、费用。应该防止利用费用待摊和预提的办法，人为调节各月(期)的产品成本和期间费用、人为调节各月(期)损益的错误做法的出现。

四、正确划分各种产品的费用界限

为了分析和考核各种产品成本计划的执行情况，应该分别计算各种产品的成本。因此，应该计入本月(期)的产品生产费用还应在各种产品之间进行划分。属于某种产品单独发生，能够直接计入该种产品成本的生产费用，应该直接计入该种产品的成本；属于几种产品共同发生，不能直接计入某种产品成本的生产费用，则应采用适当的分配方法，分配计入这几种产品的成本。应该特别注意盈利产品与亏损产品、可比产品与不可比产品、同类产品中各种不同规格产品之间的费用界限的划分，应该防止在盈利产品与亏损产品之间，以及可比产品与不可比产品之间任意增减生产费用、以盈补亏、掩盖超支、虚列产品成本的错误做法。

五、正确划分完工产品与月(期)末在产品的费用界限

月(期)末计算产品成本时，如果某种产品均已完工，这种产品的各项生产费用之和，就是这种产品的完工产品成本；如果某种产品均未完工，这种产品的各项生产费用之和，就是这种产品的月(期)末在产品成本；如果某种产品一部分已经完工，另一部分尚未完工，这种产品的各项生产费用，还应采用适当的分配方法在完工产品与月(期)末在产品之间进行分配，分别计算完工产品成本和月(期)末在产品成本。应该防止任意提高或降低月(期)末在产品费用、人为调节完工产品成本的错误做法的出现。

以上五个方面费用界限的划分，都应贯彻受益原则，即谁受益谁负担费用，何时受益何时负担费用；负担费用多少应与受益程度大小成正比。这五个方面费用界限的划分过程，也是产品成本的计算过程。

这里需要说明一点，由于实际情况的复杂性，使产品成本核算存在许多不确定因素，如固定资产折旧计提的依据；跨期费用如何摊提；共同费用如何确定分配标准；完工产品与在产品成本划分的标准等。为此，在成本核算中人们提出种种假设，并在这些假设基础上，建立了相应的资产估价与费用分配方法。如固定资产折旧计算中使用年限与残值的假设；发出材料计价中的假设；共同费用在不同成本核算对象之间分配时，选用的分配标准与费用因果关系的假设；在产品成本核算中的假设等。这些假设反映了成本核算中人们在对客观现象认识基础上产生的逻辑推理，认识越接近实际，逻辑推理的科学性越强，成本核算的准确性越高。

第二节 成本核算的基本程序

一、确定成本核算对象

1．成本核算对象的含义及构成要素

成本核算对象，是依照一定的时间和空间范围而存在的成本核算实体，是生产费用汇集和分配的对象，即生产费用承担的客体。它由三个因素构成，即成本核算实体(什么产品)、成本核算空间范围(成本发生的部门)、成本核算时间范围(成本发生的时间，一般表现为成本核算期)。不仅不同工厂生产同一产品的成本不同，而且同一工厂生产的同一产品其不同月份的成本也不同。因此，不能认为成本核算对象就是指什么产品而言的，而应该在确定计算什么产品的成本的同时，确定该种产品是在什么地点、什么时期生产出来的，也就是说，确定成本核算对象一定要有"时空观"。

2．生产特点对成本核算对象的影响

尽管各工业企业生产的产品多种多样，生产规模有大有小，生产周期有长有短，生产

特点千差万别,但根据工业生产的一般特点,可分为以下几类,如图 2-1 所示。

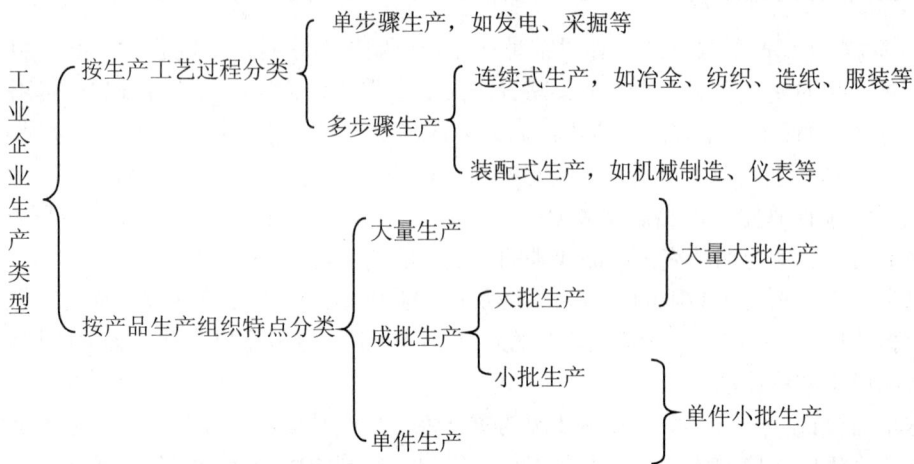

图 2-1 工业企业生产类型图

(1) 工业企业产品生产按其生产工艺过程可分为单步骤生产与多步骤生产两种类型。单步骤生产是指工艺过程不可间断,或者不能分散在不同地点进行的生产。前者如发电企业,后者如采掘企业。这类生产的周期较短,通常只能由一个企业整体进行,而不能由几个企业协作进行。

多步骤生产亦称复杂生产或多阶段生产,是指生产工艺过程是由许多在工艺上可以间断的加工步骤组成的,这种生产可以由几个车间或企业,在不同的时间和地点协作进行。多步骤生产按其产品加工方式,又可进一步分为连续式生产和装配式生产。连续式生产是指对投入生产的原材料,要顺序依次经过各生产步骤的加工,才能成为产成品,如冶金、纺织、造纸、服装、搪瓷等。装配式生产是指先将原材料分别加工为零件、部件,再将零件、部件装配为产成品的生产,如机械制造、车辆制造、仪表制造等。

(2) 工业企业生产按其产品生产组织特点可分为大量生产、成批生产和单件生产三种类型。

大量生产是指不断地重复生产相同产品的生产。在这种生产企业或车间中,生产的产品品种较少,且生产的品种比较稳定,产量较多,如冶金、纺织、发电、采掘、造纸、酿酒等生产。

成批生产是指按预先规定的数量,分批生产一定种类的产品的生产。在成批生产的企业或车间中,通常生产的品种较多,而且各种产品的生产往往成批地重复进行,如机械制造、工具制造、服装生产等。成批生产按产品批量的大小,可以分为大批生产和小批生产,大批生产的性质接近于大量生产,小批生产的性质接近单件生产。

单件生产是指按照用户的要求,生产个别的、性质特殊的产品的生产。如重型机械制造、大型电机制造、船舶制造、精密仪器制造、专用设备制造等。单件生产的企业或车间，生产的产品品种规格较多，而且很少重复生产。

3. 成本管理要求对成本核算对象的影响

成本管理要求对成本核算对象的影响主要表现在：企业在组织成本核算时，要以满足企业经营管理的需要为前提，从成本管理要求出发确定成本核算的对象，分清主次，区别对待。如在单步骤生产情况下，企业只能以"全厂"或"某一封闭式车间"作为成本核算的"空间"范围；在多步骤生产情况下，企业根据成本管理的要求，有可能以各步骤(在工业企业中通常表现为按车间)作为成本核算的"空间"范围。但是有些多步骤生产，如果管理上不要求按步骤核算，也可简化核算程序，扩大其空间范围，笼统地以"全厂"作为成本核算的空间范围。因此，从成本核算的空间范围(成本发生的部门)来看，有"全厂"和"生产步骤"之分。

在以"全厂"作为成本核算空间范围时，计算的是完工产品的制造成本，但在以"生产步骤"作为成本核算的空间范围时，除了计算产成品的成本以外，还要计算各步骤半成品(最后一个生产步骤为产成品)的成本，因此，产品成本核算的实体又有"半成品"与"产成品"之分。

从产品生产组织特点看，单件小批生产的产品其品种、规格、交货时间等均有各自的特殊要求。因此，只能以一件或一批产品的"生产期"作为成本核算的时间范围。在大量大批生产情况下，一种产品的生产连续不断地进行。一方面，同样的原材料不断地投入生产，另一方面，同样的产品不断产出，不可能等该产品停产再计算产品成本。因此，有必要人为地划分若干相等的时间单位作为成本核算的时间范围，以计算该时间范围内产出产品的成本。习惯上，以会计期间即日历"月份"作为大量大批生产时的成本核算时间范围。所以，从成本核算的时间范围(成本核算期)来看，又有"一批产品的生产期"和"月份"之分。

以上各种不同因素的组合，就构成了不同的成本核算对象。

在大量大批单步骤生产，或大量大批多步骤生产但成本管理上不要求按步骤核算成本时，成本核算对象就是全厂某月份生产的某种产成品。这一成本核算对象如图 2-2 所示。

图 2-2 大量大批单步骤生产的成本核算对象

在大量大批多步骤生产，成本管理要求按步骤核算成本时，成本核算对象就是各步骤某月份生产的半成品和产成品。这一成本核算对象如图 2-3 所示。

各步骤　　　　某月份生产的半成品和产成品

↓　　　　　　　↓　　　　　　　↓

地点　　　　时间　　　　产品

图 2-3　大量大批多步骤生产的成本核算对象

单件小批生产，不论单步骤还是多步骤生产，成本核算对象通常是全厂生产的某一批产成品。这一成本核算对象如图 2-4 所示。

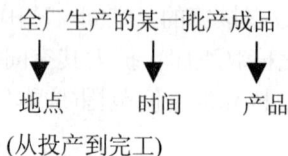

全厂生产的某一批产成品

↓　　　　　↓　　　　　↓

地点　　　时间　　　产品

(从投产到完工)

图 2-4　单件小批生产的成本核算对象

二、按成本项目汇集生产费用，并在各成本核算对象之间进行横向分配

产品在生产过程中所发生的各项费用不外乎两类，一类是直接计入费用，这种费用的发生只与一种受益对象发生关系，故可以根据这种费用发生的原始凭证，将其费用直接计入某种产品的相关成本项目。另一类是间接计入费用，这种费用的发生与两个或两个以上受益对象发生关系，故应将其按照受益原则，采用合理的方法分配计入有关成本核算对象(受益对象)相应的成本项目。其分配步骤如下：

第一步，选择分配标准。间接费用需要按一定标准在各受益对象之间进行分配，如不同产品共同耗用的工资费用，可以按各种产品生产工时的比例进行分配计算，各种产品的生产工时即为分配标准。分配间接费用时，所选择的分配标准应与受益对象的受益程度密切相关，各受益对象分配标准的大小应与受益程度的大小成正比或近似正比的关系。这样才可使分配合理。同时，作为分配标准的数据还应容易取得、便于计算。

不同的费用往往需要选择不同的标准进行分配，常用的分配标准有消耗类分配标准(以受益对象的生产工人工资、生产工时、机器工时、材料消耗数量等作为分配标准)、成果类分配标准(以受益对象的产量、重量、体积、产值等作为分配标准)、定额类分配标准(以受益对象的定额消耗量、定额费用等作为分配标准)。

第二步，计算费用分配率。

$$费用分配率=\frac{待分配的费用总额}{分配标准的总量}$$

计算公式中的分配标准的总量，是指各受益对象的分配标准数量之和。在产品成本核算工作中，费用分配率计算的精确程度需根据实际工作的要求而定，一般保留小数点后三、四位数即可。

第三步，计算各受益对象应分配金额。

某受益对象应分配的费用=该受益对象的分配标准×费用分配率

应用上式即可依次计算出各受益对象应分担的费用。各受益对象应负担的费用之和，应与被分配的费用总额完全相等。如因计算过程中"四舍五入"出现计算尾差，应将尾差计入某一受益对象。

【例 2-1】　甲、乙两种产品共同耗用的生产工人计时工资为 4 800 元，按产品生产工时比例进行分配，两种产品的生产工时分别为：甲产品 4 000 小时，乙产品 6 000 小时。则：

费用分配率=4 800/(4 000+6 000)=0.48(元/小时)

甲产品应分配的工资费用=4 000×0.48=1 920(元)

乙产品应分配的工资费用=6 000×0.48=2 880(元)

三、生产费用在完工产品和期末在产品之间进行纵向分配

产品在生产过程中所发生的各种费用，通过按成本项目在各成本核算对象之间进行横向分配和汇集后，为了计算各种产品的单位成本，还必须把同一产品的生产费用，进一步在完工产品与期末在产品之间进行分配，计算出完工产品的实际总成本和单位成本。

生产费用在完工产品与期末在产品之间的分配，是一个重要而又比较复杂的问题。企业应当根据产品的生产特点(如在产品数量的多少，在产品各月变化的大小，各项费用在成本中所占的比重等)考虑成本管理的要求与现实条件，选择既合理又简便的分配方法，在完工产品和在产品之间进行分配。完工产品成本核算公式如下：

完工产品成本=月初在产品成本+本月生产费用−月末在产品成本

从上述公式可以看出，正确地计算在产品成本，是正确计算完工产品成本的关键。其具体的计算方法将在第三章中讲述。

第三节　产品成本核算方法的确定

一、成本核算对象与成本核算方法

在工业企业中存在着各种不同的成本核算方法，各种成本核算方法的区别在于如何确定成本核算对象、如何确定成本核算期、生产费用在完工产品和期末在产品之间是否分配及如何分配三方面，其中主要区别在于成本核算对象的不同。各企业应根据本单位成本核算对象的特点确定成本核算方法。

在大量大批单步骤生产的企业中，由于大量重复生产一种或几种产品，成本核算对象就是该种或几种产品；成本核算期一般固定在每月月末。生产过程简单、生产周期短的单

步骤生产企业，一般没有在产品，或在产品很少可不予计算，因而生产费用不需要在完工产品与在产品之间进行分配。

在大量大批连续式多步骤生产的企业中，一般要求提供各步骤半成品的成本资料，成本核算对象是最终产品和各步骤半成品，成本核算期固定在每月月末。在这类企业中，月末一般有在产品，因而需要在完工产品与在产品之间进行费用分配。

在大量大批装配式多步骤生产的企业中，如果成本管理不要求提供各零件、部件的成本，成本核算对象为最终的各种产成品，如果管理上要求提供各步骤半成品(零部件)成本，则成本核算对象为最终产品和各步骤半成品；成本核算期固定在每月月末。在这类企业中，经常存在月末在产品，因而需要在完工产品与在产品之间进行费用分配。

在单件小批多步骤生产的企业中，一般按产品批次、件别组织生产，成本核算对象就是各批次或件别的产品；在这样的企业中，只有该件或该批次产品完工，才能计算成本，所以成本核算期不固定，与生产周期一致，因而不需要在完工产品与在产品之间分配费用。

二、产品成本核算的三种基本方法

前述三种成本核算对象，决定三种成本核算基本方法。

1. 品种法

在大量大批单步骤或多步骤不要求按步骤核算成本的生产企业中，只能以"全厂某月份生产的某种产成品"作为成本核算对象，设立成本核算单，登记其费用和产量，计算其总成本和单位成本，这就形成了"品种法"。

2. 分步法

在大量大批多步骤生产，并且要求按步骤核算成本的企业中，要以"各步骤某月份生产的半成品和产成品"作为成本核算对象，按步骤分产品设立成本核算单、汇集费用，分别按各自的产量计算半成品或产成品的总成本和单位成本，这就形成了"分步法"。

3. 分批法

在单件小批生产的企业，对用户的订货(或企业主要产品以外的新产品试制、自制设备、来料加工、修理作业等)，都有不同的数量和质量要求，以及对不同的交货日期的要求，为此，企业必须按批来组织生产。因此，要以"全厂(或某一封闭车间)生产的某一批产成品"作为成本核算对象，设立成本核算单，登记其费用和产量，以计算该批产成品的总成本和单位成本，这就形成了"分批法"。

以上三种方法的区别不在于什么产品，而在于什么时空。成本核算对象的确定与成本核算基本方法的形成如表2-1所示。

表 2-1 成本核算对象的确定与成本核算基本方法的形成

生产组织特点	生产工艺过程	成本管理要求	成本核算对象			成本核算方法
			空间范围	计算期	计算实体	
大量大批	单步骤	全厂核算成本	全厂	某月份	生产的某种产成品	品种法
	多步骤	不要求按步骤核算成本				
	多步骤	要求按步骤核算成本	各个步骤(车间)	某月份	生产的半成品与产成品	分步法
单件小批	单步骤或多步骤	全厂核算成本	全厂	生产的某一批(从投产到完工)	产成品	分批法

三、产品成本核算的其他方法

实际工作中，在以上三种成本核算基本方法的基础上，还有两种辅助方法，即分类法和定额法。

分类法是以产品类别为成本核算对象，将生产费用先按产品的类别进行汇集，计算各类产品成本，然后再按照一定的分配标准在类内各种产品之间分配，以计算各种产品成本的方法。分类法主要是为了解决某些企业产品品种规格繁多，成本核算工作繁重，而在成本核算基本方法基础上设计的一种简化的成本核算方法。此法适用于产品品种、规格繁多，但每类产品的结构、所用原材料、生产工艺过程基本相同的企业。

定额法是以产品定额成本为基础，加上(或减去)脱离定额差异和定额变动差异，来计算产品成本的一种方法。定额法是在定额管理基础较好的工业企业，为了加强生产费用和产品成本的定额管理，加强成本控制而采用的成本核算方法。此法适用于定额管理制度比较健全，定额管理基础工作较好，产品生产定型，消耗定额合理且稳定的企业。

分类法和定额法均不是一种独立的成本核算方法，必须结合品种法、分步法、分批法等基本方法使用。

四、产品成本核算方法的应用

前已述及，各种成本核算方法分别适用于不同类型企业产品生产的特点和成本管理的要求。在实际工作中，一个工业企业单独采用一种成本核算方法组织成本核算工作的情况并不多，往往同一个企业里的各个生产单位，因其生产特点和管理要求不同，常常同时采用几种成本核算方法，或把几种不同的成本核算方法结合起来加以综合应用。

1. 几种成本核算方法同时应用

在工业企业中，一般既有基本生产车间，又有辅助生产车间。基本生产车间主要生产产品，辅助生产车间主要为基本生产车间和其他部门服务。基本生产车间和辅助生产车间的生产特点和管理要求不同，采用的成本核算方法也不同。例如，在纺织企业，其基本生产车间主要产品的生产特点是连续、多步骤，半成品可以对外销售。因此，基本生产车间采用逐步结转分步法进行成本核算。但在辅助生产的机修车间，主要的生产活动是维修机器设备和为生产车间制造某些设备，为了正确计算机器设备的维修成本和设备的制造成本，可采用分批法进行成本核算。在辅助生产的供气车间，主要生产活动是为企业供应蒸汽，可采用品种法计算车间提供蒸汽的成本。就这一个企业来说，同时采用了多种成本核算方法进行成本核算。

再如，同时生产定型产品与非定型产品的企业，定型产品是大量大批生产，非定型产品是单件或小批生产，这两种类型的产品应采用不同的成本核算方法。对大量大批生产的定型产品，采用分步法或品种法进行成本核算；对非定型产品，采用分批法进行成本核算。

2. 几种成本核算方法的结合应用

有些工业企业，除同时应用几种成本核算方法外，还有以一种成本核算方法为主，结合其他成本核算方法的某些特点加以综合应用成本核算方法的情况。例如，在单件小批生产的机械制造企业，其主要产品的生产过程由铸造、机械加工、装配等相互关联的各个生产阶段所组成，其最终产品应采用分批法进行成本核算。但从各个生产阶段看则有所不同，如在铸造阶段，其产品品种较少，并可直接对外销售，可采用品种法进行成本核算；从铸造到机械加工阶段，属于连续式多步骤生产，其成本结转可采用逐步结转分步法进行；从机械加工到装配阶段，属于装配式多步骤生产，其成本结转可采用平行结转分步法进行。就企业来说，成本核算是以分批法为主，结合使用品种法、分步法的某些特点加以综合应用的。

又如，在定额管理基础工作较好，定额管理制度较完善的企业，为了加强成本的定额管理和控制，可在品种法、分批法、分步法的基础上，结合定额法进行成本核算，以满足企业成本管理的要求。

综上所述，工业企业的生产情况是复杂的，因而管理要求是多方面的，成本核算的方法也是多种多样的。企业应当根据其生产特点、管理要求、规模大小、管理水平高低等实际情况，将成本核算方法灵活地加以应用。

案 例 分 析

【案例】

大学生吴晓东2005年8月毕业应聘到北方机械公司当成本会计员。财务部成本科刘科长向小吴介绍了公司的有关情况。

1. 产品情况

该厂主要生产大型重型机械,用于矿山等企业,是国内矿山机械制造的龙头企业。

2. 车间设置情况

北方机械公司设有7个基本生产车间,分别生产矿山机械的各种零部件以及零部件的组装;另外,还设有4个辅助生产车间,为基本生产车间及其他部门提供服务。

3. 成本核算的现状

该厂现有会计人员36人,其中成本会计人员8人(不包括各个生产车间的成本会计人员)。由于该公司规模较大,现在实行两级成本核算体制,厂部和车间分别设置有关的成本费用明细账进行核算。

刘科长让小吴在了解几天企业成本核算及其他方面的情况后书面回答如下几个问题:

(1) 根据本厂的具体情况应采用什么核算体制(一级还是两级)?

(2) 车间和厂部应设置哪些成本会计核算的岗位?

(3) 车间和厂部应设置哪些成本总账和明细账?

(4) 成本费用应按什么程序进行汇集和分配?

(5) 对企业现在实行的成本核算模式提出进一步改进的意见。

【分析】

吴晓东对企业的情况进行了调查后,向刘科长提出了一些自己的意见。

(1) 由于本公司规模较大,生产车间较多,为了加强成本的核算和管理,应采用两级成本核算的管理体制。这样,可以有效地组织成本核算工作,提高成本核算的工作效率。如果采取一级成本核算体制,则会使成本管理工作高度集中于公司,不利于提高各个生产车间降低成本的积极性,也不利于提高成本核算的工作效率。

(2) 根据调查,小吴认为,厂部应设置的成本核算岗位包括材料成本核算、工资成本核算、费用核算、产品成本核算等。其中,材料核算岗位承担由公司负责的一些材料费用的汇集和分配,通过将各仓库交来的各车间领用材料的凭证进行审核,然后,将其分配给各车间、部门负担。同时,应与材料供应部门密切合作,做好材料的采购、发放等工作;工资成本核算岗位主要负责计算每位职工的应付工资金额,并按工资费用的发生地点和用途,分配于不同的车间和部门。这些工资费用主要是由公司计算并支付的。而对于实行经济责任制情况下由各车间负责分配的诸如奖金等,则应由各车间、部门自行核算;费用核算岗位应主要负责核算公司管理费用、销售费用以及各车间发生的一些管理费用。这些费用内容较多，也比较复杂，其日常的审核任务较重；产品成本核算岗位主要是进行产品成本的核算，包括各种费用的汇集、分配，以及完工产品和在产品成本的核算等。产品成本核算在成本会计各岗位中是最重要的，应选择综合素质较高的人员担任。

车间应设置成本核算员，负责汇集本车间所发生的一些费用，并进行分配。于月末时将本车间有关的成本费用账簿转交给公司负责成本核算的会计人员。

(3) 对于明细账的设置，可根据不同的车间、部门采取不同的设置方法。在公司方面，应设置的账簿主要有"公司基本生产成本明细账"、"公司辅助生产成本明细账"、"公司制造费用明细账"、"公司产品成本汇总计算表"、"管理费用明细账"、"销售费用明细账"、"财务费用明细账"，以及"基本生产成本"总账、"制造费用"总账、"库存商品"总账、"管理费用"总账、"销售费用"总账和"财务费用"总账等；在基本生产车间应设置的账簿主要包括"车间基本生产成本明细账"、分产品设置的"产品成本明细账(产品成本计算单)"、"制造费用明细账"等。辅助生产车间应根据具体情况，若该车间只提供一种产品或劳务，则只需要设置"辅助生产成本明细账"来汇集该车间发生的全部费用。如果该车间提供多种产品或劳务，则应设置"车间辅助生产成本明细账"、分产品或劳务设置的"产品(劳务)明细账"、"制造费用明细账"等。

(4) 对于成本核算的程序，小吴认为，首先，应进行各种要素费用的汇集和分配；其次，分配辅助生产车间的制造费用；再次，分配辅助生产费用；然后，分配基本生产车间的制造费用；最后，将生产费用在完工产品和在产品之间进行分配，计算出完工产品和在产品的成本。由于本公司的基本生产车间和辅助生产车间较多，因此采用的是两级成本核算体制，所以，车间和公司都要进行成本核算。

(5) 通过几天的调查，小吴对本公司的成本核算工作提出了如下建议：

① 现行的企业成本核算的核算方法没有随着企业产品的调整而进行相应的改变，因此，有许多不相适应的地方，制造费用的分配只采用简单的工时比例，没有考虑其他的因素。因此应加以改变，以提供更加准确的成本信息。如可考虑采用作业成本制度，制造费用的分配标准还可考虑其他的因素，如折合工时等。

② 由于采用实际成本核算体制，因此，企业提供的成本信息相对滞后，同时，企业在进行成本计算的同时，不能将成本核算与成本控制、企业成本考核和成本分析有机地结合起来。因此企业应考虑采用标准成本制度，以期达到最佳的成本管理效果。

③ 成本管理人员没有深入了解企业的生产情况，这从我多次询问有关企业的生产情况而许多成本会计人员不能很好地回答可以看出来。如果成本会计人员不能很好地了解企业的生产情况，就不能很好地进行成本管理，效果也不能达到最佳。因此，建议公司组织会计人员，特别是成本会计人员实地考察企业产品的生产过程，由企业的技术人员向会计人员介绍产品的生产过程等。

复习思考题

一、简答题

1. 正确计算产品成本应该正确划清哪些费用界限？
2. 正确计算产品成本应该做好哪些基础工作？
3. 简述成本核算的一般程序。
4. 为了进行产品成本的核算需要设置哪些会计科目？

二、判断题(正确的画"√"，错误的画"×")

1. 为了正确地计算产品成本，应该绝对正确地划分完工产品和在产品的费用界限。
（　　）

2. 制定和修订定额，只是为了进行成本审核，与成本计算没有关系。（　　）

3. 企业生产经营的原始记录，是进行成本预测、编制成本计划、进行成本核算的依据。
（　　）

4. 制定厂内计划价格是为了分清内部各单位的经济责任，便于分析内部各单位成本计划的完成情况和管理业绩，并加速和简化核算工作。
（　　）

5. 为了尽可能地符合实际情况，厂内价格应该在年度内经常变动。（　　）

6. "基本生产成本"科目应该按成本计算对象设置明细分类账，账内按成本项目分设专栏或专行。
（　　）

7. 为了核算企业的期间费用应该设置"销售费用"、"管理费用"和"制造费用"科目。
（　　）

8. "辅助生产成本"科目月末应无余额。
（　　）

三、单项选择题

1. 下列各项中属于费用要素的是_____。
   A. 直接材料　　　　　　　　　B. 直接人工薪酬
   C. 外购材料　　　　　　　　　D. 废品损失
2. 下列各项中属于产品成本项目的是_____。
   A. 废品损失　　　　　　　　　B. 工资薪酬
   C. 管理费用　　　　　　　　　D. 销售费用
3. 下列各项中应计入制造费用的是_____。
   A. 构成产品实体的原材料费用　　B. 产品生产工人工资薪酬
   C. 车间管理人员工资薪酬　　　　D. 工艺用燃料费用

4. 下列各项中不应计入产品成本的是_____。
   A. 企业行政管理部门用固定资产的折旧费用
   B. 车间厂房的折旧费用
   C. 车间生产用设备的折旧费用
   D. 车间辅助人员的工资

5. 下列各项中应计入管理费用的是_____。
   A. 企业专设销售机构人员的工资　　B. 产品广告费用
   C. 企业的职工教育经费　　D. 车间的办公费用

四、多项选择题

1. 为了正确计算产品成本，必须做的各项基础工作有_____。
   A. 定额的制定和修订工作
   B. 厂内计划价格的制定和修订
   C. 做好各项原始记录
   D. 材料物资的计量、收发、领退和盘点

2. 为了正确计算产品成本，必须正确划分的费用界限有_____。
   A. 生产费用与期间费用的界限　　B. 各月份的费用界限
   C. 产品销售费用与财务费用的界限　　D. 各种产品的费用界限

3. 要素费用中的工资费用，可能计入的会计科目有_____。
   A. 制造费用　　B. 产品销售费用
   C. 财务费用　　D. 基本生产成本

4. 下列各项中属于产品销售费用的有_____。
   A. 广告费　　B. 委托代销手续费
   C. 展览费　　D. 专设销售机构的办公费

5. 下列各项中属于管理费用的有_____。
   A. 工会经费　　B. 职工教育经费
   C. 无形资产摊销　　D. 业务招待费

6. 下列各项中可能计入财务费用的有_____。
   A. 金融机构手续费　　B. 利息费用
   C. 汇兑损失　　D. 坏账损失

第三章

成本核算的基本原理

学习目标： 生产费用汇集和分配的方法，是成本核算的基本问题，也是学习产品成本核算的具体方法的基础。本章要求了解成本费用账户的设置方法、账户的结构和内容以及生产费用总分类核算的基本程序；理解和掌握各种费用的汇集和分配的方法并能灵活、综合运用。本章重点是费用在各成本计算对象之间的分配方法以及费用在完工产品与在产品之间的分配方法；难点是辅助生产费用的分配方法和在产品成本计算的约当产量法。

关键概念： 低值易耗品　低值易耗品的一次摊销法　低值易耗品的五五摊销法　外购动力费用　工资薪酬　固定资产折旧　待摊费用　预提费用　辅助生产费用的直接分配法　辅助生产费用的交互分配法　辅助生产费用的代数分配法　辅助生产费用的计划成本分配法　制造费用的生产工时比例法　制造费用的生产工人工资比例法　制造费用的年度计划分配率分配法　废品的报废损失　废品的修复费用　完工产品　产成品　在产品　半成品　在产品计价　成本计算期　约当产量　约当产量比例法　在产品按所耗原材料费用计价法　在产品按定额成本计价法　定额比例法

第一节　生产费用的总分类核算

一、生产费用核算的账户设置

为了核算和监督企业生产过程中发生的各项费用，正确计算产品或劳务成本，企业需要设置有关成本费用类账户，组织生产费用的总分类核算和明细分类核算。不同行业的企业，可以根据本行业生产特点和成本管理的要求，确定成本费用类账户的名称和核算内容。如工业企业一般设置"生产成本"和"制造费用"等成本费用类账户；施工企业一般设置"工程施工"等成本费用类账户；交通运输企业一般设置"劳务成本"等成本费用类账户等。企业产品和劳务的成本是按照权责发生制原则计算的，为了正确划分各期费用的界限，各企业都要设置"待摊费用"、"长期待摊费用"和"预提费用"等跨期摊配费用账户；为了核算和监督企业发生的各项期间费用，各企业都要设置"管理费用"、"财务费用"和"销售费用"等账户。本节主要讲述工业企业生产费用的汇集和分配，因此，只介绍工业企业生产费用核算的账户设置和总分类核算的一般程序。

(一)成本费用账户

1."生产成本"账户

"生产成本"账户用来核算企业进行工业性生产(包括生产各种产品和提供劳务、自制材料、自制工具、自制设备等)所发生的各项生产费用,计算产品和劳务实际成本。

工业企业的生产根据各生产单位任务的不同,可以分为基本生产和辅助生产。基本生产是指为完成企业主要生产任务而进行的产品生产或劳务供应。辅助生产是指为企业基本生产单位或其他部门服务而进行的产品生产或劳务供应,如企业内部的供水、供电、供气、自制材料、自制工具和运输、修理等生产。企业辅助生产单位的产品和劳务,虽有时也对外销售一部分,但主要任务是服务于企业基本生产单位和管理部门。企业生产分为基本生产和辅助生产,根据企业生产费用核算和产品成本计算的需要,一般可以在"生产成本"这一总分类账户下,分设"基本生产成本"和"辅助生产成本"两个二级账户;也可以将"生产成本"这一账户,分设为"基本生产成本"和"辅助生产成本"两个总分类账户;业务量较小的企业,还可以将"生产成本"和"制造费用"两个总分类账户,合并为"生产费用"一个总分类账户。本书按照一般工业企业的情况,设置"基本生产成本"、"辅助生产成本"和"制造费用"三个成本费用类总分类账户。

"基本生产成本"账户的借方,登记企业从事基本生产活动的生产单位(车间、分厂)所发生的直接材料费用、直接人工费用、其他直接费用和自"制造费用"账户转入的基本生产单位发生的制造费用;该账户的贷方,登记结转的基本生产单位完工入库产品成本和已完成的劳务成本;该账户的期末余额在借方,表示基本生产单位期末尚未完工的在产品成本。

"辅助生产成本"账户的借方,登记企业从事辅助生产活动的生产单位(分厂、车间)所发生的各项直接费用和自"制造费用"账户转入的辅助生产单位发生的制造费用;该账户的贷方,登记结转的辅助生产单位完工入库产品(如自制材料、工具等)成本和分配给各受益对象的已完成劳务(如修理服务)成本;该账户的期末余额在借方,表示辅助生产单位期末尚未完工的在产品(如自制材料、工具等)成本。

为了正确计算各种产品和劳务的实际总成本,在按照企业生产单位设置的生产成本二级账户下,还应按照各个生产单位的成本计算对象,设置产品(劳务)生产成本明细账。按成本计算对象设置的生产成本明细账,用来汇集该成本计算对象所发生的全部生产费用,并计算出该对象的完工产品(或劳务)的实际总成本和期末在产品成本。因此,产品(劳务)生产成本明细账也称产品(劳务)成本计算单。

企业按生产单位设置的基本生产成本二级账和辅助生产成本二级账,以及按成本计算对象设置的生产成本明细账(产品成本计算单),都应当按成本项目设专栏组织生产费用的核算和产品成本的计算。期末,"生产成本"总分类账户应与所属的二级账户核对,生产成本二级账户应与所属明细账核对。不设生产成本二级账的企业,"生产成本"总分类账户直接与所属的产品(劳务)生产成本明细账核对。

2."制造费用"账户

"制造费用"账户用来核算企业各个生产单位(分厂、车间)为组织和管理生产所发生的各项间接费用。该账户的借方登记企业各生产单位为生产产品和提供劳务而发生的各项间接费用;贷方登记期末分配结转(转入"生产成本"等账户)的制造费用;除季节性生产企业外,期末结转以后该账户应无余额。

"制造费用"账户应当按照企业生产单位设置明细账,并按费用项目设专栏组织明细核算。企业行政管理部门为组织和管理生产经营活动所发生的各项管理费用,企业在销售过程中发生的各项费用,以及企业为筹集生产经营资金所发生的各项费用,都应作为期间费用,不记入"制造费用"账户,分别记入"管理费用"、"销售费用"和"财务费用"账户。

(二)跨期费用账户

1."待摊费用"账户

待摊费用是指企业已经支付,但应由本期和以后各期成本(费用)分别负担的费用。其包括预付保险费、预付租入固定资产的租金、预付报刊订阅费以及一次领用费用较多的低值易耗品、出租出借的包装物、一次发生的数额较大的固定资产修理费等。

企业摊销期在一年以内的各项费用的发生和摊销,是通过设置"待摊费用"账户核算的。该账户的借方登记企业发生(支出)的各项摊销期在一年以内的待摊费用;贷方登记分期摊入有关成本费用的数额;期末余额在借方,表示企业已经发生(支出)但尚未摊销的费用数额。

待摊费用应当按照费用的受益期限平均摊销。企业有些费用的受益期限,是可以明确肯定的。例如:预付全年的保险费、报刊订阅费等,费用的摊销期限就是12个月;预付半年的租入固定资产租金,摊销期限就是6个月。而有些费用的受益期限不能明确肯定,如一次领用数量较大、费用较多的低值易耗品等。这时,只能根据具体情况对受益期限(分摊月份数)加以估计。记入"待摊费用"账户的费用摊销期限不超过12个月。

2."长期待摊费用"账户

长期待摊费用是指企业已经发生(支出),摊销期限在一年以上(不含一年)的各项待摊费用。其包括固定资产大修理支出、租入固定资产的改良支出以及摊销期限在一年以上的其他费用。固定资产大修理支出在大修理间隔期内平均摊销;租入固定资产的改良支出应当在租赁期限与租赁资产尚可使用年限两者中较短的期限内平均摊销。

企业在筹建期内发生的费用,包括企业筹建期间的人员工资、培训费、办公费、差旅费、印刷费、注册登记费以及不计入固定资产价值的借款费用等,在发生时记入"长期待摊费用"账户的借方。该费用应当从企业开始生产经营的当月起,一次计入开始生产经营当月的损益,借记"管理费用"账户,贷记"长期待摊费用"账户。

长期待摊费用的发生和摊销是通过设置"长期待摊费用"账户核算的。该账户借方登记企业发生(支出)的各项长期待摊费用;贷方登记分期摊销计入制造费用、管理费用、销售费用等的数额;期末余额在借方,表示企业已经发生(支出)但尚未摊销的长期待摊费用数额。

3."预提费用"账户

预提费用是指企业分期提取计入有关成本费用,但尚未实际支付的费用。其包括预提的租入固定资产租金、生产单位和企业总部的财产保险费、固定资产大修理费、借款费用等。

预提费用的具体期限应当根据费用的受益期限确定。企业各期必须预先提取多少费用以供费用发生时支付,有些能够事先确定。如银行短期借款利息一般按季度结算支付,一个季度需要支付的利息费用,可以根据借款金额和利息率计算求得,由支付利息前三个月的财务费用平均负担。企业有些费用在以后月份实际支付多少,事先不能完全肯定。如固定资产大修理费用等,这类费用要事先制定费用预算,根据预算数额分期预提计入有关成本费用。企业实际支付的费用与预提费用的差额,应当计入(或冲减)费用支付期间相关的成本费用。为了防止企业利用预提费用虚增成本费用,企业确定从产品成本(制造费用)和期间费用中预提的费用项目和提取标准,应报主管财政机关备案。

预提费用的提取和支付,是通过设置"预提费用"账户核算的。该账户贷方登记企业按计划预提计入产品成本和期间费用的费用数额;借方登记实际支付的费用数额;期末余额在贷方,表示企业已经从有关成本费用中预提、尚未支付的费用数额。

(三)期间费用账户

1."管理费用"账户

管理费用是指企业行政管理部门为组织和管理生产经营活动所发生的费用。管理费用的发生和结转是通过设置"管理费用"账户核算的。该账户借方登记企业本期发生的各项管理费用;贷方登记期末转入"本年利润"账户的管理费用数额;期末结转以后,该账户应无余额。

2."财务费用"账户

财务费用是指企业为筹集生产经营资金所发生的各项费用。财务费用的发生和结转是通过设置"财务费用"账户核算的。该账户借方登记企业本期发生的各项财务费用(企业发生的应冲减财务费用的利息收入、汇兑收益等,用红字在借方登记);该账户贷方登记期末转入"本年利润"账户的财务费用数额;期末结转以后,该账户应无余额。

3."销售费用"账户

销售费用是指企业在销售商品产品和提供劳务等活动中发生的各项费用以及专设销售

机构的各项经费。销售费用的发生和结转是通过设置"销售费用"账户核算的。该账户借方登记企业本期发生的各项销售费用；贷方登记期末转入"本年利润"账户的销售费用数额；期末结转后，该账户应无余额。

二、生产费用总分类核算的程序

(一)本期发生(支付)的各项费用

企业本期发生的材料费、人工费、折旧费和其他各项费用，在贷记"原材料"、"应付职工薪酬"、"累计折旧"、"银行存款"和"现金"等资产、负债账户的同时，应当根据费用的用途和所属期间，分别记入有关费用成本账户的借方。

产品生产直接消耗的原材料、产品生产工人工资及提取的福利费等，记入"基本生产成本"账户的借方；生产单位(分厂、车间)管理部门机物料消耗、管理人员工资及提取的福利费、固定资产折旧费、办公费等，记入"制造费用"账户的借方；厂部(公司总部)管理部门机物料消耗、管理人员工资及提取的福利费、固定资产折旧费、办公费等，计入"管理费用"账户的借方；销售过程中领用包装物、专设销售机构的人员工资及提取的福利费、办公费等，记入"销售费用"账户的借方；企业发生(支付)的跨期费用，属于发生的尚待摊销的费用，分别记入"待摊费用"、"长期待摊费用"等账户的借方，属于支付已预提的费用，记入"预提费用"账户的借方。

(二)本期摊销和预提费用

按照权责发生制原则，应由本期成本费用负担尚未支付的费用，应当预提计入本期成本费用；已经发生或支付的费用，应当摊销计入本期成本费用。本期摊销和预提费用，在记入"待摊费用"和"预提费用"等账户贷方的同时，分别记入"制造费用"、"管理费用"、"财务费用"、"销售费用"等账户的借方。

(三)本期分配结转制造费用

期末，应当将本期发生的制造费用，按照受益原则，分配给各种产品和劳务，并转入到"生产成本"账户之中，由有关成本计算对象的成本负担。

(四)结转本期完工产品成本

期末，按照一定的方法计算出本期完工产品成本以后，应当将完工入库产品的总成本，结转到"库存商品"、"自制半成品"等账户之中。

结转本期完工入库产成品成本，在记入"基本生产成本"账户贷方的同时，记入"库存商品"账户的借方；结转本期完工入库自制半成品成本，在记入"基本生产成本"账户贷方的同时，记入"自制半成品"账户的借方；结转本期辅助生产单位对外修理、运输等已实现销售的劳务总成本，在记入"辅助生产成本"账户贷方的同时，记入"主营业务成本"("其他业务支出")账户的借方。

上述生产费用总分类核算的一般程序如图3-1所示。

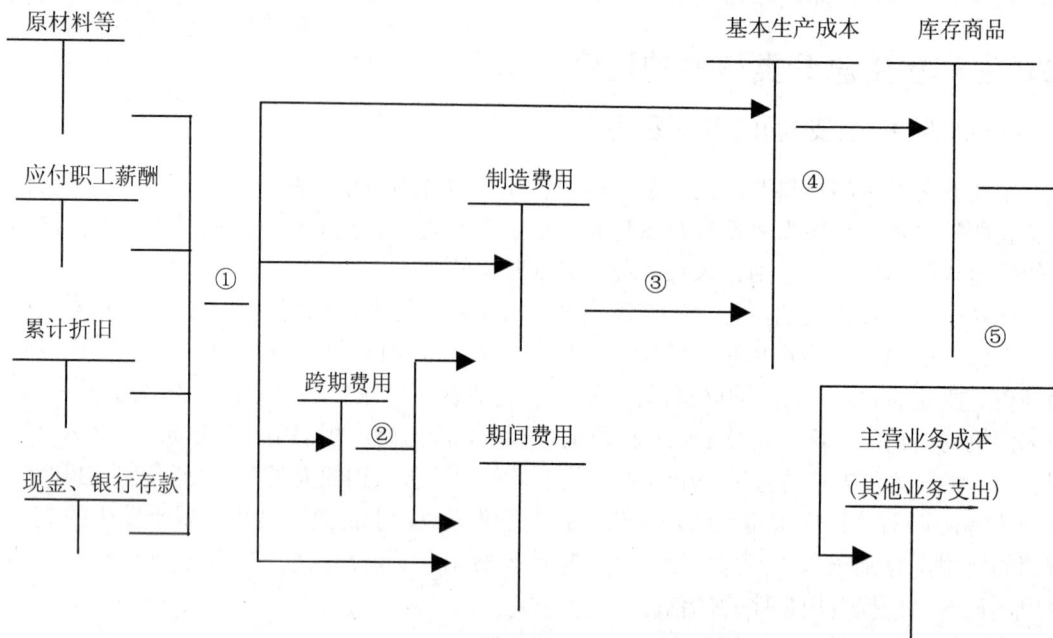

图 3-1　生产费用总分类核算的一般程序

图3-1中①、②、③、④、⑤表示五个步骤(程序)：①要素费用的汇集与分配；②跨期费用的汇集与分配；③制造费用的分配；④结转完工产品成本；⑤结转已销售产品成本。

第二节　直接材料费用的汇集和分配

一、直接材料费用的汇集

产品成本中的直接材料费用是指产品生产工艺过程中直接消耗的原料、辅助材料、外购半成品、包装材料以及燃料和动力等费用。直接材料费用的汇集，就是要正确计算产品生产过程中消耗材料的数量和价格。

(一)消耗材料数量的计算

消耗材料数量的计算有两种方法：一种是连续记录法(永续盘存制)，一种是盘存计算法(实地盘存制)。

1. 连续记录法

连续记录法也叫做永续盘存制，它是指每次收入、发出材料时，都根据有关收发材料的原始凭证将材料收入和发出(消耗)的数量记入材料明细账，材料消耗的数量是根据发出材料的原始凭证确定的，在材料明细账中能够随时计算出材料结存数量。

采取连续记录法能够正确计算生产过程中的材料消耗数量，因此，企业应当建立健全原始记录和计量验收制度，严格材料收入和发出的凭证手续，保证材料消耗数量的真实性。

记录生产过程中材料消耗数量的原始凭证有"领料单"、"限额领料单"和"领料登记表"等。为了正确计算本期材料的实际消耗量，期末，对于生产单位已领而未用的材料，应当填制"退料单"，办理退料手续或假退料手续，从当月领用数量中扣除。"退料单"也是记录材料消耗数量的原始凭证。

期末，应当根据全部领料凭证(包括用于抵减领料数的退料凭证)汇总编制"耗用(发出)材料汇总表"，确定计入直接材料费用的材料消耗量。耗用(发出)材料汇总表应当按照领料用途和材料类别分别汇总，凡能分清某一成本计算对象的材料消耗，应当单独列示；属于几个成本计算对象共同耗用的材料，应当选择适当的分配方法，分配计入有关成本计算对象的直接材料费用项目。

2. 盘存计算法

盘存计算法也叫做实地盘存制，它是指每次材料发出时，都不作记录，材料消耗(发出)数量是根据期末实地盘点确定结存数量以后，倒推出来的。其材料消耗量的计算公式为：

本期消耗材料数量=期初结存材料数量+本期收入材料数量-期末结存材料数量

从上述计算公式可以看出，采用这种方法计算的材料消耗量是不准确的。如果发生材料损坏、丢失等情况，也会将其计算在材料消耗量中，显然不利于加强管理、堵塞漏洞。因此，企业一般不采用这种计算材料消耗量的方法。

(二)消耗材料价格的计算

在实际工作中，有的企业按照实际成本计价组织材料的核算，有的企业按照计划成本计价组织材料的核算，无论采用哪种材料核算形式，生产过程中消耗的材料，都应当是材料的实际价格(实际成本)。

1. 按实际成本计价组织材料核算的企业

采用实际成本计价组织材料核算时，同一品种、规格的材料由于购入的时间和地点不同，各批材料购进的实际价格很可能不一致，因此产生了消耗材料按什么价格来计算的问题。在实际工作中，消耗材料实际价格(实际成本)的计算有先进先出法、加权平均法和个别计价法等方法。

先进先出法假定消耗材料是最先购入的各批，因此按先购入的各批材料的实际价格计价。在物价持续上涨的情况下，采用先进先出法，结存材料的价格要高些，消耗材料的价格要低些。加权平均法是以数量为权数计算材料的实际平均单价,消耗材料和结存材料的价格相同。个别计价法也称分批实际法,或个别辨认法,它只适用于材料整批购入、整批发出,或整批购入、分批发出,并能分清批次的材料,或少量单独保管的贵重材料,实际应用有一定的局限性。

2. 按计划成本计价组织材料核算的企业

采用计划成本计价组织材料核算时,消耗材料仍应当是其实际成本。材料实际成本等于材料计划成本加上应分摊的材料成本差异。分摊的材料成本差异为超支差异时(实际成本大于计划成本),与计划成本相加;材料成本差异为节约差异时(实际成本小于计划成本),与计划成本抵减(即加上一个负数)。企业应当正确计算消耗材料应分摊的材料成本差异,将消耗材料的计划成本调整为实际成本。

二、直接材料费用的分配

(一)直接材料费用的分配方法

两个或两个以上成本计算对象共同耗用的材料,需要采用一定的方法,在各成本计算对象之间进行分配。直接材料费用中,材料和燃料费用的分配一般可以选用质量分配法、定额耗用量比例分配法、系数分配法(标准产量分配法)等方法;动力费用的分配,一般可以选用定额耗用量比例分配法、系数分配法、生产工时分配法和机器工时分配法等方法。

1. 质量分配法

质量分配法是以各种产品的质量为标准来分配材料(燃料)费用的方法。如果企业生产的几种产品共同耗用同种材料或燃料,耗用量的多少与产品质量又有直接联系,则可以选用质量分配法。质量分配法的计算公式如下:

$$费用分配率=\frac{各种产品共同耗用的材料费用}{各种产品的质量之和}$$

某产品应分配费用=该产品总质量×直接材料费用分配率

【例 3-1】 某厂生产甲、乙、丙三种产品,本月三种产品共同耗用 A 材料 90 000 元,本月三种产品的净重分别为 2 000 千克、2 500 千克、4 500 千克。采用质量分配法,编制"A 材料费用分配表"如表 3-1 所示。

表 3-1 A 材料费用分配表

××年 9 月

产品名称	产品质量/千克	费用分配率/(元/千克)	分配金额/元
甲	2 000	10	20 000
乙	2 500	10	25 000

续表

产品名称	产品质量/千克	费用分配率/(元/千克)	分配金额/元
丙	4 500	10	45 000
合 计	9 000	—	90 000

质量分配法的分配标准为产品质量,当分配标准为产品产量或产品的面积、体积、长度等时,可以分别称之为产量分配法、面积分配法等,其计算公式与质量分配法类似。

2. 定额耗用量比例分配法

定额耗用量比例分配法是以各种产品的材料消耗总定额为标准,来分配直接材料费用的方法。这里的材料消耗定额,可以是材料定额消耗量,也可以是定额总成本。采用定额耗用量比例分配法,要求企业各种产品的材料消耗,都制定有比较先进和合理的消耗定额。定额耗用量比例分配法的计算公式如下:

$$费用分配率=\frac{各种产品共同耗用的直接材料费用总额}{各种产品直接材料消耗总定额之和}$$

某产品应分配费用=该产品直接材料消耗总定额×费用分配率

上式中,各种产品的直接材料消耗总定额是根据单位产品的材料消耗定额(定额消耗量或定额成本)和本期实际产品产量计算求得的。计算公式为:

某产品直接材料消耗总额=该产品实际产量(投产量)×

该产品单位产品材料消耗定额(数量或成本)

【例 3-2】 某厂生产甲、乙、丙三种产品,本月三种产品共同耗用 B 材料 30 360 千克,该材料实际平均单价为每千克 25 元,计 759 000 元;本月三种产品实际投产量分别为420 件、240 件和 180 件,单位产品材料消耗定额分别为 20 千克、60 千克和 40 千克。单位产品材料消耗定额成本分别为 488 元、1 464 元和 976 元。采用定额耗用量比例分配法,B 材料费用分配过程如下。

(1) 按定额耗用量比例分配。

① 计算总定额(见表 3-2)。

表 3-2 B 材料定额耗用量计算表

××年 9 月

产品名称	投产量/件	单位产品消耗定额/千克	材料消耗总定额/千克
甲	420	20	8 400
乙	240	60	14 400
丙	180	40	7 200
合 计	—	—	30 000

② 编制 B 材料费用分配表(见表 3-3)。

表 3-3 B 材料费用分配表(按定额耗用量比例分配)

××年 9 月

产品名称	材料定额消耗总量/千克	分配率/(千克/千克)	材料实际消耗总量/千克	材料实际平均单价/元	应分配材料费用/元
甲	8 400	1.012	8 500.8	25	212 520
乙	14 400	1.012	14 572.8	25	364 320
丙	7 200	1.012	7 286.4	25	182 160
合　计	30 000	—	30 360	—	759 000

表 3-3 中，分配率为 1.012，即材料实际消耗量为定额消耗量的 101.2%，材料实际消耗量大于其定额消耗量，没有完成材料消耗定额，消耗量超支 1.2%。

材料定额耗用总量作为分配标准，也可以直接用来分配材料费用。采用这种方法编制的费用分配表如表 3-4 所示。

表 3-4 B 材料费用分配表(材料定额耗用总量作为分配标准)

××年 9 月

产品名称	材料定额消耗总量/千克	费用分配率/(元/千克)	应分配材料费用/元
甲	8 400	25.3	212 520
乙	14 400	25.3	364 320
丙	7 200	25.3	182 160
合　计	30 000		759 000

表 3-4 的计算结果与表 3-3 相同，计算也较简便，但不能考核材料消耗定额的执行情况。

(2) 按定额成本(费用)比例分配。

① 计算总定额(见表 3-5)。

表 3-5 B 材料定额成本计算表

××年 9 月

产品名称	投产量/件	单位产品消耗定额/(元/件)	材料定额消耗总金额/元
甲	420	488	204 960
乙	240	1 464	351 360
丙	180	976	175 680
合　计	—	—	732 000

② 编制 B 材料费用分配表(见表 3-6)。

表 3-6　B 材料费用分配表(按定额成本比例分配)

×× 年 9 月

产品名称	材料定额消耗总金额/元	费用分配率/(元/千克)	应分配材料费用/元
甲	204 960	1.03689	212 520
乙	351 360	1.03689	364 320
丙	175 680	1.03689	182 160
合　计	732 000	—	759 000

表 3-6 中，费用分配率为 1.03689，即材料实际成本为定额成本的 103.689%，没有完成材料消耗定额。这里的成本超支包括消耗量和价格两个因素，因此不同于表 3-3 中的 101.2%。

3. 系数分配法(标准产量比例分配法)

系数分配法是将各种产品的实际产量按照预定的折合系数折算为标准产量，以标准总产量(总系数)为分配标准来分配直接材料费用的方法。这种方法的分配标准为标准总产量，因此也称为标准产量比例分配法。采用这种方法，分配计算的步骤如下：

(1) 选择标准产品。企业一般应当选择正常生产、大量生产的产品作为标准产品，也可以选择系列产品中规格型号居中的产品作为标准产品。

【例 3-3】 某厂生产 801、802、803、804、805 五种产品，五种产品本月共耗用 C 材料费用为 897 750 元；五种产品单位产品 C 材料消耗定额分别为 48 千克、54 千克、60 千克、72 千克和 78 千克；本月实际产量分别为 1 000 件、2 500 件、5 000 件、3 000 件和 2 000 件。C 材料费用采用标准产量法分配。

本例该厂生产一个系列五种产品，可以选用正常生产和大量生产，且以系列产品中的中间产品 803 产品为标准产品。

(2) 计算各产品的系数。系数是某种产品与标准产品的比例关系。企业可以根据单位产品的定额消耗量、定额费用、售价以及产品的体积、面积、长度和质量等米计算各种产品的系数，标准产品的系数为 1。系数一经确定，在年度内一般不作变动。

系数的计算公式如下：

$$某产品的系数 = \frac{该产品定额消耗量(或定额费用、售价等)}{标准产品定额消耗量(或定额费用、售价等)}$$

例 3-3 中 803 产品为标准产品，其系数为 1。其他产品的系数可以计算如表 3-7 所示。

表 3-7 产品系数计算表

××年度使用

产品名称	消耗定额/千克	系数(折合标准量)
801	48	48÷60=0.8
802	54	54÷60=0.9
803	60	(标准产品)1
804	72	72÷60=1.2
805	78	78÷60=1.3

(3) 计算总系数(标准总产量)。总系数就是各种产品的实际产量按预定系数换算成标准产品的产量,也就是费用分配的标准。其计算公式为

某产品总系数(标准总产量)=该产品本期实际产量×该产品的系数

本月各种产品的总系数(标准总产量)可以计算如表 3-8 所示。

表 3-8 总系数(标准总产量)计算表

××年9月

产品名称	实际产量/件	系数(折合标准量)	总系数(标准产量)/件
801	1 000	0.8	800
802	2 500	0.9	2 250
803	5 000	1.0	5 000
804	3 000	1.2	3 600
805	2 000	1.3	2 600
合　计	13500	—	14 250

(4) 计算费用分配率和各种产品应分配费用。费用分配率即单位标准产品应分配费用;各种产品应分配费用应以费用分配率乘以该产品折合的标准产量。其计算公式分别为

$$费用分配率=\frac{各种产品共同耗用的直接材料费用}{各种产品总系数(标准总产量)之和}$$

某产品应分配费用=该产品总系数(标准总产量)×费用分配率

根据例 3-3 提供的资料和上两个步骤的计算结果,编制 C 材料费用分配表如表 3-9 所示。

表 3-9　C 材料费用分配表

××年 9 月

产品名称	总系数(标准产量)	费用分配率(折合标准量)/(元/件)	应分配材料费用/元
801	800	63	50 400
802	2 250	63	141 750
803	5 000	63	315 000
804	3 600	63	226 800
805	2 600	63	163 800
合　计	14 250	—	897 750

4．生产工时(机器工时)分配法

生产工时分配法是以各种产品的生产工时为标准来分配费用的方法。产品生产过程中消耗材料和燃料的多少，一般与生产工时没有直接联系，因此，在直接材料费用项目中，生产工时分配法只适用于动力费用的分配。生产工时分配法的计算公式如下：

$$费用分配率=\frac{各种产品共同耗用的动力费}{各种产品生产工时之和}$$

某产品应分配费用=该产品实际生产工时×费用分配率

上述公式中的生产工时，如果改换为机器工时，则为机器工时分配法，即以各种产品的机器工作时间为标准来分配动力费用的方法。当产品生产过程以机器加工为主时，采用机器工时分配法来分配动力费用比较合理。

【例 3-4】　某厂生产甲、乙、丙三种产品，本月三种产品共同消耗外购电力 18 000 元，实际生产工时分别为 20 000 小时、30 000 小时和 10 000 小时。采用生产工时分配法分配外购电力费用，编制费用分配表如表 3-10 所示。

表 3-10　外购电力费用分配表

××年 9 月

产品名称	生产工时/小时	费用分配率/(元/小时)	分配金额/元
甲	20 000	0.3	6 000
乙	30 000	0.3	9 000
丙	10 000	0.3	3 000
合　计	60 000	—	18 000

(二)分配直接材料费用的账务处理

1．材料和燃料费用

直接材料费用项目中，耗用的材料和燃料费用，应当将直接计入和分配计入的费用合

并编制会计分录。因此，进行账务处理的依据是"耗用材料汇总表"汇集的全部材料费用和"材料费用分配表"的材料费用分配结果。

【例3-5】 某厂本月"耗用材料汇总表"如表3-11所示，本月"材料费用分配表"如表3-3所示，据此编制分配结转本月材料费用(元)的会计分录如下。

借：基本生产成本——甲产品(212 520+187 480)　　400 000
　　　　　　　　——乙产品(364 320+235 680)　　600 000
　　　　　　　　——丙产品(182 160+117 840)　　300 000
　　制造费用——基本生产车间　　　　　　　　　　20 000
　　管理费用　　　　　　　　　　　　　　　　　　12 000
　　销售费用　　　　　　　　　　　　　　　　　　10 000
　　在建工程　　　　　　　　　　　　　　　　　　40 000
　贷：原材料——B 材料　　　　　　　　　　　　　　　799 000
　　　　　　——C 材料　　　　　　　　　　　　　　　541 000
　　　　　　——D 材料　　　　　　　　　　　　　　　42 000

表 3-11　耗用材料费用汇总表

××年9月　　　　　　　　　　　　　　　　元

领料部门及用途	B 材料费用	C 材料费用	D 材料费用	材料费用合计
基本生产车间				
甲产品生产		187 480		187 480
乙产品生产		235 680		235 680
丙产品生产		117 840		117 840
产品共同耗用	759 000			759 000
小　计	759 000	541 000		1 300 000
车间一般消耗			20 000	20 000
企业管理部门			12 000	12 000
专设销售机构			10 000	10 000
固定资产建造	40 000			40 000
合　计	799 000	541 000	42 000	1 382 000

2．外购动力费用

分配结转外购动力费用账务处理的依据是有关付款凭证(或应付账款凭证)和动力费用分配表，因此，会计分录也不是仅就分配表编制的。

【例3-6】 某厂本月外购电力费用 26 000 元以银行存款支付，根据各专用电表计量，产品生产用电应负担 18 000 元，车间一般照明用电 3 600 元，企业管理部门用电 4 400 元。该厂本生产甲、乙、丙三种产品，产品生产用电在各产品之间的分配如表 3-10 所示。根据有关付款凭证和外购电力费用分配表(见表 3-10)，编制会计分录如下。

```
借：基本生产成本——甲产品            6 000
             ——乙产品            9 000
             ——丙产品            3 000
    制造费用——基本生产车间          3 600
    管理费用                        4 400
    贷：银行存款                             26 000
```

案 例 分 析

【案例】

李新 2005 年 8 月从湖北大学会计学专业毕业，应聘到远达设备制造公司从事会计工作，该公司 2005 年 9 月份开始生产甲、乙、丙三种新产品，耗用 A 材料，有关资料如表 3-12 所示。

该公司以前采用按产品的产量比例对材料费用进行分配。本月份共使用 A 材料 300 000 千克，每千克 9 元。

财务部宋经理在向李新介绍了企业生产产品使用的材料以及产品的情况后，提出如下几个问题，请李新在调查后回答以下问题。

(1) 本企业目前采用的材料费用的分配方法是否合适？

(2) 本月份开始生产的新产品应采用什么方法分配材料费用？

(3) 对本企业材料费用的分配方法提出进一步改进的意见。

表 3-12　甲、乙、丙三种新产品的有关资料

产品名称	产量/件	质量/千克	材料定额单位消耗量/千克	材料单价/(元/千克)	材料单位定额成本/元
甲	100	30 000	200	9	1 800
乙	300	50 000	150	9	1 350
丙	500	190 000	370	9	3 330
合　计	900	270 000	—	—	—

【分析与计算】

李新对企业的生产情况进行了几天的调查后，向宋经理提出了以下一些看法。

(1) 李新根据宋经理提供的资料，按不同的方法进行了计算，计算结果如表 3-13 所示。

表3-13   甲、乙、丙三种新产品的计算结果   元

产品名称	按产品产量比例计算	按产品质量比例计算	按材料定额消耗量
甲	300 000	300 000	216 000
乙	900 000	500 000	486 000
丙	1 500 000	1 900 000	1 998 000
合　计	2 700 000	2 700 000	2 700 000

显然，对于同一资料，采用不同的计算方法结果大不一样。经过调查李新发现，甲产品消耗材料的成本，与产品的质量有重要的关系，产品越重，消耗的材料就越多，因此，目前采用的按产品产量的比例分配材料费用并不合理，应改按产品质量的比例计算分配材料费用。所以，建议从本月份开始，对新投入的产品所耗用的材料费用，按产品的质量比例进行分配。

(2) 李新建议，由于企业生产的产品种类较多，所以，不能将所有产品耗用的材料采用一种方法分配，而应根据其具体情况，选择采用不同的方法，以使计算结果更加准确。

第三节   直接人工费用的汇集和分配

一、直接人工费用的汇集

(一)工资的计算

产品成本中的直接人工费用，是指直接从事产品生产的生产工人工资。按生产工人工资总额的一定比例提取的职工福利费，可以包括在直接人工费用这一成本项目中。工资总额包括计时工资、计件工资、奖金、津贴和补贴、加班工资和特殊情况下支付的工资等。

计算工资，必须以考勤记录、产量记录(工作量记录)等原始记录为依据，按照工资总额的组成内容分别计算。

1. 计时工资的计算

计时工资是根据考勤记录登记的每一职工出勤和缺勤的日数，按照企业规定的工资标准计算的。工资标准按其计算时间的不同，有月工资、日工资和小时工资三种。月工资标准也称月薪，由企业依据国家有关法规；按照职工的工作岗位、工作能力、资历等条件综合规定。日工资由月工资除以法定月平均工作日数 20.92 天(年日历天数 365 天减去 104 个双休日和 10 个法定节假日除以全年 12 个月等于 20.92)计算求得；小时工资由月工资除以法定月平均工作小时 167.36 小时(每日工作 8 小时)计算求得。

采用月薪制计算应付工资，由于各月日数不同，有的月份 30 日，有的月份 31 日，2 月份则只有 28 日或 29 日，因而同一职工各月的日工资率不尽相同。在实际工作中，为了

简化日工资的计算工作，日工资率一般按以下两种方法之一计算：①每月固定按30日计算；以月工资标准除以30日，算出每月的日工资率。②每月固定按年日数365日减去104个双休日和10个法定节假日，再除以12个月算出的平均工作日数20.92日计算；以月工资标准除以20.92日算出每月的日工资率。此外，应付的月工资，可以按日工资率乘以出勤日数计算，也可以按月工资标准扣除缺勤工资(即日工资率乘以缺勤日数)计算。

综上所述，应付月工资一般有四种计算方法：①按30日计算日工资率，按缺勤日数扣月工资；②按30日计算日工资率，按出勤日数算月工资；③按20.92日计算日工资率，按缺勤日数扣月工资；④按20.92日计算日工资率，按出勤日数算月工资。

采用哪一种方法，由企业自行确定；确定以后，不应任意变动。

在按30日计算日工资率的企业中，出勤期间的节假日按出勤日计算，事假、病假等缺勤期间的节假日，按缺勤日计算。在按20.92日计算日工资率的企业中，节假日不作计算。

2. 计件工资的计算

(1) 个人计件工资的计算。计件工资是根据每月产量(工作量)记录登记的每一职工(或小组)的产品产量(工作量)，乘以规定的计件单价计算的。计算计件工资的产品产量，包括合格产品产量和料废品(不是由于生产工人本人过失造成的不合格品)数量，但不包括工废品(由于生产工人本人过失造成的不合格品)数量。

应付计件工资=$\sum$(月内每种产品的产量×该种产品的计件单价)

产品的计件单价是根据工人生产单位产品所需要的工时定额和该级工人每小时的工资率计算求出的。

假设A、B两种产品都应由6级工的工人加工。A种产品的工时定额为30分钟，B种产品的工时定额为10分钟；6级工的小时工资率为6元。则这两种产品的计件工资单价如下：

A产品计件单价= 6×30/60=3(元)

B产品计件单价= 6×10/60=1(元)

从产品计件单价的计算原理可以看出，同一工人如果生产计件单价不同的各种产品，为了简化计算工作，也可以根据每一工人完成的产品定额工时总数和工人所属的小时工资率计算计件工资。其计算结果与按上列公式计算的结果相同。

假设某6级工共加工A种产品300件，B种产品700件。按上列公式计算的计件工资为

应付计件工资=300×3+700×1=1 600(元)

该工人完成的产品定额工时为

A产品定额工时=300×30/60=150(小时)

B产品定额工时=700×10/60=116.67(小时)

该工人完成的产品定额工时总数=150+116.67=266.67(小时)

按该工人完成的产品定额工时总数和小时工资率计算的计件工资为

应付计件工资=266.67×6=1 600(元)

以上两种方法计算的结果相同。由于产量记录中记有每种产品的定额工时数,而且每个工人完成的各种产品的定额工时数可以加总,因而后一种方法比较简单。

(2) 集体计件工资的计算。按生产小组等集体计件的工资的计算方法与上述相同。不同之处是:集体计件工资还要在集体内部各工人之间按照贡献大小进行分配。由于工人的级别或工资标准一般体现工人劳动的质量和技术水平,工作日数一般体现劳动数量,因而集体内部大多按每人的工资标准和工作日数(或工时数)的乘积的比例进行分配。

假设某工业企业某生产小组集体完成若干项生产任务,按照一般计件工资的计算方法算出并取得集体工资 1 412 元。该小组由 3 个不同等级的工人组成,每人的姓名、等级、日工资率、出勤日数,以及按日工资率和出勤日数计算的工资额(既集体计件工资内部的分配标准)如表 3-14 所示。

表 3-14 集体计件工资分配标准

集体单位:生产组 ××年9月

工人姓名	等 级	日工资(工资标准)/(元/天)	出勤日数/天	按日工资和出勤日数计算的工资额/元
随斌	6	48	25	1 200
张五	5	40	23	920
汪洋	4	32	22	704
合 计	—	—	—	2 824

生产小组内部工资分配率=1 412/2824=0.5

随斌应分计件工资=1 200×0.5=600(元)

张五应分计件工资=920×0.5=460(元)

汪洋应分计件工资=704×0.5=352(元)

3 人共得计件工资=600+460+352=1 412(元)

3. 奖金、津贴等的计算

奖金是支付给职工的超额劳动或增收节支等的劳动报酬。津贴和补贴是支付给职工额外劳动或特殊劳动的劳动报酬。加班加点工资是支付给职工因在节假日或规定工作时间以外时间劳动的劳动报酬。特殊情况下支付的工资是依据国家有关劳动法规和企业规定,按计时工资标准(或工资标准的一定比例)在职工工伤、病假、产假、计划生育假、婚丧假、探亲假、定期休假、学习等非工作时间支付的工资。

奖金、津贴和补贴、加班加点工资,特殊情况下支付的工资等计入工资总额,由企业按有关规定计算。

(二)工资结算汇总表的编制

企业根据职工考勤记录和产量记录(工作量记录)等原始记录计算出应付工资以后，要填制在"工资结算单"中。同时，应根据"工资结算单"按人员类别(工资用途)编制"工资结算汇总表"，汇集工资费用。"工资结算汇总表"是进行工资结算和分配(计入有关成本和费用)的原始依据。

【例 3-7】 某厂 9 月份根据各车间、部门的"工资结算单"，按人员类别和工资性质分别汇总以后，编制的"工资结算汇总表"如表 3-15 所示。

表 3-15　工资结算汇总表

××年 9 月　　　　　　　　　　　　　　　　　　　元

项　　目	应付职工薪酬						
	计时工资	计件工资	奖　金	津贴和补贴	加班工资	其　他	合　计
基本生产车间							
产品生产工人	90 000		4 000	3 000	2 000		99 000
车间管理人员	6 000		200				6 200
辅助生产车间							
生产工人	10 000		800	200			11 000
车间管理人员	2 000		100				2 100
企业管理人员	8 000						8 000
在建工程人员		4 000					4 000
销售人员	1 600		400				2 000
合　计	117 600	4 000	5 500	3 200	2 000		132 300

(三)提取职工福利费的计算

企业依据国家有关规定，按照职工工资总额的一定比例从有关成本费用中提取，形成用于职工医疗卫生和生活困难补助等方面支出的资金，称为提取职工福利费。提取职工福利费是通过编制"提取职工福利费计算表"来计算的。

【例 3-8】 某厂本月"工资结算汇总表"确定的工资总额如表 3-15 所示，国家规定的职工福利费提取比例为工资总额的 14%，据此编制"提取职工福利费计算表"，如表 3-16 所示。

表 3-16 提取职工福利费计算表

××年9月

车间或部门(人员类别)	工资总额/元	计提比例/%	应提职工福利费/元
基本生产车间			
产品生产工人	99 000	14	13 860
车间管理人员	6 200	14	868
辅助生产车间			
生产工人	11 000	14	1 540
车间管理部门	2 100	14	294
企业管理部门	8 000	14	1 120
在建工程人员	4 000	14	560
专设销售机构人员	2 000	14	280
合　计	132 300		18 522

二、直接人工费用的分配

(一)分配方法的选择

采用计件工资形式支付的产品生产工人工资,一般可以直接计入所生产产品的成本,不需要在各成本计算对象之间进行分配。采用计时工资形式支付的工资,如果生产车间(班组)或工人只生产一种产品,可以将工资费用直接计入该种产品成本,也不需要分配;如果生产多种产品,则需要选用合理的分配方法,在各成本计算对象之间进行分配。按照职工工资总额的一定比例提取的职工福利费,一般可以并入工资总额或采用工资费用分配的同一种方法进行分配。

直接人工费用的分配方法有生产工时分配法、直接材料成本分配法和系数分配法等。直接材料成本分配法的分配标准是受益对象的直接材料成本,只适用于产品材料成本比重较大,且工资费用的发生与材料成本的多少直接相关的情况;系数分配法主要适用于同类产品中不同规格、不同型号的产品之间费用的分配。因此,这两种方法都有一定局限性。

生产工时分配法的分配标准是产品实际生产工时,在计时工资制度下,生产工时的多少与工资费用的多少直接相关,因此,这种方法是比较合理的。生产工时分配法的计算公式如下:

$$费用分配率=\frac{应分配的直接人工费用}{各种产品实际生产工时之和}$$

某产品应分配费用=该产品实际生产工时×费用分配率

【例 3-9】 某厂设有一个基本生产车间,生产甲、乙、丙三种产品,本月产品生产工人工资为 99 000 元,按生产工人工资总额提取的职工福利费用为 13 860 元。该厂采用生产工时分配法分配直接人工费用，本月甲、乙、丙三种产品的实际生产工时分别为 4 000 小时、10 000 小时和 8 000 小时。根据资料，编制"直接人工费用分配表"如表 3-17 所示。

表3-17 直接人工费用分配表

××年9月

产品名称	实际生产工时/小时	工资分配		福利费分配		分配金额合计/元
		分配率/(元/小时)	分配金额/元	分配率/(元/小时)	分配金额/元	
甲	4 000	4.5	18 000	0.63	2 520	20 520
乙	10 000	4.5	45 000	0.63	6 300	51 300
丙	8 000	4.5	36 000	0.63	5 040	41 040
合 计	22 000	—	99 000	—	13 860	112 860

(二)分配结转直接人工费用的账务处理

根据一定的分配标准对直接人工费用进行分配，确定了各受益对象(成本计算对象)应负担的直接人工费用以后，应编制会计分录，将直接人工费用记入各成本计算对象的生产成本明细账。分配结转直接人工费用账务处理的依据有"工资结算汇总表"、"提取职工福利费计算表"和"直接人工费用分配表"。为简化核算，其会计分录应与计入其他有关成本费用中的工资费用合并编制。

企业支付的职工工资和提取的福利费，产品生产工人的工资和提取的福利费计入生产成本中的直接人工项目；基本生产车间和辅助生产车间管理人员的工资和福利费计入制造费用；辅助生产车间生产工人的工资和福利费计入生产成本中的辅助生产成本；企业管理人员的工资和福利费计入管理费用；专设销售机构人员的工资和福利费计入销售费用；固定资产建造等工程人员的工资和福利费计入在建工程成本；生活福利人员的工资由应付福利费开支，其提取的职工福利费可计入管理费用等。

【例 3-10】 根据某厂本月"工资结算汇总表"(见表 3-15)、"提取职工福利费计算表"(见表 3-16)和"直接人工费用分配表"(见表 3-17)，编制工资分配和提取职工福利费的会计分录如下：

```
借：基本生产成本——甲产品        20 520
            ——乙产品        51 300
            ——丙产品        41 040
    辅助生产成本              12 540
    制造费用——基本生产车间       7 068
          ——辅助生产车间       2 394
```

管理费用	9 120	
销售费用	2 280	
在建工程	4 560	
贷：应付职工薪酬——工资		132 300
——职工福利		18 522

案 例 分 析

【案例】

假定某工业企业某工人的月工资标准为 930 元。10 月份，病假 3 日，事假 2 日，周末双休假 9 日，出勤 17 日。根据该工人的工龄，其病假工资按工资标准的 90%计算。该工人的病假和事假期间没有节假日。

【分析与计算】

计算该工人 10 月份的标准工资。按四种方法分别计算该工人 10 月份的标准工资如下。

(1) 按 30 日计算日工资，按缺勤日数扣月工资：

$$日工资=\frac{930}{30}=31(元/日)$$

应扣缺勤病假工资$=31 \times 3 \times (100-90)\%=9.30(元)$

应扣缺勤事假工资$=31 \times 2=62(元)$

应付工资$=930-9.3-62=858.70(元)$

(2) 按 30 日计算日工资，按出勤日数计算月工资：

应计出勤工资$=31 \times (17+9)=806(元)$

应计病假工资$=31 \times 3 \times 90\%=83.7(元)$

应付工资$=806+83.70=889.70(元)$

(3) 按 20.92 日计算日工资，按缺勤日数扣月工资：

$$日工资=\frac{930}{20.92}=44.455(元/日)$$

应扣缺勤病假工资$=44.455 \times 3 \times (100-90)\%=13.34(元)$

应扣缺勤事假工资$=44.455 \times 2=88.91(元)$

应付工资$=930-13.34-88.91=827.75(元)$

(4) 按 20.92 日计算日工资，按出勤日数计算月工资：

应计出勤工资$=44.455 \times 17=755.74(元)$

应计病假工资$=44.455 \times 3 \times 90\%=120.03(元)$

应付工资$=755.74+120.03=875.77(元)$

从以上四种计算方法的举例中，可以看出，在按 30 日计算日工资的情况下，按出勤日数计算月工资比按缺勤日数扣月工资多算31(即889.70-858.70)元，即多算一日的工资。这是由于该月日历日数是31日，多于作为日工资计算依据的日数(30日)1日。在日历日数是30日的月份，两者计算结果应相同。

在按20.92日计算日工资的情况下，按出勤日数计算月工资比按缺勤日数扣月工资多算48.02(即875.77-827.75)元，即多算1.08(即44.455×1.08)日的工资。这是因为，该月的法定工作日数是22(即31-9)日。按出勤日数算月工资，是以法定工作日数(上例为出勤17日、病假3日、事假2日，共22日)为基础计算的，而按缺勤日数扣月工资，是以20.92日(月标准工资930元为20.92日与日工资的乘积)为基础计算的，两者相差1.08(即22-20.92)日工资额。由于每月的法定工作日数都是整数，而作为日工资计算依据的日数都有小数，因此，在按20.92日计算日工资的情况下，按出勤日数计算月工资与按缺勤日数扣月工资两者的计算结果，不论在哪一个月份都会有所不同。

计算计时工资的上述四种方法各有利弊，但按20.92日计算日工资，节假日不算工资，更能体现按劳分配的原则，而且职工缺勤日数总比出勤日数少，计算缺勤工资总比计算出勤工资简便。因此，其中按20.92日计算日工资、按缺勤扣月工资的方法，相对来说好一些。

第四节 辅助生产费用的汇集和分配

一、辅助生产费用的汇集

1. 辅助生产成本账户的设置

辅助生产是为企业基本生产单位和其他部门服务而进行的产品生产和劳务供应。辅助生产单位提供的产品主要有自制工具和模具、自制材料和包装物，以及供水、供电、供气等；提供的劳务主要有机器设备的修理及运输劳务等。

有的辅助生产单位提供的产品和劳务比较单一，如供水、供电、供气和修理、运输等；有的提供的产品和劳务品种、项目比较多，如自制材料、包装物和工具、模具等。

辅助生产单位提供的产品和劳务，有的需要验收入库，期末可能有在产品，如自制材料、工具、模具和包装物等；有的不需要存放于仓库，也没有在产品，如供水、供电、供气和修理、运输等。

辅助生产单位发生的费用，可以通过在"生产成本"账户中设置"辅助生产成本"二级账户来汇集；也可以将"辅助生产成本"作为总分类账户，再按辅助生产单位设置二级账户来汇集。本书按照设置"辅助生产成本"总分类账户来举例。

辅助生产成本二级账户按各辅助生产单位分别设置。同时，还应按照辅助生产单位的成本计算对象(即产品和劳务的种类)开设"产品生产成本明细账"("产品成本计算单")，用来汇集辅助生产费用并计算出各种产品和劳务的实际总成本和单位成本。辅助生产单位产品和劳务的成本项目,可以比照基本生产单位,设置直接材料、直接人工和制造费用等成本项目,也可以根据辅助生产单位自身的生产特点另行确定成本项目。辅助生产成本二级账户及所属的产品"生产成本明细账",都应当按企业确定的成本项目设专栏,组织辅助生产费用的明细核算以及辅助生产单位产品和劳务成本的计算。

2. 辅助生产单位制造费用明细账的设置

辅助生产单位发生的制造费用,有两种汇集方法:一是在"制造费用"总分类账户下,按辅助生产单位设置制造费用明细账,汇集辅助生产单位发生的制造费用以后,月末再分配转入辅助生产成本二级账户所属的"产品生产成本明细账";二是直接计入或分配计入辅助生产成本二级账户及所属的"产品生产成本明细账",不设置辅助生产单位的制造费用明细账。

在一般情况下,辅助生产单位的制造费用,应先通过按辅助生产单位设置的制造费用明细账汇集。这样有利于考核和分析辅助生产单位制造费用预算的执行情况。只有在辅助生产单位规模很小,产品或劳务单一、制造费用很少,而且辅助生产不对外提供产品和劳务,因而不需要按照规定的成本项目计算产品成本的情况下,为了简化核算,才可以不设置辅助生产单位的制造费用明细账,而直接将制造费用记入辅助生产成本二级账户和明细账。在不设置辅助生产单位制造费用明细账的情况下,辅助生产成本二级账户和所属的"产品生产成本明细账",应将产品和劳务的成本项目与制造费用的费用项目结合起来设置专栏,组织辅助生产费用的明细核算和产品、劳务成本的计算。

二、辅助生产费用分配(成本结转)的特点

由于企业各个辅助生产单位提供的产品和劳务种类不同,因此其费用分配和成本结转的方式也不一样。按照费用分配和成本结转方式的不同,可以分为以下两种类型。

1. 需要验收入库的产品成本的结转

辅助生产单位为企业提供的自制材料和包装物、自制工具和模具等产品,完工以后需要办理验收入库手续,再由各生产单位到仓库领用。在这种情况下,辅助生产单位应当以各种产品的品种作为成本计算对象,分别计算各种产品的实际总成本和单位成本。辅助生产单位当月发生的各项费用,应当直接计入或在各成本计算对象之间进行分配以后,计入各种产品生产成本明细账;计入产品生产成本明细账的费用(包括期初在产品成本),应当在本期完工产品和期末在产品之间进行分配,计算出本期完工产品的实际总成本和单位成本。

辅助生产单位完工入库的自制材料和包装物、自制工具和模具等产品的实际总成本,应当从"辅助生产成本"账户的贷方,转入"原材料"、"包装物"、"低值易耗品"等账户的借方。月末结转本月完工入库产品成本以后,辅助生产成本二级账户及其所属明细账如果还有余额,就是该辅助生产单位的期末在产品成本。

这类辅助生产单位生产费用汇集和完工产品成本结转的程序如图 3-2 所示。

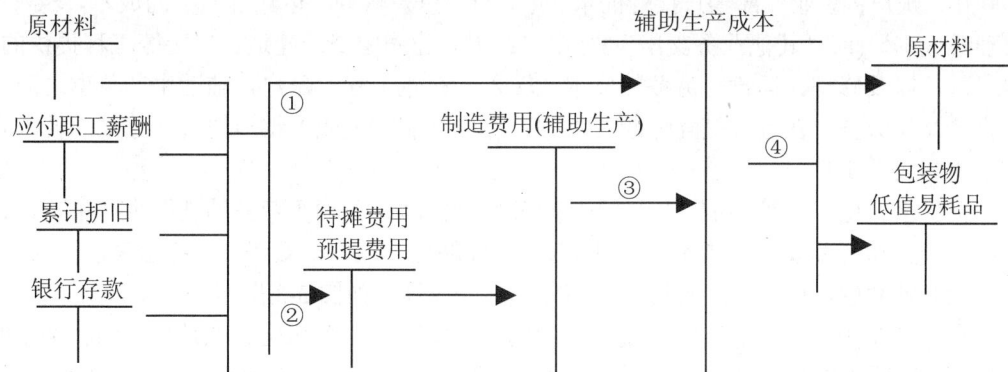

图 3-2　辅助生产成本的汇集和结转

在图 3-2 中，其步骤为：①为本期发生的各项要素费用；②为期末摊销和预提费用；③为期末分配结转辅助生产单位的制造费用；④为期末结转本期辅助生产单位完工入库产品成本。期末结转后，"辅助生产成本"明细账户的借方余额为该辅助生产单位期末在产品的成本。

2. 需要分配给各受益对象的产品和劳务成本的结转

提供水、电、气等不需入库的产品和提供修理、运输等劳务的辅助生产单位，也应当以各种产品和劳务作为成本计算对象，分别计算各种产品和劳务的实际总成本与单位成本。辅助生产单位当月发生的各项费用，应当直接记入或在各成本计算对象之间分配以后计入各种产品和劳务的生产成本明细账。当月计入各种产品和劳务生产成本明细账中的各项生产费用之和，就是该种产品或劳务的实际总成本，不需要在完工产品和期末在产品之间分配。但是，这类辅助生产单位发生的费用(产品或劳务的实际总成本)，需要采用一定标准，在接受产品和劳务的各受益对象之间进行分配。

辅助生产单位提供的水、电、气、修理、运输等产品和劳务的受益对象，有企业基本生产单位、企业管理部门和企业外部的客户；也有辅助生产单位之间相互提供产品和劳务。如供水车间需要供电车间提供电力，需要机修车间提供修理服务；机修车间需要供水车间和供电车间提供水、电；供电车间需要供水车间提供水以及需要修理车间提供修理服务等。

各个受益对象应负担的辅助生产费用(即产品和劳务的成本)，应从"辅助生产成本"账户的贷方分别转入"基本生产成本"等账户的借方。其中，基本生产单位产品生产直接消耗的水、电、气等的成本，转入"基本生产成本"账户；基本生产单位管理部门消耗的水、电、气，以及接受修理、运输等劳务的成本，转入"制造费用——基本生产单位"账户；企业管理部门消耗的水、电、气，以及接受修理、运输等劳务的成本，转入"管理费用"账户；企业专设销售机构消耗的水、电、气，以及修理、运输等劳务的成本，转入"销售费用"账户；企业外部客户接受的水、电、气，以及修理、运输等劳务的成本，转入"主营业务成本"(或"其他业务支出")等账户；为企业固定资产建造、安装等工程提供的水、电、气，以及修理、运输等劳务的成本，转入"在建工程"账户。辅助生产单位之间相互提供产品和劳务，在进行交互分配费用时，也要编制有关成本结转的会计分录，转入有关辅助生产成本账户。

提供水、电、气等不需入库的产品以及提供修理、运输等劳务的辅助生产单位，在期末进行产品和劳务成本结转(费用分配)以后，辅助生产成本二级账户应无余额。

上述辅助生产单位生产费用汇集和分配的一般程序如图 3-3 所示。

在图 3-3 中，①、②和③与图 3-2 中的①、②和③完全相同。就是说，两种类型的辅助生产，其生产费用(成本)的汇集是完全相同的，只有成本的结转(费用的分配)不同。图 3-2 中的④为期末结转本期辅助生产单位完工入库产品成本；在结转前，需要在完工产品和期末在产品之间分配生产费用；分配结转后辅助生产成本明细账如有余额，为月末在产品成本。而图 3-3 中的④为期末在各受益对象之间分配辅助生产费用，由于没有期末在产品，不需要在完工产品和期末在产品之间分配生产费用，分配结转后辅助生产成本明细账没有余额。

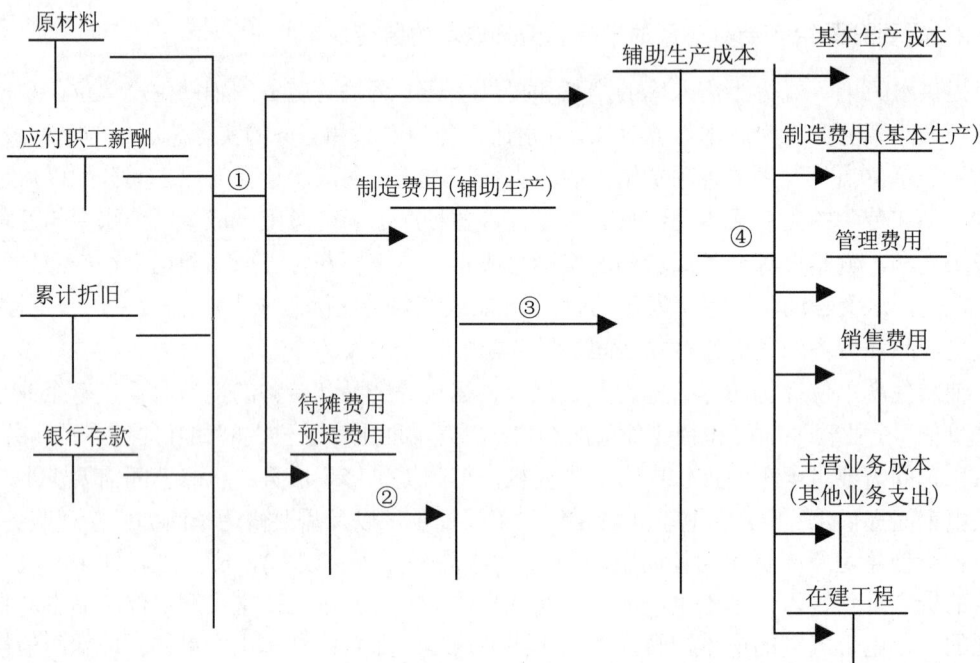

图 3-3　辅助生产费用的汇集和分配

三、辅助生产费用分配的方法

提供水、电、气和修理、运输等产品以及劳务的辅助生产单位，将辅助生产费用分配给各受益对象时，常用的分配方法有直接分配方法、一次交互分配法、代数分配法和计划成本分配法等。

(一)直接分配法

直接分配法是将辅助生产单位发生的费用(产品或劳务的总成本)直接分配给辅助生产单位以外的受益对象。采用这种方法，分配结转比较简单，但由于各辅助生产单位之间相互提供的产品和劳务没有相互分配费用，当各辅助生产单位之间相互提供的产品和劳务成本差额较大时，会影响分配结果的准确性。

【例 3-11】 青山工厂设有供电和机修两个辅助生产车间，在分配结转前，"生产成本——辅助生产成本"账户汇集的本月辅助生产费用：供电车间为 67 200 元，机修车间为 68 040 元。该厂本月辅助生产车间提供的产品和劳务供应量如表 3-18 所示。

表 3-18 辅助生产车间提供的产品和劳务供应量汇总表

××年×月

受益对象(生产单位和部门)	供电数量/度	修理工作量/小时
辅助生产供电车间		1 600
辅助生产机修车间	24 000	
基本生产车间产品生产	160 000	
基本生产车间管理部门	24 000	12 000
厂部管理部门	16 000	8 000
合 计	224 000	21 600

采用直接分配方法进行分配，在计算费用分配率(即产品或劳务的单位成本)时，应剔除辅助生产单位相互提供的产品和劳务数量(不相互分配费用)，其计算公式如下：

$$费用分配率=\frac{某辅助生产单位待分配费用总额}{该生产单位供应给辅助生产单位以外部门的劳务总量}$$

在例 3-11 中，供电车间电费分配率，即每度电的成本为：

$$\frac{67\ 200}{224\ 000-24\ 000}=\frac{67\ 200}{200\ 000}=0.336(元/度)$$

机修车间修理费用分配率，即每一修理工时的成本为

$$\frac{68\ 040}{21\ 600-1\ 600}=\frac{68\ 040}{20\ 000}=3.402(元/小时)$$

根据费用分配率,可以计算出各受益对象应负担的费用,计算公式如下:

受益对象应负担费用=该受益对象接受的劳务供应总量×费用分配率

根据上述公式计算出本例各受益对象应负担的费用,可以集中编制辅助生产费用分配表,如表3-19所示。

根据辅助生产费用分配表,编制分配结转辅助生产费用的会计分录如下:

借:基本生产成本　　　　　　　　　　　53 760

　　制造费用——基本生产车间　　　　　48 888

　　管理费用　　　　　　　　　　　　　32 592

　　贷:辅助生产成本——供电　　　　　　　　67 200

　　　　　　　　　　——机修　　　　　　　　68 040

上述会计分录中,如果产品生产用电没有专设成本项目,也可以将电费记入基本生产车间的制造费用明细账,并入制造费用分配给各种产品。

表3-19　辅助生产费用分配表(直接分配法)

××年×月

项　目	供　电		修　理		合计金额/元
	数量/度	金　额	时间/小时	金　额	
待分配费用		67 200 元		68 040 元	135 240
劳务供应总量	224 000		21 600		
辅助生产单位以外消耗	200 000		20 000		
费用分配率(单位成本)		0.336 (元/小时)		3.402 (元/小时)	
受益对象					
供电车间			1 600		
机修车间	24 000				
基本生产车间产品生产消耗	160 000	53 760 元			53 760
基本生产车间一般消耗	24 000	8 064 元	12 000	40 824 元	48 888
厂部管理部门	16 000	5 376 元	8 000	27 216 元	32 592
合　计	200 000	67 200 元	20 000	68 040 元	135 240

(二)一次交互分配法

一次交互分配法也叫作交互分配法，它是先根据各辅助生产单位相互提供劳务的数量和费用分配率(单位成本)，在各辅助生产单位之间进行一次交互分配；再将交互分配以后辅助生产单位的全部应分配费用(即交互分配前的待分配费用，加上交互分配转入的应负担费用，减去交互分配转出的费用)，按提供劳务的数量，在辅助生产以外的各受益对象之间进行分配。一次交互分配法有关费用分配的计算公式如下：

$$交互分配费用分配率=\frac{交互分配前辅助生产单位的待分配费用总额}{该辅助生产单位的劳务供应总量}$$

某辅助生产单位应负担的费用=该辅助生产单位接受的劳务总量×

交互分配费用分配率

$$\frac{对外分配}{费用分配率}=\frac{交互分配前待分配费用总额+交互分配转入费用-交互分配转出费用}{该生产单位供应给辅助生产以外部门的劳务总量}$$

某辅助生产以外部门应负担费用=该生产单位或部门接受的劳务总量×

对外分配费用分配率

【**例 3-12**】　仍以例 3-11 提供的青山工厂资料为例，采用一次交互分配法进行分配，有关计算过程如下：

$$供电车间交互分配费用分配率=\frac{67\,200}{22\,400}=0.30(元/度)$$

$$机修车间交互分配费用分配率=\frac{68\,040}{21\,600}=3.15(元/度)$$

机修车间应负担电费：24 000×0.30=7 200(元)

供电车间应负担修理费：1 600×3.15=5 040(元)

对外分配的应分配费用：

供电车间：67 200+5 040-7 200=65 040(元)

机修车间：68 040+7 200-5 040=70 200(元)

对外分配的分配率：

$$供电车间对外分配费用分配率=\frac{65\,040}{224\,000-24\,000}=0.3252(元/度)$$

$$机修车间对外分配费用分配率=\frac{70\,200}{21\,600-1\,600}=3.51(元/度)$$

交互分配和对辅助生产以外单位或部门分配的金额如表 3-20 所示。

表 3-20 辅助生产费用分配表(一次交互分配法)

××年×月

项　目	交互分配				对外分配				合计金额/元
	供　电		修　理		供　电		修　理		
	数量/度	金额/元	时间/小时	金额/元	数量/度	金额/元	时间/小时	金额/元	
待分配费用		67200		68 040		65 040		70 200	135 240
劳务供应总量	224 000		21 600		200 000		20 000		
费用分配率(单位成本)	0.30 元/度		3.15 元/小时		0.3252 元/度		3.51 元/小时		
受益对象									
供电车间			1 600	5 040					
机修车间	24 000	7 200							
基本生产车间产品生产消耗					160 000	52 032			52 032
基本生车间一般消耗					24 000	7 805	12 000	42 120	49 925
厂部管理部门					16 000	5 203	8 000	28 080	33 283
合　计		7 200		5 040	200 000	65 040	20 000	70 200	135 240

根据辅助生产费用分配表(见表 3-20),编制会计分录如下。

交互分配的会计分录:

　　借:辅助生产成本——供电　　　　　　　5 040

　　　　　　　　　——机修　　　　　　　7 200

　　　　贷:辅助生产成本——供电　　　　　　　　7 200

　　　　　　　　　　——机修　　　　　　　　5 040

对外分配的会计分录:

　　借:基本生产成本　　　　　　　　　52 032

　　　　制造费用——基本生产车间　　　49 925

　　　　管理费用　　　　　　　　　　　33 283

　　　　贷:辅助生产成本——供电　　　　　　　65 040

　　　　　　　　　　——机修　　　　　　　70 200

采用一次交互分配办法,辅助生产单位内部相互提供的产品和劳务进行了交互分配(即相互分配了费用),与直接分配法比较,提高了费用分配结果的正确性。由于在分配费用时都要计算交互分配和对外分配两个费用分配率,进行两次分配,增加了分配计算的工作量。同时,交互分配的费用分配率是根据交互分配前的待分配费用计算的,不是该辅助生产单位产品或劳务的实际单位成本,因此,分配结果也不很准确。在实际工作中,为了简化计算工作,如果各月辅助生产的成本水平相差不大,也可以用上月辅助生产单位该产品或劳务的实际单位成本,作为本月交互分配的费用分配率(单位成本)。

(三)代数分配法

代数分配法是先根据数学上解联立方程的原理,计算出辅助生产单位产品和劳务的实际单位成本,再按照产品或劳务的实际供应量和实际单位成本,在各个受益对象之间分配辅助生产费用。

【**例3-13**】仍利用例3-11青山工厂的资料,采用代数分配法,有关计算过程如下:

设青山工厂每度电的成本为 x 元,每一机修小时的成本为 y 元,根据资料设立的二元一次方程组为

$$\begin{cases} 67\,200 + 16\,00y = 224\,000x \\ 68\,040 + 24\,000x = 21\,600y \end{cases}$$

解上述方程组得

$x = 0.325\,08$ 元

$y = 3.511\,2$ 元

计算结果表明,青山工厂本月每度电的实际成本为0.325 08元,每一机修小时的实际成本为3.511 2元。根据供电和机修工时的实际单位成本以及实际劳务供应量,编制辅助生产费用分配表,如表3-21所示。

表3-21 辅助生产费用分配表(代数分配法)

××年×月

项 目	供 电		修 理		对外分配合计
	数量/度	金额/元	时间/小时	金额/元	/元
待分配费用		67 200		68 040	135 240
劳务供应总量	224 000		21 600		
费用分配率 (单位成本)	0.32508 元/度		3.5112 元/小时		
受益对象					
供电车间			1 600	5 618	

续表

项　目	供　电		修　理		对外分配合计 /元
	数量/度	金额/元	时间/小时	金额/元	
机修车间	24 000	7 802			
基本生产车间产品生产消耗	160 000	52 013			52 013
基本生产车间一般消耗	24 000	7 802	12 000	42 134	49 936
厂部管理部门	16 000	5 201	8 000	28 090	33 291
合　计	224 000	72 818	21 600	75 842	135 240

采用代数分配法，是通过解联立方程组求得产品和劳务的实际单位成本的，因此，分配结果最为准确。但当企业生产单位较多时，计算工作会比较复杂。如果企业已经实现会计电算化，则采用这种方法比较适宜。

根据表 3-21 的分配结果，编制分配结转辅助生产费用的会计分录如下：

借：辅助生产成本——供电　　　　　　　　5 618
　　辅助生产成本——机修　　　　　　　　7 802
　　基本生产成本　　　　　　　　　　　　52 013
　　制造费用——基本生产车间　　　　　　49 936
　　管理费用　　　　　　　　　　　　　　33 291
　　贷：辅助生产成本——供电　　　　　　　　　72 818
　　　　　　　　　　——机修　　　　　　　　　75 842

(四)计划成本分配法

计划成本分配法是先按辅助生产单位产品或劳务的计划单位成本和实际供应量，在各受益对象(包括各辅助生产单位在内)之间分配生产费用，再计算和分配辅助生产单位实际发生的费用(待分配费用加上辅助生产单位内部按计划成本分配转入的费用)与按计划单位成本分配转出费用的差额，即辅助生产单位产品或劳务的成本差异。为了简化分配工作，辅助生产的成本差异一般全部调整计入管理费用，不再分配给其他各受益对象。

【例 3-14】　仍利用例 3-11 提供的青山工厂的资料，假设该厂确定的计划单位成本每度电为 0.33 元，每一修理工时为 3.50 元，采用计划成本分配法，编制辅助生产费用分配表，如表 3-22 所示。

辅助生产单位产品和劳务成本差异的计算过程如下。

供电车间实际总成本：67 200+5 600=72 800(元)

按计划单位成本分配转出的费用：224 000×0.33=73 920(元)

成本差异(节约)：72 800-73 920=-1 120(元)

机修车间实际总成本：68 040+7 920=75 960(元)

表3-22　辅助生产费用分配表(计划成本分配法)

××年×月

| 项　目 | 按计划成本分配 | | | | 成本差异 | | 对外分配金额 |
| | 供　电 | | 修　理 | | 分　配 | | |
	数量/度	金额/元	时间/小时	金额/元	供电/度	机修/小时	合计/元
待分配费用		67 200		68 040			
劳务供应总量	224 000		21 600				
计划单位成本 (费用分配率)	0.33 元/度		3.50 元/小时				
受益对象							
供电车间			1 600	5 600			
机修车间	24 000	7 920					
基本生产车间 产品生产消耗	160 000	52 800					52 800
基本生产车间 一般消耗	24 000	7 920	12 000	42 000			49 920
厂部管理部门	16 000	5 280	8 000	28 000	-1 120	360	32 520
合　计	224 000	73 920	21 600	75 600	-1 120	360	135 240

按计划单位成本分配转出的费用：21 600×3.50=75 600(元)

成本差异(超支)：75 960-75 600=360(元)

根据辅助生产费用分配表(见表3-22)，编制分配结转辅助生产费用的会计分录如下：

(1) 按计划单位成本分配。

借：辅助生产成本——供电　　　　　　5 600

　　辅助生产成本——机修　　　　　　7 920

　　基本生产成本　　　　　　　　　　52 800

　　制造费用——基本生产车间　　　　49 920

　　管理费用　　　　　　　　　　　　33 280

　　　贷：辅助生产成本——供电　　　　　　73 920

　　　　　　　　　　——机修　　　　　　75 600

(2) 分配结转成本差异。

借：管理费用　　　　　　　　　760(红字)
　贷：辅助生产成本——供电　　　1 120(红字)
　　　　　　　　　——机修　　　　360(蓝字)

上述分配结转辅助生产成本差异的会计分录属于调整分录，不论成本差异是超支差异还是节约差异，账户的对应关系是相同的，在登记账户时，超支差异用蓝字表示补加，节约差异用红字表示冲减。

采用计划成本分配法，由于预先制定了产品和劳务的计划单位成本，各种辅助生产费用只需分配一次，简化和加速了计划分配工作。同时，通过计算和分配辅助生产单位的成本差异，可以查明辅助生产单位成本计划的完成情况；辅助生产费用按计划单位成本分配给各受益单位和部门，排除了辅助生产单位费用超支和节约的影响，也便于考核和分析各受益单位和部门的经济责任。

案 例 分 析

【案例】

王燕 2009 年 7 月 15 日从湖北大学会计学专业毕业，在招聘会上被背思特设备制造公司录用为成本会计员。该公司新增加了一个辅助生产车间，即供气车间，该车间主要生产蒸汽，用的燃料是原煤。生产的蒸汽主要由机械加工、冲压、供电、修理等车间使用，其他部门使用的较少。该公司过去辅助生产车间主要是供电车间和修理车间。本月份供气车间共发生费用 800 000 元，供电车间发生费用 1 200 000 元，修理车间发生费用 900 000 元，各辅助生产车间提供的劳务及耗用单位情况如表 3-23 所示。

表 3-23　各辅助生产车间提供的劳务及耗用单位情况

耗用劳务单位		供气/立方米	供电/度	修理/小时
供气车间			10 000	12 000
供电车间		20 000		4 000
修理车间		5 000	25 000	
第一车间	产品耗用	30 000	50 000	68 000
	一般耗用	4 000	26 000	2 000
第二车间	产品耗用	1 000	60 000	13 000
	一般耗用	1 500	18 000	9 000
行政管理部门		2 000	17 000	7 000

耗用劳务单位	供气/立方米	供电/度	修理/小时
设备自建工程	1 500	14 000	5 000
合　计	65 000	220 000	120 000

财务部领导向王燕提出了如下几个方面的问题要求其解答。

(1) 原来企业采用直接分配法分配辅助生产费用，这种分配方法是否合适？有什么优缺点？

(2) 新增加了一个辅助生产车间是否需要对辅助生产费用分配方法进行改变？

(3) 若需要改变辅助生产费用分配方法，采用什么方法比较合适？请提供几种方案供领导决策时选择。

【分析与计算】

王燕在对企业的情况进行了解后，向财务部领导提出了以下意见。

(1) 采用直接分配法分配辅助生产费用时，虽然计算方法比较简单，但由于各辅助生产车间之间相互提供劳务比较多，不利于调动各辅助生产车间降低消耗的积极性，计算分配的结果也不够准确。同时所有的计算分配工作都要集中于月末进行，影响了成本计算的及时性。

(2) 由于本公司新增加了一个辅助生产车间，使辅助生产车间增多了，若继续采用直接分配法进行辅助生产费用的分配，就会使分配结果更加不准确。因此，王燕建议企业改变辅助生产费用的分配方法。

(3) 辅助生产费用的分配方法较多，王燕经过对比和分析后，建议企业采用计划成本分配法，这样就能克服直接分配法的一些弊端，加快辅助生产费用分配的速度，而且可以进行考核和分析。另外，交互分配法也可以作为一个备选方案。表3-24～表3-26是王燕根据企业的具体资料采用直接分配法、计划成本分配法和交互分配法进行分配的结果，提供给领导参考。

表3-24　辅助生产费用分配表(直接分配法)

耗用劳务单位	供　气		供　电		修　理	
	数量/立方米	分配费用/元	数量/度	分配费用/元	时间/小时	分配费用/元
供气车间			10 000		12 000	
供电车间	20 000				4 000	
修理车间	5 000		25 000			
直接发生费用	—	800 000	—	1 200 000		900 000

耗用劳务单位		供 气		供 电		修 理	
		数量/立方米	分配费用/元	数量/度	分配费用/元	时间/小时	分配费用/元
费用分配率		20 元/立方米		6.49 元/度		8.65 元/小时	
一车间	产品耗用	30 000	600 000	50 000	324 500	68 000	588 200
	一般耗用	4 000	80 000	26 000	168 740	2 000	17 300
二车间	产品耗用	1 000	20 000	60 000	389 400	13 000	112 450
	一般耗用	1 500	30 000	18 000	116 820	9 000	77 850
行政管理部门		2 000	40 000	17 000	110 330	7 000	60 550
设备自建工程		1 500	30 000	14 000	90 210	5 000	43 650
合 计		65 000	800 000	220 000	1 200 000	120 000	900 000

表 3-25 辅助生产费用分配表(计划成本分配法)

耗用劳务单位		供 气		供 电		修 理	
		供气/立方米	分配费用/元	供电/千瓦	分配费用/元	修理/小时	分配费用/元
计划单位成本			18		6		9
供气车间				10 000	60 000	12 000	108 000
供电车间		20 000	360 000			4 000	36 000
修理车间		5 000	90 000	25 000	150 000		
第一车间	产品耗用	30 000	540 000	50 000	300 000	68 000	612 000
	一般耗用	4 000	72 000	26 000	156 000	2 000	18 000
第二车间	产品耗用	1 000	18 000	60 000	360 000	13 000	117 000
	一般耗用	1 500	27 000	18 000	108 000	9 000	81 000
行政管理部门		2 000	36 000	17 000	102 000	7 000	63 000
设备自建工程		1 500	27 000	14 000	84 000	5 000	45 000
合 计		65 000	1 170 000	220 000	1 320 000	120 000	1 080 000
待分配费用		—	800 000	—	1 200 000	—	900 000
分配转入费用		—	168 000	—	396 000	—	240 000
实际成本		—	968 000	—	1 596 000	—	1 140 000
成本差异		—	-202 000		276 000		60 000

表 3-26　辅助生产费用分配表(交互分配法)

项目			交互分配 供汽	交互分配 供电	交互分配 修理	交互分配 合计/元	对外分配 供汽	对外分配 供电	对外分配 修理	对外分配 合计/元
待分配辅助生产费用/元			800 000	1 200 000	900 000	2 900 000	636 750	1 408 075	855 175	2 900 000
供应劳务数量			65 000 立方米	220 000 度	120 000 小时		40 000 立方米	185 000 度	104 000 小时	
费用分配率(单位成本)			12.31 元/立方米	5.45 元/度	7.50 元/小时		15.92 元/立方米	7.61 元/度	8.22 元/小时	
辅助车间	供气车间	耗用数量		10 000 度	12 000 小时					
		分配金额/元		54 500	90 000	144 500				
	供电车间	耗用数量	20 000 立方米		4 000 小时					
		分配金额/元	246 200		30 000	276 200				
	修理车间	耗用数量	5 000 立方米	2 500 度						
		分配金额/元	61 550	13 625		75 175				
分配金额小计/元			307 750	68 125	120 000	495 875				
辅助车间以外	一车间	产品耗用 耗用数量					30 000 立方米	50 000 度	68 000 小时	
		产品耗用 分配金额/元					477 600	380 500	558 960	1 417 060
		一般耗用 耗用数量					4 000 立方米	26 000 度	2 000 小时	
		一般耗用 分配金额/元					63 680	197 860	16 440	277 980
	二车间	产品耗用 耗用数量					1 000 立方米	60 000 度	13 000 小时	
		产品耗用 分配金额/元					15 920	456 600	106 860	579 380
		一般耗用 耗用数量					1 500 立方米	18 000 度	9 000 小时	
		一般耗用 分配金额/元					23 880	136 980	73 980	234 840
	管理部门	耗用数量					2 000 立方米	17 000 度	7 000 小时	
		分配金额/元					31 840	129 370	57 540	218 750
	设备自制工程	耗用数量					1 500 立方米	14 000 度	5 000 小时	
		分配金额/元					23 830	106 765	41 395	171 990
合计/元							636 750	1 408 075	855 175	2 900 000

根据对上述计算结果比较后王燕认为，采用计划成本分配法较为合适。

第五节 制造费用的汇集和分配

一、制造费用的汇集

制造费用是指企业生产单位(分厂、车间)为组织和管理生产所发生的各项间接费用。主要包括生产单位管理人员的工资及福利费，生产单位房屋、建筑物、机器设备等的折旧费和修理费，固定资产租赁费，机物料消耗、低值易耗品摊销、取暖费、水电费、办公费、差旅费、运输费、保险费、设计制图费、试验检验费、劳动保护费、季节性停工和生产用固定资产大修理期间停工的损失及其他制造费用。

制造费用应当按照费用发生的地点和费用项目汇集。计入产品成本构成项目中的制造费用，只指企业基本生产单位(分厂、车间)所发生的制造费用。企业辅助生产单位发生的制造费用，应当单独汇集，计入辅助生产成本。

产品成本项目中的直接材料费用和直接人工费用是单一性费用，这两个成本项目称为要素费用项目；制造费用包含的内容较多，是综合性费用，制造费用项目属于综合费用项目。制造费用中大部分为一般费用，但也有些属于基本费用，如机器设备的折旧费、修理费等。制造费用项目中有些与产品产量的变动有关，但多为固定费用。因此，制造费用一般不按业务量制定定额，而是按会计期间(月度、季度、年度)制定制造费用预算，控制制造费用总额。

为了汇集制造费用，控制制造费用总额，正确计算产品成本，企业应当按照生产单位设置制造费用明细账，并按制造费用明细项目设专栏组织制造费用的明细核算。下面，举例说明制造费用主要费用项目的核算和制造费用明细账的登记。

(一)固定资产折旧费用和修理费用

生产单位固定资产的折旧费用和修理费用，从其与生产工艺过程的关系看，属于基本费用。为了简化核算，折旧费用和修理费用视同组织和管理生产所发生的间接费用，列入制造费用项目。

1. 固定资产折旧费用

固定资产折旧费用是通过按月编制的"折旧费用计算表"确定本期折旧费用后，计入制造费用的。

【例 3-15】某厂采用分类折旧率计提折旧，根据该厂月初应计折旧固定资产总值和月分类折旧率编制"固定资产折旧费用计算表",并据以编制会计分录。

(1) 根据企业有关资料编制本月"固定资产折旧费用计算表",如表 3-27 所示。

表 3-27 固定资产折旧费用计算表

××年 9 月

车间或部门	固定资产类别	月初应计折旧固定资产原值/元	月分类折旧率/‰	月折旧额/元
基本生产车间	房屋	1 200 000	2.7	3 240
	设备	800 000	8.1	6 480
	小计	2 000 000		9 720
辅助生产车间	房屋	600 000	2.7	1 620
	设备	400 000	8.1	3 240
	小计	1 000 000		4 860
企业管理部门	房屋	1 000 000	2.7	2 700
	设备	200 000	5.6	1 120
	小计	1 200 000		3 820
合 计		4 200 000		18 400

(2) 根据本月"固定资产折旧费用计算表"(见表 3-27),编制会计分录如下。

借:制造费用——基本生产车间　　　9 720

　　　　　——辅助生产车间　　　4 860

　　管理费用　　　　　　　　　　3 820

　　贷:累计折旧　　　　　　　　　　　18 400

2.固定资产修理费用

生产单位的固定资产修理费用,一般可以在发生时直接计入该生产单位当期的制造费用。当修理费用发生不均衡和一次发生的费用数额较大时,也可以采用分期摊销或按计划预提计入制造费用的办法。

【例 3-16】某厂固定资产修理费用采用一次计入有关成本费用的方法。本月以银行存款支付固定资产修理费 8 000 元,其中基本生产车间 4 600 元,辅助生产车间 2 400 元,企业管理部门 1 000 元。作会计分录如下。

借：制造费用——基本生产车间 4 600

　　　　　　——辅助生产车间 2 400

　　管理费用 1 000

　　贷：银行存款 8 000

【例 3-17】 某厂基本生产车间设备大修，以银行存款支付修理费 24 000 元，计划分 12 个月摊销。作会计分录如下。

支付修理费用时：

借：待摊费用 24 000

　　贷：银行存款 24 000

按月摊入制造费用时：

借：制造费用——基本生产车间 2 000

　　贷：待摊费用 2 000

【例 3-18】 某厂基本生产装配车间采用按计划预提固定资产大修理费用的方式。年预计大修理费用 48 000 元，每月预提 4 000 元，固定资产大修时，实际以银行存款支付修理费用 48800 元。有关会计分录如下。

按月预提大修理费用计入制造费用。

借：制造费用——装配车间 4 000

　　贷：预提费用 4 000

全年按计划预提修理费用 48 000 元，实际发生修理费 48 800 元，超过 800 元可以直接计入支付当月制造费用。

借：预提费用 48 000

　　制造费用——装配车间 800

　　贷：银行存款 48 800

如果实际发生的修理费用为 47 000 元，按计划已预提修理费用 48 000 元，多提 1 000 元可以冲减当月制造费用。有关会计分录如下。

借：预提费用 48 000

　　制造费用——装配车间 1 000(红字)

　　贷：银行存款 47 000

上述分录也可以如下表示。

借：预提费用 47 000

　　贷：银行存款 47 000

借：制造费用——装配车间 1 000(红字)

　　贷：预提费用 1 000(红字)

3．租入固定资产的改良支出

企业采用经营租赁方式租入的固定资产，有时需要支付一部分改良费用，这部分改良支出，需要在固定资产租赁期内平均摊销。企业生产单位租入的固定资产，所有权不属于企业，但发生的改良支出应比照自有固定资产的折旧费和修理费，计入制造费用。

【例3-19】 某厂采用经营租赁方式租入设备一套，交基本生产装配车间使用，合同规定租赁期限为2年。为配合本车间设备使用，以银行存款支付改良费用36 000元。有关会计分录如下。

发生改良支出时，因摊销期限为2年，记入"长期待摊销费用"账户。

借：长期待摊费用　　　　　　　　　　　　36 000
　　贷：银行存款　　　　　　　　　　　　　　36 000

按月摊入制造费用，平均每月1500元(36 000÷24)。

借：制造费用——装配车间　　　　　　　　1 500
　　贷：长期待摊费用　　　　　　　　　　　　1 500

(二)机物料消耗和低值易耗品摊销

1．机物料消耗

制造费用中的机物料消耗，包括用于机器设备的润滑油、清洁工具等。机物料消耗一般可以根据"耗用材料汇总表"确定的金额，直接列作制造费用。

2．低值易耗品摊销

低值易耗品不列入企业固定资产管理，它包括各种工具、模具和管理用具等。生产单位低值易耗品的消耗从其与生产工艺过程的关系看，有的属于基本费用，如产品生产的专用模具、工具等；有的属于一般费用，如管理用具等。因此，在费用计入产品成本的方式上，有的低值易耗品费用可以记入单独设置的专用工具、模具等成本项目，有的则计入生产单位的制造费用。

低值易耗品价值较低、容易损耗，为了简化核算，列入流动资产管理。低值易耗品的价值可以一次性计入有关成本、费用(采用一次摊销法)，也可以分期摊入有关成本、费用(采用分次摊销法或五五摊销法)。

采用一次摊销法时，企业领用低值易耗品一般可以与领用其他材料一道，汇总编制"耗用材料汇总表"，据以直接计入有关成本费用。

采用分次摊销法时，领用低值易耗品的价值要按其使用期限分月摊入有关成本、费用。摊销期在一年以内的，列做待摊费用分月摊销；摊销期限在一年以上的，转作长期待摊费用分月摊销。采用五五摊销法,低值易耗品在领用时摊销其价值的一半,报废时再摊销其价值的另一半。分期摊销的低值易耗品费用,应当按月编制"低值易耗品摊销计算表",据以计入有关成本、费用。

【例3-20】 某厂低值易耗品按计划成本计价组织核算,根据"耗用材料汇总表"提供的资料,本月基本生产车间领用管理用具一批,计划成本 2 000 元,低值易耗品成本差异率为超支 2%,采用一次摊销法摊销;领用专用工具一批,计划成本 9 600 元,低值易耗品成本差异率为超支 2%。采用分次摊销法摊销,摊销期为 12 个月。有关会计分录如下。

本月领用低值易耗品(一次摊销和分次摊销):

借:制造费用——基本生产车间　　　　2 040
　　待摊费用——工具摊销　　　　　　9 792
　　　贷:低值易耗品　　　　　　　　　　　11 600
　　　　　材料成本差异　　　　　　　　　　　232

分次摊销低值易耗品分摊本月应负担数额 816 元(9792÷12)。

借:制造费用——基本生产车间　　　　816
　　　贷:待摊费用　　　　　　　　　　　　816

(三)其他费用

在制造费用中,生产单位管理人员的工资和提取的福利费,应当根据"工资结算汇总表"和"提取福利费计算表"编制会计分录,计入制造费用明细账;办公费、差旅费、取暖费、运输费、设计制图费、试验检验费、劳动保护费、财产保险费等,通常以现金或银行存款支付,应当根据有关付款凭证,计入制造费用明细账;需要分期摊销的费用,先记入待摊费用明细账,再分期摊入制造费用。

【例3-21】 某厂基本生产车间本月以现金支付差旅费 800 元,银行支付办公费 2 000 元、劳动保护费 2 200 元,本月应摊销报刊订阅费 900 元、财产保险费 1 100 元。作会计分录如下。

借:制造费用——基本生产车间　　　　5 000
　　　贷:现金　　　　　　　　　　　　　　800
　　　　　银行存款　　　　　　　　　　　4 200
借:制造费用——基本生产车间　　　　2 000
　　　贷:待摊费用　　　　　　　　　　　　2 000

企业各生产单位本期发生的制造费用,都应当根据有关凭证记入制造费用明细账。根据该厂有关基本生产车间制造费用的会计分录,记入基本生产车间制造费用明细账,表3-28

为某年 9 月的制造费用明细账。表 3-28 中的凭证字号栏，标明了所依据的本章例题序号。通过基本生产车间的制造费用明细账汇集，该车间本月制造费用总额为 56 844 元。

二、制造费用的分配

制造费用是按费用发生的地点(生产单位)来汇集的，也就是说，制造费用明细账汇集了该生产单位为组织和管理生产所发生的全部间接费用。当某生产单位只生产一种产品或只提供一种劳务时，制造费用可以直接转入该产品或劳务成本计算单中的制造费用项目，不需要在各受益对象之间进行分配；生产单位生产多种产品或提供多种劳务时，则需要采用适当方法在各个受益对象之间分配；制造费用的受益对象，既包括生产产品和提供劳务，也包括自制材料、工具及生产单位负责的在建工程等。

(一)分配方法的选择

制造费用的分配方法，主要有生产工时分配法、机器工时比例分配法、直接费用比例分配法和计划费用分配率分配法等。

1. 生产工时分配法

生产工时分配法是以各种产品(各受益对象)的生产工时为标准来分配制造费用的方法。其计算公式如下：

$$费用分配率 = \frac{某生产单位应分配的制造费用总额}{该生产单位各种产品实际生产工时之和}$$

某产品应分配制造费用 = 该产品实际生产工时 × 费用分配率

【例 3-22】　某厂基本生产车间制造费用明细账汇集的本月制造费用总额为 56 844 元(见表 3-28)，该车间本月实际完成生产工时 22 000 小时，其中甲产品 4 000 小时，乙产品 10 000 小时，丙产品 8 000 小时。采用生产工时分配法，编制"制造费用分配表"，如表 3-29 所示。

表 3-29 中的产品生产工时是指产品实际生产总工时。当企业定额比较健全时，也可以按产品定额总工时分配。产品定额总工时是按实际生产量(工作量)和单位产品(单位工作量)的定额工时计算的。其计算公式如下：

$$产品定额总工时 = \sum(某产品实际产量 × 该产品单位产品定额工时)$$

产品定额总工时，即采用生产工时分配法的分配标准总量。

表3-28　制造费用明细账(生产单位: 基本生产车间)

××年9月

单位: 元

年月	年日	凭证字号	摘要	工资及福利费	折旧费	修理费	水电费	机物料消耗	摊销低值易耗品	办公费	差旅费	劳动保护费保险费	保险费	其他	合计
9	略	3-5	消耗材料					20 000							20 000
		3-6	付水电费				3 600								3 600
		3-10	分配工资	7 068											7 068
		3-11	提折旧费		9 720										9 720
		3-12	付修理费			4 600									4 600
		3-13	付修理费			2 000									2 000
		3-16	工具摊销						2 856						2 856
		3-17	付办公费							2 000					2 000
		3-17	付差旅费								800				800
		3-17	付劳保费									2 200			2 200
		3-17	摊保险费										1 100		1 100
		3-17	摊报刊费							900					900
			本月合计	7 068	9 720	6 600	3 600	20 000	2 856	2 900	800	2 200	1 100		56 844
			月末结转	-7 068	-9 720	-6 600	-3 600	-20 000	-2 856	-2 900	-800	-2 200	-1 100		-56 844

表 3-29　制造费用分配表(生产工时分配法)

××年 9 月

产品名称	生产工时/小时	费用分配率/(元/小时)	分配金额/元
甲产品	4 000		10 335
乙产品	10 000		25 838
丙产品	8 000		20 671
合　计	22 000	2.5838	56 844

2. 机器工时比例分配法

机器工时比例分配法是以各种产品(各受益对象)的机器设备工作时间(运转时间)为标准来分配制造费用的方法。当生产单位产品生产的机械化程度较高,也就是该生产单位制造费用中机器设备的折旧费和修理费比重较大时,采用这种方法比较合理。因为在这种生产单位中,制造费用(折旧费用和修理费用)与机器设备运转的时间有密切联系。采用这一方法,必须具备各种产品所耗机器工时的原始记录。机器工时比例分配法的计算公式如下:

$$费用分配率=\frac{某生产单位应分配的制造费用总额}{该生产单位各种产品实际机器工时之和}$$

某产品应分配制造费用=该产品实际机器工时×费用分配率

应当指出,当生产单位机器设备差别较大时,不同机器设备在同一运转时间内的折旧费用和修理费用差别也会较大。也就是说,被加工产品在较为高级精密或大型机器设备上加工一小时所应负担的费用,与在较小型机器设备上加工一小时所应负担的费用,应当有所区别。上述公式分母为各种产品实际机器工时之和,而当生产单位机器设备差别较大时,产品实际机器运转工时是不能简单相加的。因此,当一个生产单位内存在使用和维修费用差别较大的机器设备时,应将机器设备按单位工时费用发生的多少合理分类,确定各类机器的工时换算系数。各种产品实际机器运转小时,应当按照机器设备的工时换算系数,换算成标准机器运转小时,将标准机器工时作为分配制造费用的依据。

【例 3-23】某厂加工车间用 A、B 两类设备生产甲、乙、丙三种产品。本月该车间制造费用总额为 112 200 元;三种产品本月机器总工时为 105 000 小时,其中甲产品 33 000 小时、乙产品 36 000 小时,丙产品 36 000 小时;本月 A 类设备运转 60 000 小时,其中甲产品 24 000 小时,乙产品 6 000 小时,丙产品 30 000 小时;B 类设备运转 45 000 小时,其中甲产品 9 000 小时,乙产品 30 000 小时,丙产品 6 000 小时。该车间 A 类设备为一般设备,工时系数定为 1(标准设备系数),B 类设备为高级精密大型设备,按照设备使用和维修费用发生情况(与 A 类设备比较),工时系数定为 1.5。根据上述资料,采用机器工时比例分配法分配加工车间制造费用,编制"制造费用分配表",如表 3-30 所示。

表 3-30　制造费用分配表(机器工时比例分配法)

××年×月

| 产品名称 | 标准机器工时/小时 | | | | 费用分配/(元/小时) | 分配金额/元 |
| | A 类设备 | B 类设备(系数 1.5) | | 标准机器工时合计/小时 | | |
		实际工时	标准工时			
甲	24 000	9 000	13 500	37 500	0.88	33 000
乙	6 000	30 000	45 000	51 000	0.88	44 880
丙	30 000	6 000	9 000	39 000	0.88	34 320
合 计	60 000	45 000	67 500	127 500	0.88	112 200

表 3-30 中制造费用的分配因为考虑了设备工时系数,在乙产品和丙产品机器工时同为 36 000 小时的情况下,由于乙产品在 B 类设备上加工的工时较多,费用分配方面比丙类产品多负担了 10 560 元(44 880-34 320),这样的分配结果就比较合理。为了提高分配结果的合理性,企业还可以将制造费用加以分类。例如,分为与机器设备的使用有关的费用和为组织、管理生产而发生的费用两类,分别采用适当的分配方法进行分配。如前者采用机器工时比例法分配,后者采用生产工时法分配等。

3. 直接费用(或直接材料费用、直接人工费用)比例分配法

直接费用比例分配法是以各种产品本期发生的各项直接费用,即直接材料费用和直接人工费用之和为标准,来分配制造费用的方法。

直接材料费用比例分配法是以各种产品本期发生的直接材料费用为标准,来分配制造费用的方法。

直接人工费用比例分配法是以各种产品本期发生的直接人工费用为标准,分配制造费用的方法。

上述三种方法的分配标准的资料都较容易取得,计算也比较简便。但是,这三种方法的分配标准都是各种产品(各受益对象)本期发生的(直接计入和分配计入成本的费用之和)直接费用,这并不一定合理。因为在大多数情况下,制造费用的发生与直接费用的发生并不一定存在比例关系。产品直接费用数额越大,负担的制造费用越多,在大多数情况下是不合理的。

一般来说,直接材料费用比例分配法适用于各种产品所耗用的原料及主要材料相同,产品成本中直接费用所占比重较大,并且制造费用中原材料处理费用较多的生产单位。直接人工费用比例分配法适用于各种产品生产的机械化程度大致相同的生产单位,否则,机械化程度较高的产品，由于直接人工费用较少，分配负担的制造费用也少，就会影响费用分配的合理性。这是因为，制造费用中包括与机械使用有关的折旧费、修理费、租赁费、保险费等，产品生产的机械化程度高，应当多负担这部分费用，而不是相反。应当注意的是，如果直接人工费用本身是按照生产工时比例分配法分配计入各种产品成本的，那么，按照直接人工费用比例法分配制造费用，实际上也就是按照生产工时比例法分配制造费用，其分配结果是完全相同的。至于直接费用比例分配法，其分配标准是上述两种方法的分配标准之和，应当综合考虑直接材料比例分配法和直接人工比例分配法两种分配方法的要求。

【例3-24】　某厂装配车间生产甲、乙、丙三种产品，制造费用明细账汇集的本月制造费用总额为21 600元，该车间三种产品直接材料费用分别为24 000元、48 000元和72 000元；直接人工费用分别为6 000元、9 000元和13 800元；直接费用总额分别为30 000元、57 000元和85 800元。分别采用直接材料比例分配法、直接人工比例分配法和直接费用比例分别法分配本月制造费用，分配结果如表3-31所示。

表3-31　制造费用分配表
××年×月

产品名称	直接材料比例分配法		直接人工比例分配法		直接费用比例分配法	
	直接材料费用/元	分配金额/元（分配率0.15）	直接人工费用/元	分配金额/元（分配率0.75）	直接费用总额/元	分配金额/元（分配率0.125）
甲产品	24 000	3 600	6 000	4 500	30 000	3 750
乙产品	48 000	7 200	9 000	6 750	57 000	7 125
丙产品	72 000	10 800	13 800	10 350	85 800	10 725
合　计	144 000	21 600	28 800	21 600	172 800	21 600

在表3-31中，在应分配制造费用总额都是21 600元的情况下，由于分配标准不同，三种分配方法出现了三种不同结果。这说明费用分配方法选择得是否合理，直接影响费用分配的合理性。对于同一项费用的分配，只能根据具体情况选择一种费用分配方法，表3-31把三种分配方法列在同一表中，并不表示可以同时采用这三种方法分配制造费用。

4．计划费用分配率分配法

计划费用分配率分配法是按照年度开始前确定的计划费用分配率分配制造费用的方法。计划费用分配率因分配标准不同而不同，但一经确定，年度内一般不作变动。如果实际发生的制造费用或实际产品产量与计划数差距较大，则应及时调整计划费用分配率。当制造费用以定额工时作为分配标准时，计划费用分配率是根据各生产单位计划年度制造费用总额和计划年度定额总工时计算的。其计算公式如下：

$$计划制造费用分配率=\frac{某生产单位年度制造费用预算总额}{该生产单位年度计划完成定额总工时}$$

上式中，计划完成的定额总工时，是指计划年度各种产品的计划产量按定额工时计算的定额工时总数，其计算公式为

$$计划完成定额总工时=\sum(某产品年度计划产量 \times 该产品单位产品定额工时)$$

确定计划分配率后，各种产品(受益对象)当月应负担的制造费用，是根据该产品实际生产量按单位产品定额工时计算的定额总工时和计划分配率计算的。其计算公式为

某产品当月应分配费用=(该产品当月实际产量×该产品单位产品定额工时)×

计划制造费用分配率　　=

从上述公式可以看到，计划费用分配率是按计划产量考虑的，实际分配的费用是按实际产量计算的；年度实际发生的制造费用与制造费用预算也会存在差异。因此，采用计划费用分配率分配法，"制造费用"账户 1～11 月各月末分配结转后可能有余额；同时，月末余额可能在借方，也可能在贷方。"制造费用"账户月末借方余额表示实际发生的费用大于按计划分配率分配的费用，属于待摊费用性质；月末贷方余额表示按照计划分配率分配的费用大于实际发生的费用，属于预提费用性质。

【例 3-25】 某厂第一基本生产车间生产甲、乙、丙三种产品，本年度制造费用预算总额为 420 000 元；三种产品本年计划产量分别为 5 000 件、6 000 件、1 600 件，单位产品定额工时分别为 40 小时、70 小时和 50 小时。本年 11 月份生产甲产品 500 件、乙产品 400 件、丙产品 300 件，实际发生制造费用 38 000 元。经查，10 月末"制造费用——第一基本生产车间"明细账有贷方余额 800 元。有关费用分配结果和制造费用明细账余额的计算如下：

① 计算计划完成定额总工时

5 000×40+6 000×70+1 600×50=700 000(小时)

② 计算计划制造费用分配率

$$计划费用分配率=\frac{420\ 000}{700\ 000}=0.60(元/小时)$$

③ 按计划费用分配率分配 11 月份产品应负担的制造费用

甲产品应负担制造费用：500×40×0.60=12 000(元)

乙产品应负担制造费用：400×70×0.60=16 800(元)

丙产品应负担制造费用：300×50×0.60=9 000(元)

本月分配转出制造费用合计：12 000+16 800+9 000=37 800(元)

④ 计划分配率分配下制造费用明细账的登记(见表 3-32)

表 3-32　制造费用明细账

户名：第一基本生产车间　　　　　　　　　　　　　　　　　　　　　　　　　　　　　　　元

××年		凭证字号	摘　要	借　方	贷　方	借或贷	余　额
月	日						
11	1		上月结转			贷	800
	30		本月发生费用	38 000			
	30		本月分配费用		37 800		
			本月发生额及余额	38 000	37 800	贷	600

　　"制造费用"账户年末的余额，就是全年制造费用的实际发生额与按计划费用分配率分配金额的差额。这一差额应在年末调整计入 12 月份的产品成本。如果年末余额在借方，应追加分配计入产品成本，年末余额在贷方，应冲减相关产品成本。年末制造费用的差额分配结转以后，制造费用总账及其所属明细账应无余额。

　　采用计划费用分配率分配法分配计算比较简便，也有利于成本费用的日常控制。但是计划费用分配率的确定必须接近实际，如果年度制造费用预算总额与实际差距较大，或者计划生产量与实际差距较大，都会影响成本计算的正确性。在季节性生产企业中，由于生产的淡季和旺季月产量差异较大，一般应采用计划费用分配率分配制造费用，以便于成本考核和分析。

(二)分配结转制造费用的账务处理

　　企业不论选择哪一种制造费用分配方法，都应当根据分配计算结果编制"制造费用分配表"，并且根据这种分配表进行分配结转制造费用的账务处理。

　　在企业辅助生产单位的制造费用通过"制造费用"账户核算的情况下，应先分配结转辅助生产单位的制造费用，确定辅助生产单位的产品和劳务的实际成本。辅助生产单位为基本生产单位提供的产品或劳务，应由辅助生产成本分配结转到基本生产成本和基本生产单位的制造费用中。因此，只有在"制造费用——基本生产单位"明细账汇集了基本生产单位的全部制造费用，包括转入的辅助生产成本以后，才能分配结转基本生产单位的制造费用。在分配结转基本生产单位制造费用时，应由在建工程负担的费用，应计入在建工程成本，转入"在建工程"账户的借方；应由产品和劳务成本负担的费用，转入"基本生产成本"账户的借方，登记在"制造费用"成本项目内。

　　【例 3-26】某厂基本生产车间本月制造费用总额为 56 844 元，采用生产工时分配法分配，编制的"制造费用分配表"见表 3-29，据此编制分配结转制造费用的会计分录如下。

借：基本生产成本——甲产品   10 335

     ——乙产品   25 838

     ——丙产品   20 671

 贷：制造费用——基本生产车间   56 844

采用计划费用分配率分配法的生产单位，年末应将制造费用明细账的余额调整进入 12 月份产品成本，编制的会计分录仍为借记"生产成本"，贷记"制造费用"，如为借方余额用蓝字补加，贷方余额用红字冲减。

案 例 分 析

【案例】

某企业生产甲、乙、丙三种产品。该企业2009 年 10 月份发生的外购动力(电力)费用、产品生产工时、各车间及部门用电度数如表3-33"外购动力(电力)费用分配表"。

表 3-33 外购动力(电力)费用分配表(原)

××企业   2009 年 10 月

应借科目		成本或费用科目	动力费用分配		电费分配	
			生产工时/小时	分配金额/元	用电度数/度	分配金额/元
基 本 生 产成本	甲产品	燃料和动力	8 400			
	乙产品	燃料和动力	9 100			
	丙产品	燃料和动力	10 500			
	小 计		28 000		26 000	
制造费用	基本生产车间	水电费			9 100	
	机修车间	水电费			7 100	
管理费用		水电费			2 800	
合 计					45 000	6 300

假定：

(1) 各车间及部门的动力(电力)费用按用电度数分配。

(2) 各产品的动力(电力)费用按生产工时分配。

要求：

(1) 计算电费分配率和动力费用分配率(列出计算过程)。

(2) 计算并补填"外购动力(电力)费用分配表"。

【分析与计算】

(1)　电费分配率=6 300/45 000=0.14(元/度)

基本生产成本应分配的电费=26 000×0.14=3640(元)

制造费用基本生产车间应分配的电费=9 100×0.14=1274(元)

制造费用机修生产车间应分配的电费=7 100×0.14=994(元)

管理部门应分配的电费=2 800×0.14=392(元)

(2)　各产品动力费用分配率=(26 000×0.14)/28 000=3 640/28 000=0.13(元/小时)

甲产品应分配的电费=8 400×0.13=1 092(元)

乙产品应分配的电费=9 100×0.13=1 183(元)

丙产品应分配的电费=10 500×0.13=1 365(元)

补填"外购动力(电力)费用分配表"如表3-34所示。

表3-34　外购动力(电力)费用分配表(补填)

××企业　　　　　　　　　　　　　2009年10月

应借科目		成本或费用科目	动力费用分配		电费分配	
			生产工时/小时	分配金额/元	用电度数/度	分配金额/元
基本生产成本	甲产品	燃料和动力	8 400	1 092		
	乙产品	燃料和动力	9 100	1 183		
	丙产品	燃料和动力	10 500	1 365		
	小　计		28 000	3 640	26 000	3 640
制造费用	基本生产车间	水电费			9 100	1 274
	机修车间	水电费			7 100	994
管理费用		水电费			2 800	392
合　计					45 000	6 300

<h1 align="center">第六节　损失性费用的汇集和分配</h1>

损失性费用是指企业由于生产组织不合理、经营和管理不善、生产工人未执行技术操作规程等原因造成的人力、物力、财力上的损失，主要包括废品损失、停工损失及在产品盘亏和毁损等。

一、废品损失的汇集和分配

废品是指质量上不符合规定的标准或技术条件，不能按原定用途加以利用，或者需要加工修复后才能利用的产成品、自制半成品和零部件等。

(一)废品损失的汇集

1. 废品损失的含义

废品按其修复在技术上的可能性和经济上的合理性，分为可修复废品和不可修复废品。可修复废品是指在技术上可以修复，并且支付修复费用在经济上合算的废品；不可修复废品是指在技术上不能修复，或者支付修复费用在经济上不合算的废品。

废品按其产生原因，分为工废品和料废品。工废品是指由于生产工人操作上的原因造成的废品，工废品的产生属于操作工人的过失，应由操作工人承担责任；料废品是指由于被加工的原材料、半成品和零部件质量不符合要求而造成的废品，料废品的产生不应由生产工人承担责任。

废品损失是指企业因产生废品而造成的损失，包括可修复废品的修复费用和不可修复废品的生产成本(扣除回收的废品残料价值和过失单位或个人的赔款)。经过质量检验部门鉴定不需要返修，可以降价出售的不合格品，应与合格品同等计算成本，其降价损失体现为销售损益，不作为废品损失处理。产成品入库以后，由于保管不善、运输不当原因造成的损失变质，其损失属于管理上的原因，应列作管理费用，也不作为废品损失处理。实行产品包退、包修、包换("三包")的企业，在产品出售以后发现废品所发生的一切损失，也计入管理费用，不包括在废品损失内。

2. "废品损失"账户的设置

在经常有废品损失的企业，为了考核和控制各生产单位的废品损失，在会计账户中，应当增设"废品损失"总分类账户(也可以在"生产成本"总分类账户下设置"废品损失"明细账)；在成本项目中，应当增设"废品损失"成本项目。"废品损失"账户借方登记可修复废品的修复费用和不可修复废品的生产成本；贷方登记回收废品的残料价值和过失单位或个人的赔款；月末，应将废品损失净额由该账户的贷方转入"基本生产成本"账户的借方，由当月合格产品成本负担；月末将废品损失转入生产成本以后，"废品损失"账户应无余额。

"废品损失"账户应当分生产单位按产品品种设置明细账，组织废品损失的明细核算。"废品损失"明细账应按成本项目分设专栏或专行，以反映废品损失的构成。

3. 废品损失的计算

计算废品损失的原始凭证主要是"废品通知单"。"废品通知单"由企业质量检验部门在发现废品时填制;也可以由产生废品的生产单位(分厂、车间或班组)填制。"废品通知单"应当列明废品的种类、数量,产生废品的原因和过失人责任及废品生产工时,修复费用和生产成本等。该单一般一式三联:一联由生产单位存查,一联交质量检验部门、一联交财会部门核算废品损失。企业财会部门和质量检验部门应当对"废品通知单"所列各项目进行审核,只有经过审核无误的"废品通知单",才能作为核算废品损失的原始凭证。

废品损失包括可修复废品的修复费用和不可修复废品的生产成本(扣除残料价值等),二者的计算和确定有所不同。

(1) 可修复废品修复费用的计算。

可修复废品的修复费用包括材料费、人工费和应负担的制造费用等。材料费一般可以根据有关领料凭证直接确定;人工费有的可以直接确定,有的需要根据修复废品实际消耗的工时和小时工资率计算确定;应负担的制造费用不能直接确定,一般可以根据修复废品实际消耗的工时和小时费用率计算确定。

【例 3-27】 某厂加工车间所产甲产品中,发现可修复废品 10 件,已修复验收入库。根据本月"耗用材料汇总表"提供的资料,修复甲产品领用材料实际成本为 200 元,根据本月"直接人工费用分配表"和"制造费用分配表"提供的资料,修复甲产品实际耗用工时 120 小时,小时工资费用分配率为 4.56 元,小时制造费用分配率为 2.50 元;应分配人工费 547.20 元,其中工资 480 元,福利费 67.20 元;应分配制造费用 300 元。按规定,本月发生的 10 件废品应由过失人赔偿 165 元。根据上述资料编制会计分录如下:

借:废品损失——加工车间(甲产品)　　　　　　1 047.20
　　贷:原材料　　　　　　　　　　　　　　　　　200
　　　　应付职工薪酬——工资　　　　　　　　　　480
　　　　　　　　　　——职工福利　　　　　　　　　67.20
　　　　制造费用　　　　　　　　　　　　　　　　300
借:其他应收款　　　　　　　　　　　　　　　165
　　贷:废品损失——加工车间(甲产品)　　　　　165

上述会计分录在"废品损失"明细账中的登记见表 3-35。

表 3-35 废品损失明细账

生产单位:加工车间　　　　　　　　　　产品:甲产品　　　　　　　　　　　　　　元

年		凭证 字号	摘　要	借　方	贷　方	余　额
月	日					
9	30		分摊修复费用	1 047.20		1 047.20
	30		应收赔款		165	882.20
	30		结转废品净损失		882.20	平

(2) 不可修复废品生产成本的计算。

不可修复废品的生产成本也包括材料费、人工费和制造费用，这些费用与同种合格产品成本是同时发生的，已记入生产成本明细账。因此，不可修复废品的生产成本，应采用适当方法，将全部生产成本在合格产品与废品之间进行分配以后，才能从生产成本明细账转入废品损失明细账。

不可修复废品有的是在生产过程中发现的，有的是在完工验收入库时发现的，生产成本在合格产品与废品之间的分配较为复杂。在实际工作中，不可修复废品的生产成本，可按废品所耗实际费用计算，也可按废品所耗定额费用计算。

【例 3-28】某厂加工车间本月共生产乙产品 4 000 件，其中合格品为 3 760 件，不可修复废品为 240 件。240 件废品中，有 160 件平均加工程度为 50%，有 80 件是在加工完成验收入库时发现的。本月乙产品实际生产费用为 257 200 元，其中直接材料 120 000 元，直接人工 78 400 元，制造费用 58 800 元。乙产品原材料在生产开始时一次投入，240 件废品与合格品同等分配直接材料费用，直接人工费用和制造费用按 240 件废品折合为 160 (160×50%+80)件合格品后，与合格品同等分配费用。本月废品残料价值为 3 000 元，已交原材料仓库验收；按规定应由过失人赔偿 1 152 元。根据上述资料计算废品损失，有关计算过程和编制的会计分录如下。

① 不可修复废品生产成本的计算见表 3-36。

表 3-36　不可修复废品生产成本计算表

生产单位：加工车间(乙产品)　　　　　　　　××年9月

项　目	直接材料	直接人工	制造费用	合　计
生产总成本/元	120 000	78 400	58 800	257 200
分配标准量/件	3 760+240	3 760+160	3 760+160	
费用分配率(元/件)	30	20	15	
废品生产成本/元	7 200	3 200	2 400	12 800

根据表 3-36 的计算结果，作会计分录如下：

借：废品损失——乙产品　　　　　　　12 800

　　贷：基本生产成本——乙产品　　　　　　　12 800

② 回收废品残料，冲减废品损失，作会计分录如下：

借：原材料　　　　　　　　　　　　　3 000

　　贷：废品损失——乙产品　　　　　　　　　3 000

③ 应收过失人赔款，冲减废品损失，作会计分录如下：

借：其他应收款——××过失人　　　　1 152

　　贷：废品损失——乙产品　　　　　　　　　1 152

上述会计分录在废品损失明细账和产品生产成本明细账中的登记见表 3-37 和表 3-38。

表 3-37　废品损失明细账

生产单位：加工车间　　　　　　　　　产品：乙产品　　　　　　　　　　　元

年		凭证 字号	摘　要	借　方	贷　方	余　额
月	日					
9	30		废品生产成本	12 800		12 800
			回收残料价值		3 000	9 800
			应收赔款		1 152	8 648
			结转废品净损失		8 648	平

表 3-38　产品生产成本明细账

生产单位：加工车间　　　　　　　　　产品：乙产品　　　　　　　　　　　元

摘要	直接材料	直接人工	制造费用	废品损失	合　计
累计生产费用 (生产总成本)	120 000	78 400	58 800	—	257 200
结转废品生产成本	-7 200	-3 200	-2 400		-12 800
转入废品损失				8 648	8 648
合格产品总成本	112 800	75 200	56 400	8 648	253 048
合格产品单位成本	30	20	15	2.3	67.30

从表 3-38 中可以看到在结转废品损失前，乙产品总成本为 257 200 元，由于转出废品生产成本为 12 800 元，而转入废品损失为 8 648 元，结转废品损失后乙产品总成本为 253 048 元。这并不意味着由于发生了废品，产品成本反而降低了 4 152(257 200-253 048)元。因为生产过程中产生废品，减少了合格产品数量，合格产品的单位成本因此提高了 2.30 元(废品损失)，所以并没有降低产品单位成本。这里降低的只是乙产品的总成本(回收废品残料和过失人赔偿部分)。

上述按废品的实际费用来计算和分配废品损失，计算废品实际成本的作法，比较符合实际，但核算工作量较大。为了简化核算，在消耗定额和费用定额制度比较健全的企业，也可以按废品所耗定额费用计算不可修复废品的生产成本。即按废品的实际数量和各项消耗定额、费用定额计算不可修复废品的生产成本，不考虑废品实际发生生产费用的多少。

【例 3-29】某厂加工车间生产的丙产品，本月产生不可修复废品 100 件，废品原材料已全部投入，已完成的定额工时为 1 000 小时。丙产品单位产品原材料消耗定额为 400 元，工时消耗定额为 20 小时。每小时的费用定额直接人工费用为 3.50 元，制造费用为 2.50 元。废品回收残料价值为 28 000 元，已交原材料仓库；按规定应由过失人赔偿 1 000 元。根据上述资料计算不可修复废品的生产成本和净损失如下：

① 丙产品不可修复废品的生产成本(定额成本)

直接材料：100×400=40 000(元)

直接人工：1 000×3.5=3 500(元)

制造费用：1 000×2.5=2 500(元)

生产成本合计：40 000+3 500+2 500=46 000(元)

② 丙产品不可修复废品的净损失

46 000-28 000-1 000=17 000(元)

本例结转不可修复废品的生产成本，回收废品残料入库和登记过失人赔款的会计分录与例3-28相同，不再列示。有关废品损失明细账和生产成本明细账登记的举例也从略。

按照废品的实际数量和定额费用计算废品的定额成本，计入产品成本的废品损失数额只受废品数量多少的影响，不受废品实际费用高低的影响。这样不仅计算比较简便，而且有利于分析和考核生产过程中的废品损失，也便于产品成本的分析和考核。

(二)废品损失的分配

废品损失应由本月同种合格产品成本负担，即计入当月同种产品的完工产品成本之中，月末在产品一般可以不负担废品损失。

【例3-30】 某厂加工车间生产的甲、乙、丙三种产品，本月都发生废品损失，根据废品损失明细账提供的资料，甲产品废品净损失为882.2元(例3-27)，乙产品废品净损失为8 648元(例3-28)，丙产品废品净损失为17 000元(例3-29)。月末分配结转废品损失，作会计分录如下：

借：基本生产成本——甲产品　　　　882.20

　　　　　　——乙产品　　　　8 648

　　　　　　——丙产品　　　　17 000

　　贷：废品损失——甲产品　　　　　　　　882.20

　　　　　　——乙产品　　　　　　　　8 648

　　　　　　——丙产品　　　　　　　　17 000

上述分录应记入在废品损失明细账和生产成本明细账(见表3-36、表3-37和表3-38)。月末分配结转废品净损失以后，"废品损失"总账和明细账均应无余额。

不单独核算废品损失的企业，不需要设置"废品损失"总分类账户和"废品损失"成本项目。对于发生的废品残料价值收入和应收过失人赔款，冲减生产成本。残料价值应从生产成本明细账的"直接材料"成本项目中扣除；应收过失人赔款一般可从"直接人工"成本项目中扣除。生产成本明细账汇集的完工产品总成本，除以扣除废品数量以后的合格品数量，就是合格产品的单位成本。

【例3-31】 假设(例3-28)发生不可修复废品的乙产品，在成本核算中，该厂不单独核算废品损失。回收废品残料价值和应收过失人赔款的会计分录如下：

借：原材料　　　　　　　　　　　　　3 000

其他应收款——××过失人　　　　1 152

贷：基本生产成本——乙产品　　　　　　　4 152

根据会计分录记入乙产品成本计算单(生产成本明细账)，并计算出乙产品的实际总成本和单位成本见表3-39。

表3-39　产品生产成本明细账

生产单位：加工车间　　　　　　　　　　产品：乙产品　　　　　　　　　　　　　　　元

摘　要	直接材料	直接人工	制造费用	合　计
累计生产费用 (生产总成本)	120 000	78 400	58 800	257 200
回收废品残料	-3 000			-3 000
应收过失人赔款		-1 152		-1 152
合格产品总成本	117 000	77 248	58 800	253 048
合格产品单位成本	31.12	20.54	15.64	67.30

这种处理与例3-28(表3-36)的处理相比，要简便得多。由于合格产品的各成本项目中都包括不可修复废品的生产成本和可修复废品的修复费用，没有对废品损失进行单独反映，因此不利于废品损失的分析和控制。企业的辅助生产单位，因规模不大，废品损失不多，为了简化核算，可以采用这种不单独核算废品损失的方法。

二、停工损失的汇集和分配

(一)停工损失的汇集

1. 停工损失含义

停工损失是指企业生产单位(分厂、车间或车间内某个班组)在停工期内发生的各项费用，包括停工期间内发生的材料费用、应支付的生产工人工资及提取的福利费和应分摊的制造费用等。为了简化计算，生产单位不满一个工作日的停工，一般可以不计算停工损失。季节性生产企业在停工期间内发生的费用，应当采用待摊、预提的方法，由开工期内的生产成本负担，不作为停工损失。

造成生产单位停工的原因是多种多样的。按照停工原因可以分为季节性生产停工，机器设备大修理停工，原材料和半成品供应不及时停工，生产任务下达不及时停工，工具和模具缺乏停工、设计图纸和工艺文件缺乏或错误停工、意外事故停工、自然灾害停工及计划减产停工等。按照造成停工的责任，可以分为外部责任停工和内部责任停工两种。外部责任单位主要有供水、供电部门和原材料、燃料的供应商等；内部责任单位和个人主要有生产单位的管理部门、企业工艺设计部门、质量检验部门、原材料和燃料及动力的供应部门、原材料和半成品及产成品仓库等部门及有关部门负责人、技术人员、操作人员等。

2. 停工损失账户的设置

为了核算企业停工期间发生的各项费用，应当设置"停工损失"总分类账户(也可以在"生产成本"总分类账户下设置"停工损失"明细账)和"停工损失"成本项目。"停工损失"账户借方登记生产单位发生的各项停工损失；贷方登记应索赔的停工损失和分配结转的停工损失；分配结转停工损失以后，该账户应无余额。

"停工损失"账户应当按照生产单位设置明细账，并按费用项目设置专栏组织明细核算。

3. 停工损失的计算

计算停工损失的原始凭证主要是"停工报告单"。生产单位因各种原因造成停工时，值班人员应当及时向生产单位负责人报告，查明原因，采取措施，尽快恢复生产。如果在一定时间内不能恢复生产，生产单位应填写"停工报告单"，报送厂部有关部门。厂部值班负责人应当及时通知有关部门和单位，采取措施恢复生产。企业外部原因和自然灾害造成的停工，除由生产单位填写"停工报告单"外，还应编写专门报告并附有关凭证，以便处理停工损失。发生停工后，生产计划调度部门和有关生产单位，应当及时对停工人员分配其他工作，尽量减少停工损失。

企业和生产单位的核算人员，应当对"停工报告单"所列停工范围、时数及其原因和过失单位等内容进行审核，并查明原因，明确责任单位或个人。只有经过审核以后的"停工报告单"，才能作为停工损失核算的原始依据。

在停工损失中，原材料、水电费、生产工人工资及提取的福利费等，一般可以根据有关原始凭证确认后直接计入；制造费用能够直接确认的应尽量直接计入，不能直接确认的可以按照停工工时数和小时制造费用分配率(计划或实际)分配计入。

【例3-32】某厂第一车间本月由于设备大修理停工5天，停工期间应支付生产工人工资5 000元，应提取福利费700元，应分摊制造费用1 000元。第二车间由于外部供电线路原因停工3天，停工期间损失材料费用6 000元，应支付生产工人工资4 000元，应提取福利费560元，应分摊制造费用600元。根据资料，作会计分录如下：

```
借：停工损失——第一车间          6 700
         ——第二车间          11 160
   贷：原材料                      6 000
      应付职工薪酬——工资         9 000
                ——职工福利       1 260
```

制造费用——第一车间	1 000
——第二车间	600

(二)停工损失的分配

企业"停工损失"账户汇集的停工损失,应当根据造成停工的原因进行分配和结转。可以获得赔偿的停工损失,应当积极索赔,并冲减停工损失;由于自然灾害等引起的非正常停工损失,应计入营业外支出;机器设备大修理期间停工等正常停工损失,应计入产品成本。计入产品成本的停工损失,如果停工的生产单位只生产一种产品,可直接计入该种产品生产成本明细账中单独设置的"停工损失"成本项目;如果停工的生产单位生产多种产品,可以采用分配制造费用的方法在各种产品之间进行分配,然后分别计入该生产单位各种产品生产成本明细账中的"停工损失"成本项目。

【例 3-33】 假设在例 3-32 中,第一车间只生产甲产品,停工损失 6 700 元全部计入甲产品成本;第二车间非正常停工损失 11 160 元,市供电局已同意赔偿 6 000 元,净损失 5 160 元列作营业外支出。有关索赔和分配结转停工损失的会计分录如下:

借:其他应收款——市供电局	6 000
贷:停工损失——第二车间	6 000
借:基本生产成本——第一车间(甲产品)	6 700
营业外支出——非常损失	5 160
贷:停工损失——第一车间	6 700
——第二车间	5 160

为了简化核算,企业也可以不设置"停工损失"总分类账和"停工损失"成本项目。停工期间发生的属于停工损失的各种费用,应计入产品成本的,直接计入"制造费用"("停工损失"费用项目),非正常停工损失,直接计入"营业外支出"。但这种简化处理不利于停工损失的分析和控制。

第七节　生产费用在完工产品和期末在产品之间的分配

一、在产品数量的核算

1. 在产品与完工产品

企业在产品有广义在产品和狭义在产品之分。广义在产品是就整个企业而言的,它是指企业已经投入生产,但尚未完成全部生产过程,不能作为商品销售的产品。广义在产品包括正在各个生产单位加工的在制品和已经完成一个或多个生产步骤,尚未最终完工而需要继续加工的自制半成品。狭义在产品是就企业某一个生产单位(分厂、车间)或某一个生产步骤而言的,它只指本生产单位和本生产步骤正在加工的在制品,不包括该生产单位或生产步骤已经完工交付的自制半成品。企业在产品完成全部生产过程,检验合格收入成品仓库以后,就成为完工产品。

按成本项目汇集生产费用,并在各成本计算对象之间分配以后,企业本月(本期)发生的生产费用,已经全部记入各种产品(各成本计算对象)的产品生产成本明细账中。登记在某种产品生产成本明细账中的本月生产费用,加上该产品生产成本明细账中的月初在产品费用(有的也可能没有月初在产品费用),称作累计生产费用或生产费用合计数。产品生产成本明细账中汇集的生产费用,有以下三种情况:

(1) 该产品本月已经全部完工,没有月末在产品,则本月累计生产费用等于本月完工产品总成本;如果该产品月初也没有在产品,则本月生产费用等于本月完工产品总成本。

(2) 该产品本月全部未完工,则本月累计生产费用(或本月生产费用)等于月末在产品成本。

(3) 该产品本月既有已经完工入库的产成品,又有正在加工的月末在产品。这时,需要采用一定的方法,将本月累计生产费用在本月完工产品和月末在产品之间进行分配,以正确确定本月完工产品的实际总成本和单位成本。月初在产品成本、本月生产费用、本月完工产品成本和月末在产品成本之间的关系,可以用下列公式表示:

月初在产品成本+本月生产费用=本月完工产品成本+月末在产品成本

根据上述公式,本月完工产品成本的计算公式可以表述为

本月完工产品成本=月初在产品成本+本月生产费用-月末在产品成本

上述公式表明,要正确计算本月完工产品成本,关键是要正确计算月末在产品成本。因此,企业必须严格在产品收发结存的数量核算,为正确计算在产品成本提供基础资料。

2. 在产品收发结存的数量核算

企业在产品品种规格较多,又处在不断流动之中,因此,在产品收发结存的数量核算,是一个比较复杂的问题。为了加强在产品实物管理,严格控制在产品数量,企业必须设置有关凭证账簿来反映在产品的转入(收入)、转出(发出)和结存情况。

在设有半成品仓库的企业,自制半成品收入、发出和结存数量的核算,可以比照原材料收入、发出和结存数量的核算,设置有关凭证和账簿,组织自制半成品的日常核算。各生产单位和生产步骤在产品转入、转出和结存数量的日常核算,可以通过设置在产品内部转移凭证和"在产品台账"来进行。

"在产品台账"(或称"在产品收发结存账")应当分生产单位(分厂、车间)和生产步骤(生产工序),按照产品品种和在产品(零部件)名称分别设置。"在产品台账"的一般格式见表3-40。

表 3-40 在产品台账

生产单位：第一车间　　　　生产工序：第二工序　　　　产品名称：甲产品　　　　零件名称编号：5199

年		摘要	转　入		转　出			结　存	
月	日		凭证号	数量	凭证号	合格品	废品	已完工	未完工
10	1	上月结转							80
	6	上步结转	39	400					480
	7	完工交出			46	80			400
—			—	—	—	—	—	—	—
		本月合计		1 000		1 000	10		70

　　"在产品台账"应当根据有关领料凭证、在产品内部转移凭证、产成品检验凭证和产品交库凭证等逐笔序时登记。生产单位的核算人员应对"在产品台账"的登记情况进行审核和汇总。通过"在产品台账"的设置和登记，可以从账面上随时掌握和控制在产品动态，有利于掌握生产进度，加强生产管理和财产管理；通过在产品账面结存数与实存数进行核对，可以为计算在产品成本提供在产品数量资料；通过在产品成本的计算，又可以了解在产品的资金动态和资金占用额。

3．在产品清查的核算

　　"在产品台账"可以提供在产品转入、转出和结存的数量，是控制在产品数量的业务核算账簿。同其他核算和控制实物数量的账簿一样，由于种种原因，账簿反映的结存数量，可能与实际情况不同。为了加强在产品的管理，正确计算在产品成本，企业应当定期进行在产品清查盘点，做到账实相符。

　　在产品清查采用实地盘点法。清查工作应在有关生产单位和生产工序实物负责人的直接参加下进行。在产品清查情况，应当记入"在产品盘点清单"。实物盘点结束后，应根据"在产品台账"与"在产品盘点清单"核对的结果，编制"在产品盘点盈亏报告表"，详细载明在产品的账存数、实存数、盘盈数、盘亏数和毁损数，以及盈亏原因分析和处理意见等。企业财会部门在认真审核各生产单位的"在产品盘点盈亏报告表"以后，应按照企业内部财务管理制度规定的审批程序报送有关部门和有关领导审批，并按照国家统一会计制度的规定及时作出账务处理。

　　为了全面反映盘盈、盘亏、毁损和报废在产品的处理过程，企业应当设置"待处理财产损溢"账户。盘亏、毁损和报废在产品的生产成本(账面平均成本)，在记入"生产成本"账户贷方的同时，记入"待处理财产损溢"账户的借方；盘盈在产品的生产成本(可按同种在产品的账面平均成本或计划成本、定额成本计算)，在记入"生产成本"账户借方的同时，记入"待处理财产损溢"账户的贷方。盘盈和盘亏、毁损、报废在产品经批准转账时，分别记入"待处理财产损溢"账户的借方和贷方。经批准转销后，"待处理财产损溢"账户应无余额。

盘盈、盘亏、毁损和报废在产品经批准转账时，应分不同情况处理：盘盈在产品的生产成本，冲减管理费用；盘亏、毁损和报废在产品的生产成本，扣除过失单位(过失人)和保险公司赔款及回收残料价值后的净损失，列作管理费用；因为意外灾害等非常原因造成的在产品毁损和报废，扣除保险公司赔款和回收残料价值以后的净损失，列作营业外支出。

二、在产品成本的计算方法

正确计算期末在产品成本是正确计算本期完工产品成本的关键。企业应当根据期末在产品数量的多少、各期期末在产品数量变化的大小、在产品费用的投入程度、产品成本中各成本项目费用比重的大小，以及定额管理基础工作的好坏等具体情况，选择合理、简便的在产品成本计算方法。

在产品成本的计算方法(或称在产品计价的方法、生产费用在完工产品和期末在产品之间分配的方法)比较多，常用的有在产品不计算成本法、在产品按固定数额计价法、在产品按所耗直接材料费用计价法、在产品按完工产品成本计价法、在产品按定额成本计价法、约当产量比例法、定额比例法等。

1. 在产品不计算成本法

采用这种方法，是指月末虽然有在产品，但是不计算在产品成本。某种产品当月发生的生产费用，就是该种产品本月完工产品的总成本。

这种方法适用于那些月末在产品数量很小，且各月月末在产品数量变动不大的产品。因为月末在产品数量很小，月末在产品应负担的费用也很小，月末在产品与月初在产品费用的差额更小。这时，不计算在产品成本对完工产品成本的正确性影响很小，为了简化产品成本计算工作，可以不计算在产品成本。如煤炭企业月末各种采煤工作面的煤数量很小，月末就可以不计算在产品成本。

2. 在产品按固定数额计价法

采用这种方法，1至11月各月月末在产品成本按年初在产品成本固定不变，某种产品当月发生的生产费用，就是该种产品本月完工产品的总成本。但是在年末，不论年末在产品数量变动与否，都应对年末在产品进行实地盘点，并以实际盘存数量为基础，重新计算确定年末在产品成本和12月的完工产品总成本。

这种方法适用于那些月末在产品数量较大，但各月月末在产品数量比较稳定的产品。如冶炼企业的炉内溶液，化工企业输送带和管道内的在产品等，数量都比较稳定，可以采用这种固定在产品成本的方法。年度内1至11月的月末在产品成本是固定的，简化了产品成本计算工作；12月的在产品成本是通过实地盘点后重新计算的，从全年来看，完工产品的实际总成本的计算也是正确的；同时，12 月计算的月末在产品成本，又可以作为下一年度 1 至 11 月固定的月末在产品成本。

采用在产品按固定数额计价法，1 至 11 月完工产品成本的计算公式与在产品不计算成本法是相同的(即都是"本月完工产品成本=本月发生生产费用")。但是，采用这种方法产品生产成本明细账有月末余额(与年初余额一致)；而采用在产品不计算成本法，产品生产成本明细账没有月末余额。

3. 在产品按所耗直接材料费用计价法

采用这种方法，月末在产品成本只计算其所耗用的直接材料费用，当月发生的直接人工费用和制造费用全部由本月完工产品成本负担。

这种方法适用于那些月末在产品数量较大，各月月末在产品数量变化也比较大，但直接材料费用占产品成本总额比重较大的产品。如酿酒、造纸等企业的产品，有的直接材料费用占产品成本的比重在 70%以上。在这种情况下，月末在产品只计算其直接材料费用的成本，所占比重不大的直接人工和制造费用全部由完工产品成本负担，对完工产品成本计算的正确性影响不大，且可以简化产品成本计算工作。

【例 3-34】某厂生产的丙产品直接材料费用占产品成本的比重较大，采用在产品按所耗直接材料费用计价法。丙产品本月月初在产品成本为 202 000 元；本月发生生产费用 770 800 元，其中直接材料费用 598 000 元，直接人工费用 115 200 元，制造费用 57 600 元。丙产品本月完工 18 400 千克，月末在产品 1 600 千克，在产品原材料已全部投入，直接材料费用可以根据本月完工产品和月末在产品的质量(产量)按比例分配。根据资料，本月完工产品和月末在产品成本可以计算如下：

$$直接材料费用分配率=\frac{202\,000+598\,000}{18\,400+1\,600}=40(元/千克)$$

月末在产品直接材料费用=40×1 600=64 000(元)

本月完工产品直接材料费用=40×18 400=736 000(元)

或=202 000+598 000-64 000=736 000(元)

本月完工产品总成本=736 000+115 200+57 600=908 800(元)

上述分配计算结果在丙产品生产成本明细账中的登记见表 3-41。

表 3-41 产品生产成本明细账(例 3-34)

产品：丙产品 　　　　　　　　　　　　××年×月 　　　　　　　　　　　　　　元

摘　　要	直接材料	直接人工	制造费用	合　　计
月初在产品成本	202 000			202 000
本月生产费用	598 000	115 200	57 600	770 800
生产费用合计	800 000	115 200	57 600	972 800

续表

摘 要	直接材料	直接人工	制造费用	合 计
本月完工产品成本	736 000	115 200	57 600	908 800
月末在产品成本	64 000			64 000

根据产品成本计算结果,编制结转本月完工入库产品成本的会计分录如下。

借:库存商品——丙产品　　　　　　　　　908 800

　　贷:基本生产成本——丙产品　　　　　　　　908 800

4. 约当产量比例法

采用这种方法,是根据月末在产品约当量和本月完工产品产量的比例来分配生产费用,以确定月末在产品成本和本月完工产品成本。月末在产品约当量是指按照月末在产品盘存数量和完工程度折算的相当于完工产品的产量。

这种方法适用范围比较广泛,特别是那些月末在产品数量比较大,各月在产品数量的变化也比较大,直接材料费用占产品成本总额的比重与直接人工、制造费用的比重也相差不多的产品,不宜采用前面所讲的三种方法时,采用约当产量比例法比较好。

采用约当产量比例法计算月末在产品成本,或者说生产费用按照约当产量比例法在本月完工产品和月末在产品之间进行分配,一般可以分为以下几个步骤。

1) 计算月末在产品约当产量

在产品约当产量是按照月末在产品数量和完工程度折算的相当于完工产品的产量,用公式表示为

月末在产品约当量=月末在产品数量×在产品完工程度

上述公式中,月末在产品数量,可以根据"在产品台账"并通过实地盘点确定,在产品完工程度则应当根据月末在产品费用的实际发生情况,采用一定方法测定。

在产品生产过程中,在产品的直接材料费用与直接人工费用和制造费用的发生情况是不相同的。因此,月末在产品完工程度应当分成本项目确定。当原材料是在生产开始时一次性投入时,直接材料成本项目的在产品完工程度(投料率)为100%,即一件在产品应与一件完工产品同等分配原材料费用,月末在产品约当量等于月末在产品数量;工资和制造费用一般是在生产过程中陆续发生的,当工资和制造费用的发生比较均衡时,直接人工和制造费用两个成本项目的在产品完工程度(完工率)可以定为50%,即月末在产品约当产量等于在产品数量乘以50%。如果产品生产过程中原材料不是在生产开始时一次性投入,工资和制造费用不是比较均衡地发生的,则要分别计算在产品的投料率和完工率。

在产品投料率是在产品累计已投入的直接材料费用占完工产品应投入的直接材料费用的比重,各生产工序在产品的投料率可以用公式表示如下:

$$某工序在产品的投料率 = \frac{该工序单位在产品已投入材料费用}{单位完工产品应投入材料费用} \times 100\%$$

【例 3-35】　某厂生产的丁产品顺序经过三道工序加工，单位产品原材料消耗定额为 900 元，其中第一工序投料定额为 540 元，第二工序投料定额为 270 元，第三工序投料定额为 90 元，原材料分别在各个工序生产开始时一次投入。该厂本月盘点确定的丁产品月末在产品数量为 600 件，其中第一工序 240 件，第二工序 210 件，第三工序 150 件。根据上述资料，丁产品在各工序的投料率和月末在产品约当产量可以计算如下：

①　各个工序月末在产品的投料率。

第一道工序：$\dfrac{540}{900} \times 100\% = 60\%$

第二道工序：$\dfrac{540 + 270}{900} \times 100\% = 90\%$

第三道工序：$\dfrac{540 + 270 + 90}{900} \times 100\% = 100\%$

②　各工序月末在产品约当产量(直接材料项目)。

第一工序：$240 \times 60\% = 144$(件)

第二工序：$210 \times 90\% = 189$(件)

第三工序：$150 \times 100\% = 150$(件)

丁产品月末在产品约当产量：144+189+150=483(件)

在产品投料率一般可以根据原材料消耗定额和产品原材料费用投入情况预先确定，月末在产品约当产量可以通过编制在产品约当产量计算表计算。根据例 3-35 资料编制的在产品投料率及约当产量计算表见表 3-42。

表 3-42　在产品投料率及约当产量计算表(例 3-35)

产品：丁产品　　　　　　　　　　　　××年×月　　　　　　　　　　　　　　　件

工　序	单位产品投料定额/元	在产品投料率	月末在产品数量	月末在产品约当产量
一	540	$\dfrac{540}{900} \times 100\% = 60\%$	240	144
二	270	$\dfrac{540 + 270}{900} \times 100\% = 90\%$	210	189
三	90	$\dfrac{540 + 270 + 90}{900} \times 100\% = 100\%$	150	150
合计	900		600	483

直接人工和制造费用两个成本项目可以按照同一完工率来计算月末在产品成本。在产品完工率不能按平均完工率 50% 计算时，一般可以根据各工序的工时定额计算各工序完工率。其计算公式为

$$某工序在产品的完工率=\frac{该工序单位在产品累计已完成的定额工时}{单位完工产品的定额工时}\times100\%$$

【例 3-36】 假设例 3-35 中该厂生产的丁产品，单位产品工时消耗定额为 300 小时，其中第一工序 120 小时，第二工序 90 小时，第三工序 90 小时。各工序在产品在本工序的完工程度均为 50%，丁产品在各工序的完工率和月末在产品约当产量可以计算如下：

① 各工序月末在产品的完工率。

第一工序：$\dfrac{120\times50\%}{300}\times100\%=20\%$

第二工序：$\dfrac{120+90\times50\%}{300}\times100\%=55\%$

第三工序：$\dfrac{120+90+90\times50\%}{300}\times100\%=85\%$

② 各工序月末在产品约当产量(直接人工和制造费用项目)。

第一工序：240×20%=48(件)

第二工序：210×55%=115.5(件)

第三工序：150×85%=127.5(件)

丁产品月末在产品约当产量：48+115.5+127.5=291(件)

根据上述计算结果编制"在产品完工率及约当产量计算表"表 3-43。

表 3-43 在产品完工率及约当产量计算表(例 3-36)

产品：丁产品　　　　　　　　　　　　　　　××年×月　　　　　　　　　　　　　　　件

工序	单位产品工时定额/小时	在产品完工率	月末在产品数量	月末在产品约当产量
一	120	$\dfrac{120\times50\%}{300}\times100\%=20\%$	240	48
二	90	$\dfrac{100+90\times50\%}{300}\times100\%=55\%$	210	115.5
三	90	$\dfrac{120+90+90\times50\%}{300}\times100\%=85\%$	150	127.5
合　计	300		600	291

2) 计算费用分配率

采用约当产量比例法，生产费用在本月完工产品和月末在产品之间分配的分配标准是折合的生产总量，即本月完工产品数量与月末在产品约当产量之和。由于各个成本项目月末在产品费用的发生情况不同，费用分配率应当分成本项目计算。其计算公式为

$$某成本项目费用分配率=\frac{该成本项目生产费用合计数}{本月完工产品数量+月末在产品的当产量}\times100\%应为约当产量$$

采用约当产量比例法，上述各成本项目的费用分配率，就是完工产品在该成本项目的单位成本。

【例3-37】 某厂"产品交库单"的统计表明，本月完工验收入库的丁产品为 2 000 件、丁产品生产成本明细账汇集的生产费用表明，月初在产品成本为 132 000 元，其中直接材料费用 70 000 元、直接人工费用 28 000 元，制造费用 34 000 元，丁产品本月发生的生产费用为 799890 元，其中直接材料费用为 426 600 元，直接人工费用为 178 190 元，制造费用为 195 100。根据上述资料和例 3-35 例 3-36 提供的本月完工产品数量和月末在产品约当产量的资料，各成本项目的费用分配率可以计算如下：

"直接材料"项目：$\dfrac{70\,000+426\,600}{2\,000+483}=200(元/件)$

"直接人工"项目：$\dfrac{28\,000+178\,190}{20\,000+291}=90(元/件)$

"制造费用"项目：$\dfrac{34\,000+195\,100}{2\,000+291}=100(元/件)$

丁产品完工产品单位成本合计：200+90+100=390(元/件)

3)　计算月末在产品成本和本月完工产品总成本

采用约当产量比例法，月末在产品成本和本月完工产品成本的计算公式分别为

月末在产品成本=月末在产品约当产量×费用分配率(完工产品单位成本)

或　　　　　　　　　　=月初在产品成本+本月生产费用−本月完工产品成本

本月完工产品成本=本月完工产品数量×费用分配率(完工产品单位成本)

或　　　　　　　　　　=月初在产品成本+本月生产费用−月末在产品成本

根据例 3-37 计算的费用分配率和例 3-35 和例 3-36 提供的本月完工产品数量与月末在产品约当产量的资料，丁产品成本可以计算如下：

①　月末在产品 600 件的成本。

"直接材料"项目：200×483=96 600(元)

"直接人工"项目：90×291=26 190(元)

"制造费用"项目：100×291=29 100(元)

月末在产品总成本=96 600+26 190+29 100=151 890(元)

②　本月完工 2 000 件丁产品的成本。

"直接材料"项目：200×2 000=400 000(元)

或　70 000+426 600−96 600=400 000(元)

"直接人工"项目：90×2 000=180 000(元)

或　28 000+178 190−26 190=180 000(元)

"制造费用"项目：100×2 000= 200 000(元)

或 34 000+195 100-29 100= 200 000(元)

本月完工产品总成本：400 000+180 000+ 200 000=780 000(元)

根据成本计算结果，编制结转本月丁产品完工产品总成本的会计分录如下：

借：库存商品——丁产品　　　　　　　　　780 000

　　贷：基本生产成本——丁产品　　　　　　　　　780 000

根据例3-35至例3-37的计算，在"产品生产成本明细账"中的登记结果见表3-44。

表3-44　产品生产成本明细账(例3-37)

产品：丁产品　　　　　　　　　　　　××年×月

摘　要	直接材料	直接人工	制造费用	合　计
月初在产品成本/元	70 000	28 000	34 000	132 000
本月生产费用/元	426 600	178 190	195 100	799 890
生产费用合计/元	496 600	206 190	229 100	931 890
完工产品数量/件	2 000	2 000	2 000	2 000
月末在产品约当量/件	483	291	291	
生产量合计/件	2 483	2 291	2 291	
费用分配率(单位成本)/ (元/件)	200	90	100	390
完工产品总成本/元	400 000	180 000	200 000	780 000
月末在产品成本/元	96 600	26 190	29 100	151 890

5．在产品按完工产品成本计价法

采用这种方法，是将月末在产品视同完工产品，根据月末在产品数量与本月完工产品产量的比例来分配生产费用，以确定月末在产品成本和本月完工产品成本。

这种方法简化了成本计算工作，但只适用于月末在产品已接近完工，或已经加工完成，但尚未包装或尚未验收入库的产品，否则，会影响本月完工产品成本计算的正确性。

【例3-38】 假设例3-35至例3-37中该厂生产的丁产品，月末在产品600件，有100件已经接近完工，有500件已经完工尚未验收入库，月末在产品600件均按完工产品计算成本。有关计算分配结果见表3-45。

根据上述计算结果，编制结转本月完工产品成本的会计分录如下：

借：库存商品——丁产品　　　　　　　　　716 840

　　贷：基本生产成本——丁产品　　　　　　　　　716 840

表3-45　产品生产成本明细账(例3-38)

产品：丁产品　　　　　　　　　　××年×月

摘　要	直接材料	直接人工	制造费用	合　计
月初在产品成本/元	70 000	28 000	34 000	132 000
本月生产费用/元	426 600	178 190	195 100	799 890
生产费用合计/元	496 600	206 190	229 100	931 890
完工产品数量/件	2 000	2 000	2 000	2 000
月末在产品数量/件	600	600	600	600
生产量合计/件	2 600	2 600	2 600	2 600
费用分配率(单位成本)/(元/件)	191	79.30	88.12	358.42
完工产品总成本/元	382 000	158 600	176 240	716 840
月末在产品成本/元	114 600	47 590	52 860	215 050

6. 定额比例法

采用这种方法，是根据月末在产品定额耗用量(或定额费用)和本月完工产品定额耗用量(或定额费用)的比例来分配生产费用，以确定月末在产品实际成本和完工产品实际成本。

这种方法适用于各项消耗定额资料比较完整、准确，生产工艺过程已经定型的产品。

采用定额比例法计算月末在产品成本和本月完工产品成本，一般可以分为以下几个步骤。

1) 计算月末在产品和本月完工产品的总定额(定额耗用总量或定额费用总额)

采用定额比例法，直接材料项目一般按照原材料消耗量定额或定额费用的比例分配；直接人工费用和制造费用一般按照工时消耗定额或定额费用比例分配。因此，月末在产品和完工产品的总定额应当分成本项目计算，总定额包括原材料定额耗用总量或原材料定额总成本，定额工时消耗总量或直接人工定额总成本、制造费用定额总成本等。各成本项目的完工产品的总定额可以根据本月完工产品数量和单位完工产品定额消耗量(或定额费用)直接计算；月末在产品的总定额，应按各生产步骤(工序)在产品数量和单位在产品定额消耗量(或定额费用)分别计算以后，再汇总确定全部在产品的总定额。计算公式如下：

本月完工产品总定额=本月完工产品数量×单位产品定额消耗量(或定额费用)

月末在产品总定额=$\sum$[某工序月末在产品数量×

该工序单位在产品定额消耗量(或定额费用)]

【例3-39】某厂生产的主要产品戊产品是定型产品，有比较健全的定额资料和定额管理制度。戊产品单位产品原材料消耗定额为800元，工时消耗定额为90小时。本月完工产品2 000件。月末盘点停留在各工序的在产品为800件，其中第一工序在产品有300件，单位在产品原材料消耗定额为 600 元,工时消耗定额为 10 小时;第二工序在产品有 280 件,单位在产品原材料消耗定额为 700 元,工时消耗定额为 45 小时;第三工序在产品有 220 件,单位在产品原材料消耗定额为 800 元,工时消耗定额为 80 小时。根据产品生产成本明细账提供的资料,戊产品月初在产品成本为 288 460 元,其中直接材料费用 206 592 元,直接人工费用 51 168 元,制造费用 30 700 元;本月发生生产费用为 2 800 820 元,其中直接材料费用 1 859 328 元,直接人工费用 588 432 元,制造费用 353 060 元。

根据上述资料,本月完工产品和月末在产品的总定额可以计算如下:

① 本月完工产品总定额。

原材料定额总成本= 800×2 000=1 600 000(元)

工时消耗总定额=90×2 000=180 000(小时)

② 月末在产品总定额。

原材料定额总成本=600×300+ 700×280+ 800×220

$$=552\ 000(元)$$

工时消耗总定额=10×300+45×280+80×220

$$=33\ 200(小时)$$

2) 计算费用分配率

采用定额比例法,既可以按原材料定额消耗量、工时定额消耗量分配费用;又可以按各成本项目的定额成本(费用)分配费用。因此,费用分配率的计算公式可以有多种。但基本计算公式为

$$某成本项目费用分配率=\frac{该成本项目生产费用合计数}{本月完工产品定额+月末在产品总定额}$$

根据例 3-39 提供的资料,各成本项目的费用分配率可以计算如下:

$$直接材料费用分配率=\frac{206\ 592+1\ 859\ 328}{1\ 600\ 000+552\ 000}=0.96$$

上述分配率分母为定额成本,因此计算结果表示实际材料费用为定额材料费用的 96%,戊产品材料费用节约了 4%。

$$直接人工费用分配率=\frac{51\ 168+588\ 432}{180\ 000+33\ 200}$$

$$=3(元/小时)$$

$$制造费用分配率=\frac{30\ 700+353\ 060}{180\ 000+33\ 200}$$

$$=1.8(元/小时)$$

直接人工费用和制造费用分配率是按定额工时消耗总量计算的,它表明每一定额工时实际分配的直接人工费用为 3 元,制造费用为 1.8 元。

3) 计算月末在产品成本和本月完工产品成本

费用分配率是按成本项目计算的，月末在产品和本月完工产品成本也应按成本项目分别计算。计算公式如下：

月末在产品成本=月末在产品总定额×费用分配率

本月完工产品成本=本月完工产品总定额×费用分配率

=月初在产品成本+本月生产费用−月末在产品成本

根据例 3-39 提供的资料，戊产品月末在产品成本和本月完工产品成本可以计算如下：

① 月末在产品成本。

"直接材料"项目：552 000×0.96=529 920(元)

"直接人工"项目：33 200×3=99 600(元)

"制造费用"项目：33 200×1.8=59 760(元)

月末在产品总成本=529 920+99 600+59 760

=689 280(元)

② 本月完工产品成本。

"直接材料"项目：1 600 000×0.96=1 536 000(元)

"直接人工"项目：180 000×3=540 000(元)

"制造费用"项目：180 000×1.8=324 000(元)

本月完工产品总成本=1 536 000+540 000+324 000

=2 400 000(元)

本月完工产品单位成本=2 400 000÷2 000=1 200(元)

根据成本计算结果，编制结转本月完工入库戊产品总成本的会计分录如下：

借：库存商品——戊产品　　　　　　　　　　2 400 000

　　贷：基本生产成本——戊产品　　　　　　　　　　2 400 000

上述成本计算过程在戊产品生产成本明细账中的登记见表 3-46。

表 3-46 产品生产成本明细账(例 3-39)

产品：戊产品　　　　　　　　　　××年×月　　　　　　　　　　元

摘　要	直接材料	直接人工	制造费用	合　计
月初在产品成本/元	206 592	51 168	30 700	288 460
本月发生生产费用/元	1 859 328	588 432	353 060	2 800 820
生产费用合计/元	2 065 920	639 600	383 760	3 089 280
完工产品总定额	1 600 000	180 000	180 000	×
月末在产品总定额	552 000	33 200	33 200	×
定额合计	2 152 000	213 200	213 200	×
费用分配率	0.96	3	1.8	×

续表

摘　要	直接材料	直接人工	制造费用	合　计
完工产品总成本/元	1 536 000	540 000	324 000	2 400 000
月末在产品总成本/元	529 920	99 600	59 760	689 280

7. 在产品按定额成本计价法

采用这种方法,是指月末在产品按预先制定的定额成本计算,生产费用脱离定额的差异,全部由完工产品成本负担。

这种方法简化了生产费用在月末在产品和本月完工产品之间的分配。但由于它将生产费用脱离定额的差异,全部计入了当月完工产品成本,因此只适用于各项消耗定额和费用定额比较准确、稳定,定额管理基础工作较好,并且各月在产品数量也比较稳定的产品。否则,将影响本月完工产品成本计算的准确性,不利于产品成本的分析和考核。

采用这种方法,月末在产品定额成本应根据月末在产品实际盘存数量和预先制定的费用(成本)定额计算。有关计算公式如下:

月末在产品直接材料成本=月末在产品实际数量×单位在产品材料定额成本

月末在产品直接人工成本=月末在产品完成定额工时×单位工时定额工资

或　　　　　　　　　　　　=月末在产品实际数量×单位在产品定额工资

月末在产品制造费用=月末在产品完成定额工时×单位工时定额制造费用

或　　　　　　　　　　　=月末在产品实际数量×单位在产品定额制造费用

本月完工产品实际总成本=月初在产品定额成本+本月发生的生产费用-

月末在产品定额成本

【例 3-40】　某厂生产的戊产品月初在产品成本为 288 460 元(按定额成本计价),本月实际发生生产费用 2 800 820 元。本月完工戊产品 2 000 件,月末在产品 800 件,其中第一工序 300 件,第二工序 280 件,第三工序 220 件。单位在产品直接材料费用定额第一工序为 600 元,第二工序为 700 元,第三工序为 800 元。戊产品单位产品的定额工时为 90 小时,其中第一工序 20 小时,第二工序 50 小时,第三工序 20 小时;月末在产品在各工序的加工程度均为 50%。戊产品每一定额工时的直接人工费用定额为 3 元,制造费用定额为 2 元。该产品采用在产品按定额成本计价法,月末在产品成本和本月完工产品成本计算如下:

① 月末在产品定额成本。

在产品直接材料定额成本=300×600+280×700+220×800=552 000(元)

在产品完成的定额总工时=(20×50%)×300+(20+50×50%)×280+(20+50+

20×50%)×220=33 200(小时)

在产品直接人工定额成本=33 200×3=99 600(元)

在产品制造费用定额成本=33 200×2=66 400(元)

在产品定额总成本=552 000+99 600+66 400=718 000(元)

② 完工产品实际总成本。

288 460+2 800 820-718 000=2 371 280(元)

根据成本计算结果，编制结转完工入库戊产品成本的会计分录如下：

借：库存商品——戊产品　　　　　　　　2 371 280

　　贷：生产成本——戊产品　　　　　　　　　2 371 280

上述成本计算过程在戊产品生产成本明细账中的登记见表3-47。

表3-47　产品生产成本明细账(例3-40)

产品：戊产品　　　　　　　　　　××年×月　　　　　　　　　　　　元

摘　要	材料费用	人工费用	制造费用	合　计
月初在产品成本	206 592	51 168	30 700	288 460
本月发生生产费用	1 859 328	588 432	353 060	2 800 820
生产费用合计	2 065 920	639 600	383 760	3 089 280
本月完工产品总成本	1 513 920	540 000	317 360	2 371 280
月末在产品成本	552 000	99 600	66 400	718 000

从表3-47可以看到，该产品月初在产品成本为288 460元，月末在产品成本为718 000元，说明在产品数量变化较大，并不宜于采用定额成本法计算在产品成本，这一举例采用例3-39的资料，主要是方便读者与定额比例法比较。

复习思考题

一、简答题

1. 怎样分配原材料费用？

2. 直接进行产品生产的生产工人工资，如何在各种产品之间进行分配？

3. 如何计算和分配固定资产折旧费用？

4. 简述辅助生产费用的归集。

5. 简述辅助生产费用分配的特点。

6. 辅助生产费用的分配方法有哪些？

7. 辅助生产费用的交互分配法的特点是什么？

8. 辅助生产费用按计划成本分配法的特点是什么？

9. 怎样核算制造费用？有哪些分配方法？

10. 简要说明按年度计划分配率分配法的特点、适用范围和优缺点。

11. 怎样进行期间费用的核算？

12. 什么叫废品损失？什么叫废品的报废损失？

13. 怎样进行不可修复废品损失的归集和分配？

14. 完工产品和月末在产品之间分配费用，一般采用哪几种分配方法？确定采用什么分配方法时应考虑哪些具体条件？

15. 试述在产品按所耗原材料费用计价法的特点及其适用范围。

16. 试述约当产量法的特点及其适用范围。

17. 怎样测定在产品的完工程度(完工率)？

18. 试述在产品按定额成本计价法的特点及其适用范围。

19. 试述定额比例法的特点及其适用范围。

二、判断题(正确的画"√"，错误的画"×")

1. 直接生产费用都是直接计入费用。 （　　）

2. 间接计入费用应采用适当的分配方法，分配以后分别记入各产品成本明细账及有关成本项目。 （　　）

3. 直接用于辅助生产的费用及用于基本生产和辅助生产的费用，但没有专设成本项目，应分别记入"辅助生产成本"和"制造费用"科目。 （　　）

4. 生产经营过程中发生的各项期间费用，不计入产品成本，冲减当月损益。 （　　）

5. 购建固定资产等资本性支出，不计入产品成本，应计入期间费用。 （　　）

6. 用于几种产品生产共同耗用的、构成产品实体的原材料费用，可以直接计入各种产品成本。 （　　）

7. 几种产品共同耗用原材料，在材料消耗定额比较准确的情况下，原材料费用可以按照产品的材料定额消耗量或材料定额费用比例分配。 （　　）

8. 按材料定额消耗量比例分配与按材料定额费用比例分配，两种分配方法计算结果是不相同的。 （　　）

9. 直接用于产品生产的动力费用，应借记"基本生产成本"总账科目及所属产品成本明细账"燃料及动力"成本项目。 （　　）

10. 用于基本生产车间和辅助生产车间照明用电及行政管理部门照明用电不计入成本，应计入管理费用。 （　　）

11. 固定资产折旧费是产品成本的组成部分，应该全部计入产品成本。 （　　）

12. 未使用和不需用的固定资产一律不应计提折旧。 （　　）

13. 房屋建筑物不论是否使用都应计提折旧。 （　　）

14. 月份内增加的固定资产当月不提折旧，月份内减少的固定资产当月照提折旧。 （　　）

15. 借款的利息费用不应计入产品成本，应全部作为期间费用，借记"财务费用"

科目。 （ ）

16. 企业发生的其他费用支出，如差旅费、邮电费、保险费、办公费、水电费、业务招待费等，应按照费用的用途进行归类，分别计入产品成本和期间费用。 （ ）

17. 辅助生产成本明细账一般应按车间及产品或劳务的种类设置，账内按照成本项目或费用项目设置专栏。 （ ）

18. 采用直接分配法分配辅助生产费用时，应考虑各辅助生产车间之间相互提供产品或劳务的情况。 （ ）

19. 采用交互分配法分配辅助生产费用时，对外分配的辅助生产费用，应为交互分配前的费用加上交互分配时分配转入的费用。 （ ）

20. 采用代数分配法分配辅助生产费用时，应用代数中解联立方程的原理，直接分配各受益车间、部门应负担的费用，不需计算辅助生产产品或劳务的单位成本。 （ ）

21. 采用计划成本分配法分配辅助生产费用时，计算出的辅助生产车间实际发生的费用，是完全的实际费用。 （ ）

22. 制造费用所采用的所有分配方法，分配结果"制造费用"科目期末都没有余额。 （ ）

23. 期间费用包括管理费用、财务费用和辅助生产费用。 （ ）

24. 废品损失是指废品的报废损失，即不可修复废品的生产成本扣除回收材料、废料价值后的净损失。 （ ）

三、单项选择题

1. 用于生产产品构成产品实体的原材料费用，应记入下列_____科目。
   A. "基本生产成本"　　　　　　　B. "制造费用"
   C. "废品损失"　　　　　　　　　D. "销售费用"

3. 基本生产车间或辅助生产车间计提的固定资产折旧费，应借记_____。
   A. "基本生产成本"科目　　　　　B. "管理费用"科目
   C. "制造费用"科目　　　　　　　D. "待摊费用"科目

4. 企业行政管理部门计提的固定资产折旧费，应借记_____。
   A. "预提费用"科目　　　　　　　B. "财务费用"科目
   C. "管理费用"科目　　　　　　　D. "销售费用"科目

5. 企业为筹集资金而发生(支付)的手续费等，应借记_____。
   A. "制造费用"科目　　　　　　　B. "财务费用"科目
   C. "管理费用"科目　　　　　　　D. "销售费用"科目

6. 生产费用要素中的税金，发生或支付时应借记_____。
   A. "基本生产成本"科目　　　　　B. "制造费用"科目
   C. "管理费用"科目　　　　　　　D. "销售费用"科目

7. 辅助生产车间完工入库的修理用备件，贷记"辅助生产成本"科目，借记_____。

    A. "低值易耗品"科目   B. "修理用备件"科目

    C. "原材料"科目   D. "自制半成品"科目

8. 属于辅助生产费用的分配方法是_____。

    A. 计划成本分配法   B. 年度计划分配率分配法

    C. 约当产量比例法   D. 定额比例法

9. 辅助生产费用的直接分配法，是将辅助生产费用_____。

    A. 直接计入基本生产成本的方法

    B. 直接计入辅助生产成本的方法

    C. 直接分配给辅助生产以外的各受益单位的方法

    D. 直接分配给所有受益单位的方法

10. 基本生产车间耗用的消耗材料，应记入下列科目的借方_____。

    A. "制造费用"科目   B. "生产成本"科目

    C. "管理费用"科目   D. "财务费用"科目

11. 适用于季节性生产的车间分配制造费用的方法是_____。

    A. 生产工时比例法   B. 生产工资比例法

    C. 机器工时比例法   D. 年度计划分配率分配法

12. 期间费用核算内容不应包括_____。

    A. 财务费用核算   B. 管理费用核算

    C. 销售费用核算   D. 制造费用核算

13. 生产过程中发现的或入库后发现的各种产品的废品损失应包括_____。

    A. 不可修复废品报废损失   B. 废品过失人员赔偿款

    C. 实行"三包"损失   D. 管理不善损坏变质损失

14. 不可修复废品成本应按废品_____计算。

    A. 计划成本   B. 制造费用

    C. 所耗定额费用   D. 先进先出

15. 某种产品月末在产品数量较大，各月末在产品数量变化也较大，原材料费用占产品成比重较大，月末在产品与完工产品之间费用分配，应采用_____。

    A. 约当产量比例法   B. 在产品按定额成本计价法

    C. 定额比例法   D. 在产品按所耗原材料费用计价法

16. 某种产品月末在产品数量较大，各月末在产品数量变化也较大，产品成本中原材料费用和工资等其他费用所占比重相差不多，应采用_____。

    A. 定额比例法   B. 约当产量比例法

    C. 固定成本计价法   D. 按在产品所耗原材料计价法

17. 某企业定额管理基础比较好，能够制定比较准确、稳定的消耗定额，各月末在产品数量变化不大的产品，应采用_____。

    A. 在产品按定额成本计价法   B. 定额比例法

    C. 在产品按所耗原材料费用计价法   D. 固定成本计价法

18. 某企业定额管理基础比较好，能够制定比较准确、稳定的消耗定额，各月末在产品数量变化较大的产品，应采用_____。

    A. 定额比例法   B. 在产品按定额成本计价法

    C. 在产品按所耗原材料费用计价法   D. 固定成本计价法

19. 按完工产品和月末在产品数量比例，分配计算完工产品和月末在产品成本，必须具备下列条件_____。

    A. 在产品已接近完工   B. 原材料在生产开始时一次投料

    C. 在产品原材料费用比重较大   D. 各项消耗定额比较准确、稳定

20. 在计算完工产品成本时，如果不计算在产品成本，必须具备下列条件_____。

    A. 各月末在产品数量比较稳定   B. 各月末在产品数量很少

    C. 各月末在产品数量较大   D. 定额管理基础较好

21. 产品所耗原材料费用在生产开始时一次投料，其完工产品与月末在产品的原材料费用，应按完工产品和月末在产品的下列比例分配计算_____。

    A. 所耗原材料数量   B. 在产品约当产量

    C. 在产品数量之半   D. 完工产品在产品数量

22. 下列方法中属于完工产品与月末在产品之间分配费用的方法是_____。

    A. 直接分配法   B. 计划成本分配法

    C. 生产工时比例法   D. 定额比例法

四、多项选择题

1. 生产经营过程中领用的材料，按照用途进行归类，生产产品耗用、生产车间耗用、企业行政管理部门耗用，应分别记入下列_____科目。

    A. "基本生产成本"   B. "制造费用"

    C. "管理费用"   D. "销售费用"

2. 材料费用的分配标准有_____。

    A. 材料定额消耗量   B. 材料定额费用

    C. 产品体积   D. 产品工时定额

3. 计入产品成本的各种材料费用，按照其用途分配，应记入下列科目的借方_____。

    A. "待摊费用"   B. "预提费用"

    C. "制造费用"   D. "基本生产成本"

4. 本月应计提折旧的固定资产有_____。

    A. 使用的机器设备   B. 本月增加的固定资产

    C. 本月减少的固定资产   D. 融资租赁方式租入的固定资产

5. 辅助生产车间对各受益单位分配费用的方法有_____。

    A. 生产工资比例法   B. 直接分配法

    C. 交互分配法   D. 按年度计划分配率分配法

6. 辅助生产车间不设"制造费用"科目核算是因为_____。

    A. 辅助生产车间规模较小,发生制造费用较少

    B. 辅助生产车间不对外销售产品

    C. 为了简化核算工作

    D. 没有必要

7. 按计划成本分配法分配辅助生产费用的优点是_____。

    A. 分配结果最正确

    B. 简化和加速了分配的计算工作

    C. 便于考核和分析各受益单位经济责任

    D. 能够反映辅助生产车间产品或劳务的成本差异

8. 制造费用的分配方法有_____。

    A. 计划成本分配法   B. 直接分配法

    C. 生产工时比例法   D. 机器工时比例法

9. 废品损失应该包括_____。

    A. 不可修复废品的报废损失   B. 可修复废品的修复费用

    C. 不合格品的降价损失   D. 产品保管不善的损坏变质损失

10. 可修复废品的修复费用应该包括_____。

    A. 修复废品的材料费用   B. 修复废品的工资费用

    C. 修复废品的动力费用   D. 修复废品的销售费用

11. 完工产品与在产品之间分配费用,采用在产品按固定成本计价法,适用于_____的产品。

    A. 各月末在产品数量很大

    B. 各月末在产品数量较小

    C. 各月末在产品数量变化较大

    D. 各月末在产品数量虽大,但各月之间变化不大

12. 选择完工产品与在产品之间费用分配方法时,应考虑的条件是_____。

    A. 在产品数量的多少   B. 各月末在产品数量变化的大小

    C. 各项费用比重的大小   D. 定额管理基础好坏

13. 完工产品与在产品之间分配费用，采用在产品固定成本计价法，适用于_____的产品。

　　A. 各月末在产品数量较小

　　B. 各月末在产品数量较大

　　C. 各月末在产品数量虽大，但各月之间变化不大

　　D. 各月成本水平相差不大

14. 约当产量比例法适用于_____的分配。

　　A. 原材料费用　　　　　　　　　B. 各种费用

　　C. 工资等其他加工费用　　　　　D. 随生产进度陆续投料的原材料费用

15. 采用在产品按所耗原材料费用计价法，分配完工产品和月末在产品费用，应具备的条件是_____。

　　A. 原材料费用在产品成本中占比重较大

　　B. 各月末在产品数量比较稳定

　　C. 各月末在产品数量较大

　　D. 各月末在产品数量变化较大

16. 采用在产品按定额成本计价法分配完工产品和月末在产品费用，应具备的条件是_____。

　　A. 定额管理基础较好　　　　　　B. 各项消耗定额变动较大

　　C. 各月末在产品数量变化较小　　D. 各月末在产品数量变化较大

17. 采用约当产量比例法，必须正确计算在产品的约当产量，而在产品约当产量正确与否，取决于在产品完工程度的测定，测定在产品完工程度(完工率)的方法有_____。

　　A. 定额工时

　　B. 按50%平均计算各工序完工率(完工程度)

　　C. 分工序分别计算完工率(完工程度)

　　D. 按定额比例法计算

18 确定完工产品与月末在产品之间分配费用的方法时，应考虑的条件是_____。

　　A. 各月末在产品数量的多少

　　B. 月初月末在产品数量变化的大小

　　C. 产品成本中各项费用比重的大小

　　D. 定额管理基础的好坏

五、核算与计算题

1. 材料按定额费用比例分配

【资料】某企业生产甲、乙两种产品，耗用原材料费用共计 62 400 元。本月投产甲产品 220 件，乙产品 256 件。单件原材料费用定额：甲产品 120 元，乙产品 100 元。

【要求】采用原材料定额费用比例分配甲、乙产品实际耗用原材料费用(计算材料费用分配率、分配实际原材料费用)。

2. 材料按定额消耗量比例分配

【资料】某企业生产甲、乙两种产品,共同耗用某种原材料费用 10 500 元。单件产品原材料消耗定额:甲产品 15 公斤,乙产品 12 公斤。产量:甲产品 100 件,乙产品 50 件。

【要求】按原材料定额消耗量比例分配计算甲、乙产品实际耗用原材料费用。

3. 外购动力费用分配

【资料】8 月份某企业耗电 40 000 度,每度电费的单价 0.40 元,应付电费 16 000 元,未付。该企业基本生产车间耗电 33 000 度,其中车间照明用电 3 000 度,企业行政管理部门耗用 7 000 度。企业基本生产车间生产 A、B 两种产品,A 产品生产工时 36 000 小时,B产品生产工时 24 000 小时。

【要求】按所耗电度数分配电力费用,A、B 产品按生产工时分配电费,编制分配电力费用的会计分录。

4. 按定额工时比例分配工资薪酬

【资料】根据本月份工资结算凭证汇总的工资费用为:基本生产车间生产甲、乙两种产品,生产工人的计时工资共计 48 160 元,管理人员工资 1 840 元。甲产品完工 10 000 件,乙产品完工 8 000 件。单件产品工时定额:甲产品 3.2 小时,乙产品 3 小时。

【要求】按定额工时比例分配甲、乙产品生产工人工资,编制工资分配的会计分录。

5. 编制原材料费用分配表

【资料】某基本生产车间生产 A、B 两种产品,根据领料单凭证归类汇总后,编制下列原材料耗用表。见表 3-48。

表 3-48　原材料耗用表

原材料名称	计划单位成本/元	A 产品消耗定额/千克	B 产品消耗定额/千克	实际消耗总量/千克
甲	0.20	340	350	74 480
乙	0.60	60	50	11 400
丙	0.80	10	8	1 862
丁	1.00	6	2	840

本月投产甲产品 100 件,乙产品 120 件。材料成本差异节约 5%。

【要求】编制原材料费用分配表,计算 A、B 产品原材料实际费用。

6. 辅助生产费用发生的核算

【资料】某企业辅助生产车间生产低值易耗品专用工具一批,为了简化核算,不单独核算辅助生产制造费用。本月发生费用如下:

(1) 生产专用工具领用原材料 6 800 元，车间一般性耗料 600 元。

(2) 生产工人工资薪酬 6 400 元，其他人员工资 1 000 元。

(3) 按工资薪酬 14% 的比例提取应付福利费。

(4) 燃料和动力费用 2 800 元，通过银行转账支付。

(5) 计提固定资产折旧费 2 200 元。

(6) 以银行存款支付修理费、水费、邮电费、办公费、劳动保护费等，共计 1 600 元。

(7) 专用工具完工，结转实际成本。

【要求】编制会计分录(列示"基本生产成本"二级科目)。

7. 辅助生产费用分配的直接分配法

【资料】某企业设有修理和运输两个辅助生产车间、部门。修理车间本月发生费用 4 510 元，提供修理劳务量 2 600 小时，其中，为运输部门修理 400 小时，为基本生产车间修理 200 小时，为行政管理部门修理 200 小时，修理费用按修理工时比例分配。运输部门本月发生的费用 7 920 元，运输材料物资 7 500 吨公里，其中，为修理车间提供运输劳务 300 吨公里，为基本生产车间提供运输劳务 5 200 吨公里，为企业行政管理部门提供运输劳务 2 000 吨公里。

【要求】采用直接分配法计算分配修理、运输费用，编制对外分配的会计分录("基本生产成本"科目列示明细科目)。

8. 编制辅助生产成本分配表(采用交互分配法)

【资料】某企业设有修理、运输两个辅助生产车间、部门，本月发生辅助生产费用、提供劳务量等见表 3-49。

表 3-49　辅助生产费用表

辅助生产名称		修理车间	运输部门
待分配费用		5 040 元	9 000 元
劳务供应数量		2 100 小时	7 500 吨公里
耗用劳务数量	修理车间		300 吨公里
	运输部门	100 小时	
	基本生产车间	1 800 小时	6 600 吨公里
	管理部门	200 小时	600 吨公里

【要求】采用交互分配法编制辅助生产成本分配表，编制交互分配和对外分配的会计分录("基本生产成本"、"制造费用"科目列示明细科目)。

9. 辅助生产费用分配的计划成本分配法

【资料】某企业修理车间和运输部门本月有关经济业务汇总如下：修理车间发生费用 35 000 元，提供修理劳务 20 000 小时，其中，为运输部门提供 3 000 小时，为基本生产车间提供 16 000 小时，为管理部门提供 1 000 小时。运输部门发生费用 46 000 元，提供运输 40 000 吨公里，其中，为修理车间提供 3 500 吨公里，为基本生产车间提供 30 000 吨公里，为管理部门提供 6 500 吨公里。计划单位成本：修理每小时 2 元，运输每吨公里 1.20 元。

【要求】采用计划成本分配法分配。

(1) 计算按计划成本分配合计数额。

(2) 计算辅助生产(修理、运输)实际成本数额。

(3) 计算辅助生产成本差异。

(4) 编制按计划成本分配和辅助生产成本差异的会计分录("基本生产成本"、"制造费用"科目列示明细科目)。

10. 制造费用的核算

【资料】某基本生产车间生产甲、乙、丙三种产品，共计生产工时 22 000 小时，其中，甲产品 7 500 小时，乙产品 8 500 小时，丙产品 6 000 小时，本月发生各种间接费用如下：

(1) 以银行存款支付劳动保护费 1 300 元。

(2) 车间管理人员工资薪酬 4 000 元。

(3) 按车间管理人员工资薪酬的 14%提取应付福利费。

(4) 车间消耗材料 1 700 元。

(5) 车间固定资产折旧费 1 600 元。

(6) 预提修理费 500 元。

(7) 本月摊销保险费 400 元。

(8) 辅助生产成本(修理、运输费)转入 1 200 元。

(9) 以银行存款支付办公费、水电费、邮电费及其他支出等共计 1 940 元。

(10) 采用生产工时比例法在各种产品之间分配制造费用。

【要求】根据上列资料编制制造费用发生和分配的会计分录("基本生产成本"科目列示明细科目)。

11. 按年度计划分配率分配制造费用

【资料】某企业基本车间全年制造费月计划为 234 000 元，全年各种产品的计划产量：甲产品 19 000 件，乙产品 6 000 件，丙产品 8 000 件。单件产品工时定额：甲产品 5 小时，乙产品 7 小时，丙产品 7.25 小时。本月份实际产量：甲产品 1 800 件，乙产品 700 件，丙产品 500 件。本月份实际发生的制造费用为 20 600 元。

【要求】按年度计划分配率分配制造费用。

(1) 计算各种产品年度计划产量的定额工时。

(2) 计算年度计划分配率。

(3) 计算各种产品本月实际产量的定额工时。

(4) 各种产品本月应分配制造费用。

(5) 编制制造费用分配的会计分录("生产成本"科目列示明细科目)，并登记"制造费用"、"生产成本"等总账。

12. 不可修复废品损失的核算(实际成本)

【资料】某生产车间生产乙产品本月投产 300 件，完工验收入库发现废品 8 件；合格品生产工时 8760 小时，废品工时 240 小时。乙产品成本明细账所记合格品和废品的全部生产费用为：原材料 12 000 元，燃料和动力 10 800 元，工资和福利费 12 600 元，制造费用 7 200 元。原材料是生产开始时一次投入。废品残料入库作价 50 元。

【要求】根据以上资料，编制不可修复废品损失计算表，并编制有关废品损失的会计分录("生产成本"、"废品损失"科目列示明细科目)。

13. 月末在产品按所耗原材料费用计价法

【资料】某企业乙产品的原材料在生产开始时一次投料，产品成本中原材料费用所占比重很大，月末在产品按所耗原材料费用计价，5 月份月初在产品费用 2 800 元。5 月份生产费用包括原材料费用 12 200 元，燃料和动力费用 4 000 元，工资和福利费用 2 800 元，制造费用 800 元。本月完工产品 400 件，月末在产品 200 件。

【要求】

(1) 分配计算乙产品完工产品成本和月末在产品成本。

(2) 登记乙产品成本明细账。

14. 在产品完工率的计算

【资料】某产品经两道工序制成，完工产品工时定额为 40 小时，第 1 工序为 14 小时，第 2 工序为 26 小时。每道工序在产品工时定额按本工序工时定额的 50%计算。

【要求】计算该产品第 1、第 2 两道工序在产品的完工率。

15. 在产品完工率(投料率)的计算

【资料】某产品经两道工序制成，各工序原材料消耗定额为：第 1 工序 260 公斤，第 2 工序 140 公斤。

【要求】

(1) 计算各工序完工率(原材料在各该工序生产开始时一次投料的完工率，即投料率)。

(2) 计算各工序完工率(原材料在各该工序生产开始后陆续投料的完工率，即投料率)。

16. 在产品完工率、约当产量的计算

【资料】甲产品分两道工序制成，甲产品工时定额为 50 小时，其中，第 1 工序 26 小时，第 2 工序 24 小时，每道工序按本工序工时定额的 50%计算。在产品数量：第 1 工序 1 200 件，第 2 工序 1 500 件。

【要求】

(1) 分工序计算在产品的完工率。

(2) 分工序计算在产品的约当产量。

17. 在产品按定额成本计价法

【资料】某产品各项消耗定额比较准确、稳定，各月在产品数量变化不大，月末在产品按定额成本计价。该产品月初和本月发生的生产费用合计:原材料费用48 020元,工资和福利费15 250元,制造费用12 000元。原材料生产开始时一次投料,单位产品原材料费用定额70元。完工产品产量420件,月末在产品100件,定额工时共计1 300小时。每小时费用定额:工资2.05元,制造费用2.40元。

【要求】采用月末在产品按定额成本计价法,分配计算月末在产品定额成本和完工产品成本,登记某产品成本明细账。

18. 定额比例法

【资料】某企业生产甲产品采用定额比例法分配费用,原材料费用按定额费用比例分配。其他费用按定额上时比例分配。9月份甲产品生产成本明细账部分数据如表3-50所示。

表3-50 甲产品成本明细账 元

摘 要		原 材 料	工资和福利费	制造费用	合 计
月初在产品费用		1 120	950	830	29 00
本月生产费用		8 890	7 660	6 632	23 182
生产费用累计					
完工产品	定额	5 600	3 860(工时)		
	实际				
月末在产品	定额	3 500	1 880(工时)		
	实际				

【要求】

(1) 计算各项费用分配率。

(2) 分配计算完工产品和月末在产品成本。

(3) 登记甲产品成本明细账。

19. 完工产成品入库的核算

【资料】某企业基本生产车间完工入库产成品1 200件,计划单位成本28元,实际总成本33 000元;完工交库自制材料1 400公斤,计划单位成本3元,实际总成本4 350元;辅助生产车间完工交库自制工具一批,计划总成本3 850元,实际总成本3 770元。

【要求】采用计划成本计价,编制完工产成品等计划成本和结转成本差异的会计分录。

第四章

成本核算的基本方法

　　学习目标：通过本章的学习，要求理解各种成本核算方法的定义、特点和适用范围，熟练掌握各种成本核算方法的基本程序和基本计算方法，并能根据企业生产特点和管理要求，正确选择和灵活运用各种成本核算方法。

　　关键概念：成本核算对象　单步骤生产　多步骤生产　大量生产　成批生产　单件生产　产品成本核算的主要方法　产品成本核算的基本方法　产品成本核算的辅助方法　产品成本核算品种法　产品成本核算分批法　简化的分批法　累计间接计入费用分配率　产品成本核算分步法　逐步结转分步法　综合结转法　成本还原　分项结转法　平行结转分步法　广义在产品

第一节　成本核算的品种法

一、成本核算的品种法概述

1. 品种法的含义

　　产品成本核算的品种法简称品种法，它是以产品品种作为成本核算对象来汇集生产费用，并计算产品成本的一种方法。品种法是产品成本核算的最基本的方法，其他成本核算方法都是由此发展起来的。

2. 品种法的特点

　　品种法在成本核算对象、成本核算期和生产费用分配三个方面有如下特点：

　　(1) 以产品品种(主要是企业最终产品的品种)为成本核算对象，开设产品成本核算单或生产成本明细账。如果企业只生产一种产品，那么企业发生的各项生产费用都是直接费用，可直接计入该种产品成本核算单。如果企业同时生产两种或两种以上产品，则应按产品品种分别开设产品成本核算单，并按成本项目设置专栏。生产产品直接发生的费用直接计入各成本核算对象的成本核算单，共同发生的费用按一定的分配标准分配计入各成本核算对象的成本核算单的有关栏目。

　　(2) 一般按月定期(每月月末)计算产品成本。在大量大批生产的企业，由于连续不断地生产出产品，在产品陆续完工时随之计算其成本有一定的难度，因此，一般定期在月末计算当月产出的产品成本。成本核算期与会计报告期一致，而与产品生产周期不一致。

(3) 品种法适用于多步骤生产但不需要分步骤计算产品成本的企业，月末有的企业可能没有在产品或只有少量在产品，有的企业可能存在较多的在产品，因此，在月末计算产品成本时，如果没有或只有少量在产品，则不需要计算月末在产品成本，生产成本明细账上登记的全部生产费用，就是该产品的完工产品成本；如果在产品数量较多，占用费用较大，就需要将生产成本明细账上登记的全部生产费用采用适当的分配方法，在完工产品与月末在产品之间进行分配。

3. 品种法的成本核算程序

(1) 按产品品种开设产品成本核算单或生产成本明细账，并按成本项目设置专栏。有月末在产品成本的产品，还应在产品成本明细账中登记月初在产品成本。

(2) 根据各项生产费用发生的原始凭证和其他有关资料，编制各种要素费用分配表，分配各项要素费用。

(3) 根据各种要素费用分配表及其他费用凭证，登记产品成本核算单、辅助生产成本明细账、制造费用明细账、管理费用明细账等有关的明细账。

(4) 根据辅助生产成本明细账汇集的全月费用，编制辅助生产成本分配表，采用适当的分配方法，在各受益部门之间分配，并据以登记有关费用明细账。

(5) 根据制造费用明细账汇集的全月费用，编制制造费用分配表，采用适当的分配方法，在各种产品之间分配，并据以登记各种产品成本核算单。

(6) 根据产品成本核算单所汇集的全部生产费用，采用适当的分配方法在完工产品与月末在产品之间分配，计算当月完工产品与月末在产品的成本；编制完工产品成本汇总表，计算各种完工产品的总成本和单位成本。

品种法的成本核算程序图如图 4-1 所示。说明：

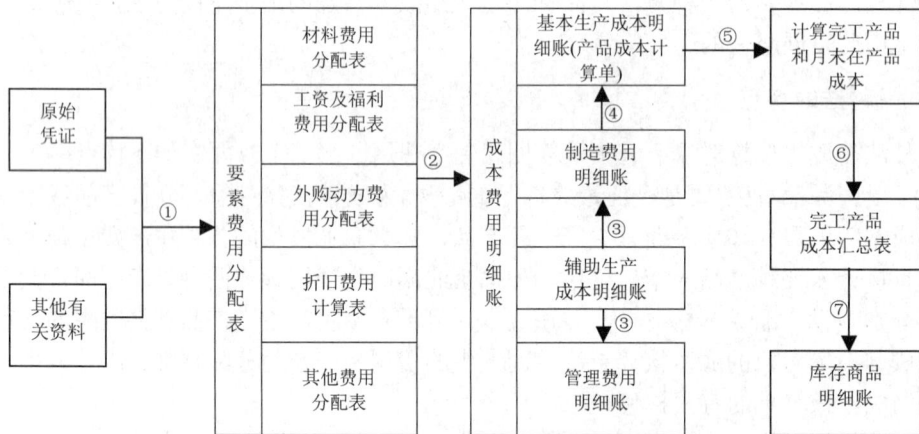

图 4-1　品种法的成本核算程序图

① 根据发生的各项生产费用，编制各种要素费用分配表。

② 根据各种要素费用分配表及相关凭证，登记有关成本、费用明细账。

③ 分配辅助生产成本。

④ 分配制造费用。

⑤ 在完工产品与月末在产品之间分配生产费用。

⑥ 编制完工产品成本汇总表，计算各种完工产品的总成本和单位成本。

⑦ 登记库存商品明细账。

4．品种法的适用范围

品种法在实际工作中的应用比较广泛，主要适用于：

(1) 大量大批单步骤生产的企业，如发电、采掘等。

(2) 大量大批多步骤、但整个生产过程连续进行，不可间断、或者生产是按流水线组织的、管理上又不要求分步骤计算产品成本的企业，如小型水泥厂、玻璃制品厂、糖果厂等。

(3) 企业内部为基本生产车间提供产品和劳务的某些辅助生产车间，如供电、供水、供气等辅助生产车间。

二、品种法的应用

(一)品种法基本实务

品种法是产品成本核算方法中最基本的一种方法，其计算过程体现着成本核算的一般程序。下面通过举例，将品种法所用账表联系起来，一方面可以了解和掌握品种法的特点，另一方面便于深入理解品种法成本核算的基本原理。

【例 4-1】 某工业企业设有一个基本生产车间和供电、机修两个辅助生产车间，大量生产甲、乙两种产品。甲、乙两种产品属于单步骤生产产品，根据生产特点和管理要求，甲、乙两种产品采用品种法计算产品成本。该企业"生产成本"总账下设"基本生产成本"和"辅助生产成本"两个二级账，"基本生产成本"二级账分甲、乙产品设置成本核算单，"辅助生产成本"二级账分设供电车间和机修车间明细账。"制造费用"核算基本生产车间发生的间接费用，本例题中的供电和机修车间由于提供产品或服务单一，发生的间接费用直接计入"辅助生产成本"所属明细账。成本核算单下设"直接材料"、"直接人工"和"制造费用"三个成本项目。本月有关成本核算资料如下：

(1) 月初在产品成本。甲、乙两种产品的月初在产品成本已分别计入各产品成本核算单(见表 4-12、表 4-13)。

(2) 本月生产数量。甲产品本月完工 300 件，月末在产品 100 件，实际生产工时 80 000 小时；乙产品本月完工 160 件，月末在产品 40 件，实际生产工时 70 000 小时。甲、乙两种产品的原材料都在生产开始时一次投入，加工费用发生比较均衡，月末在产品完工程度均为 50%。

本月发生的生产费用：

(1) 本月发出材料汇总表见表 4-1。

表 4-1　发出材料汇总表

元

领料部门和用途	材料类别			合　计
	原材料	包装物	低值易耗品	
基本生产车间				
其中：甲产品耗用	500 000	12 000		512 000
乙产品耗用	300 000	6 000		306 000
甲、乙产品共同耗用	32 000			32 000
车间一般耗用	5 000		400	5 400
辅助生产车间				
其中：供电车间耗用	3 000			3 000
机修车间耗用	2 200			2 200
厂部管理部门耗用	2 100		700	2 800
合　计	844 300	18 000	1 100	863 400

生产甲、乙两种产品共同耗用的材料，按甲、乙两种产品直接耗用原材料的比例分配。

(2) 本月工资结算汇总表及职工福利费用计算表(简化格式)见表 4-2。

表 4-2　工资及福利费用汇总表

元

人员类别	应付工资总额	应计提福利费	合　计
基本生产车间			
其中：产品生产工人	180 000	25 200	205 200
车间管理人员	15 000	2 100	17 100
辅助生产车间			
其中：供电车间	11 000	1 540	12 540
机修车间	9 000	1 260	10 260
厂部管理人员	20 000	2 800	22 800
合　计	235 000	32 900	267 900

(3) 本月以现金支付的费用为 2 600 元，其中，基本生产车间办公费 220 元，市内交通费 70 元；供电车间市内交通费 160 元；机修车间办公费 180 元，市内交通费 120 元；厂部管理部门办公费 1 500 元，市内交通费 350 元。

(4) 本月以银行存款支付的费用为 9 640 元，其中，基本生产车间劳保费 800 元，水费 1 500 元，差旅费 660 元，设计制图费 1 100 元；供电车间水费 450 元，劳保费 1 340 元；机修车间劳保费 300 元；厂部管理部门办公费 2 000 元，水费 750 元，招待费 260 元，电话费 480 元。

(5) 本月应计提固定资产折旧费 17 000 元，其中，基本生产车间 10 000 元，供电车间 1 000 元，机修车间 1 800 元，厂部管理部门 4 200 元。

(6) 根据"待摊费用"账户记录，本月应分摊财产保险费 2 300 元，其中，供电车间 500 元，机修车间 300 元，基本生产车间 1 150 元，厂部管理部门 350 元。

(二)成本核算程序

1. 编制各项要素费用分配表

根据各项生产费用发生的原始凭证和其他有关资料，编制各项要素费用分配表，分配各项要素费用。

(1) 分配材料费用，其中生产甲、乙两种产品共同耗用材料按甲、乙两种产品直接耗用原材料的比例分配。分配结果见表 4-3、表 4-4。

表 4-3 甲、乙产品共耗材料分配表   元

产　品	直接耗用原材料	分配率	分配金额
甲产品	500 000		20 000
乙产品	300 000		12 000
合　计	800 000	0.04	32 000

表 4-4 材料费用分配表   元

会计科目	明细科目	原材料	包装物	低值易耗品	合　计
基本生产成本	甲产品	520 000	12 000		532 000
	乙产品	312 000	6 000		318 000
	小计	832 000	18 000		850 000
辅助生产成本	供电车间	3 000			3 000
	机修车间	2 200			2 200
	小计	5 200			5 200

续表

会计科目	明细科目	原材料	包装物	低值易耗品	合 计
制造费用	基本生产车间	5 000		400	5 400
管理费用	修理费	2 100		700	2 800
合 计		844 300	18 000	1 100	863 400

(2) 分配工资及福利费用，分配结果见表4-5。

其中甲、乙两种产品应分配的工资及福利费用按甲、乙两种产品的实际生产工时比例分配。

表 4-5 工资及福利费用分配

分配对象		工 资			福 利		合计/元
会计科目	明细科目	分配标准/小时	分配率/(元/小时)	分配金额/元	分配率/(元/小时)	分配金额/元	
生产成本——基本生产成本	甲产品	80 000		96 000		13 440	109 440
	乙产品	70 000		84 000		11 760	95 760
	小计	150 000	1.2	180 000	0.168	25 200	205 200
生产成本——辅助生产成本	供电车间			11 000		1 540	12 540
	机修车间			9 000		1 260	10 260
	小计			20 000		2 800	22 800
制造费用	基本生产车间			15 000		2 100	17 100
管理费用	工资、福利费			20 000		2 800	22 800
合 计				235 000		32 900	267 900

(3) 分配固定资产折旧费用，分配结果见表4-6。

表 4-6 折旧费用计算表

元

会计科目	明细科目	费用项目	分配金额
制造费用	基本生产车间	折旧费	10 000
生产成本——辅助生产成本	供电车间	折旧费	1 000
	机修车间	折旧费	1 800
管理费用		折旧费	4 200
合 计			17 000

(4) 分配摊销待摊费用,分配结果见表4-7。

表4-7　待摊费用(财产保险费)分配表

元

会计科目	明细科目	费用项目	分配金额
制造费用	基本生产车间	保险费	1 150
生产成本——	供电车间	保险费	500
辅助生产成本	机修车间	保险费	300
管理费用		保险费	350
合　计			2 300

(5) 分配本月以现金和银行存款支付的费用,分配结果见表4-8。

表4-8　其他费用分配表

元

会计科目	明细科目	现金支付	银行存款支付	合　计
制造费用	基本生产车间	290	4 060	4 350
生产成本——	供电车间	160	1 790	1 950
辅助生产成本	机修车间	300	300	600
管理费用		1 850	3 490	5 340
合　计		2 600	9 640	12 240

2. 登记明细账及计算单

根据各项要素费用分配表登记有关辅助生产成本明细账(见表4-9、表4-10)、制造费用明细账(见表4-11)、产品成本核算单(见表4-12、表4-13)。

表4-9　辅助生产成本明细账(供电车间)

车间名称:供电车间　　　　　　　　　　　　　　　　　　　　　　　　元

年		凭证号	摘　要	直接材料	直接人工	制造费用	合　计
月	日						
(略)	(略)	(略)	材料费用分配表	3 000			3 000
			工资及福利费用分配表		12 540		12 540
			转入制造费用			3 450	3 450
			本期发生额合计	3 000	12 540	3 450	18 990
			期末结转各受益部门	-3 000	-12 540	-3 450	-18 990

表 4-10　辅助生产成本明细账(机修车间)

车间名称：机修车间 　　　　　　　　　　　　　　　　　　　　　　　　　　　　　　　　元

年		凭证号	摘　要	直接材料	直接人工	制造费用	合计
月	日						
(略)	(略)	(略)	材料费用分配表	2 200			2 200
			工资及福利费分配表		10 260		10 260
			转入制造费用			2 700	2 700
			本期发生额合计	2 200	10 260	2 700	15 160
			期末结转各受益部门	-2 200	-10 260	-2 700	-15 160

表 4-11　制造费用明细账

车间名称：基本生产车间 　　　　　　　　　　　　　　　　　　　　　　　　　　　　　　元

年		凭证号	摘要	材料费用	工资及福利费	折旧费	修理费	水电费	保险费	其他	合计
月	日										
(略)	(略)	(略)	材料费用分配表	5 400							5 400
			工资及福利费用分配表		17 100						17 100
			折旧计算表			10 000					10 000
			待摊费用分配表						1 150		1 150
			其他费用分配表							4 350	4 350
			辅助生产分配表				12 345	2 321			14 666
			本期发生额	5 400	17 100	10 000	12 345	2 321	1 150	4 350	52 666
			期末结转制造费用	-5 400	-17 100	-10 000	-12 345	-2 321	-1 150	-4 350	-52 666

表4-12 产品成本核算单(甲产品)

产品名称：甲产品　　　　　　　　产成品：300 件　　　　　　　　在产品：100 件

摘　要	直接材料	直接人工	制造费用	合　计
月初在产品成本/元	147 672	50 160	11 112	208 944
本月发生生产费用/元	538 328	109 440	28 088	675 856
生产费用合计/元	686 000	159 600	39 200	884 800
完工产品数量/件	300	300	300	
在产品约当量/件	100	50	50	
生产总量/件	400	350	350	
分配率(单位成本)/(元/件)	1 715	456	112	2 283
完工产品总成本/元	514 500	136 800	33 600	684 900
月末在产品成本/元	171 500	22 800	5 600	199 900

表4-13 产品成本核算单(乙产品)

产品名称：乙产品　　　　　　　　产成品：160 件　　　　　　　　在产品：40 件

摘　要	直接材料	直接人工	制造费用	合　计
月初在产品成本/元	49 462	12 240	2 422	64 124
本月发生生产费用/元	323 538	95 760	24 578	443 876
生产费用合计/元	373 000	108 000	27 000	508 000
完工产品数量/件	160	160	160	
在产品约当量/件	40	20	20	
生产总量/件	200	180	180	
分配率(单位成本)/(元/件)	1 865	600	150	2 615
完工产品总成本/元	298 400	96 000	24 000	418 400
月末在产品成本/元	74 600	12 000	3 000	89 600

3. 分配辅助生产费用

(1) 根据各辅助生产车间制造费用明细账汇集的制造费用总额，分别转入该车间辅助生产成本明细账。本例题中供电和机修车间提供单一产品或服务，未单独设置制造费用明细账，车间发生的间接费用直接计入各车间辅助生产成本明细账。

(2) 根据辅助生产成本明细账(见表4-9、表4-10)汇集的待分配辅助生产费用和辅助生产车间本月产品或劳务供应量，采用代数分配法分配辅助生产费用，并据以登记有关成本核算单和费用明细账。

本月供电和机修车间提供的产品或劳务量见表 4-14。设每度电的成本为 x 元，每小时机修费用的成本为 y 元：

列方程组
$$\begin{cases} 18\,990 + 400y = 40\,000x \\ 15\,160 + 2\,500x = 4\,000y \end{cases}$$

解得
$$\begin{cases} x = 0.5159 \\ y = 4.115 \end{cases}$$

辅助生产费用分配结果见表 4-14。

表 4-14　辅助生产费用分配表

受益部门	供　电 (单位成本 0.5159 元)		机　修 (单位成本 4.115 元)		合计 金额/元
	用电度数/度	分配金额/元	机修工时/小时	分配金额/元	
辅助生产车间					
其中：供电车间			400	1 646	1 646
机修车间	2 500	1 290			1 290
基本生产车间					
其中：产品生产	23 000	11 866			11 866
车间一般耗费	4 500	2 321	3 000	12 345	14 666
厂部管理部门	10 000	5 159	600	2 459	7 618
合　计	40 000	20 636	4 000	16 450	37 086

表 4-14 中基本生产车间产品生产用电分配的费用按甲、乙两种产品的实际生产工时比例分配，并记入产品成本核算单"直接材料"成本项目中，分配结果见表 4-15。

表 4-15　产品生产用电分配表

产　品	生产工时/小时	分配率/(元/小时)	分配金额/元
甲产品	80 000		6 328
乙产品	70 000		5 538
合　计	150 000	0.0791	11 866

辅助生产费用分配的会计分录如下：

借：辅助生产成本——供电车间　　　　　　　　1 646

　　　　　　　——机修车间　　　　　　　　1 290

　　基本生产成本——甲产品　　　　　　　　6 328

　　　　　　　——乙产品　　　　　　　　5 538

制造费用——基本生产车间	14 666
管理费用	7 618
贷：辅助生产成本——供电车间	20 636
——机修车间	16 450

4. 编制制造费用分配表

根据基本生产车间制造费用明细账(见表 4-11)汇集的制造费用总额，编制制造费用分配表，并据以登记有关成本核算单。

本例题按甲、乙两种产品的实际生产工时比例分配制造费用，分配结果见表 4-16。

制造费用分配的会计分录如下：

借：基本生产成本——甲产品	28 088
——乙产品	24 578
贷：制造费用——基本生产车间	52 666

表 4-16　制造费用分配表

车间名称：基本生产车间

产　品	生产工时/小时	分配率/(元/小时)	分配金额/元
甲产品	80 000		28 088
乙产品	70 000		24 578
合　计	150 000	0.3511	52 666

5. 在完工产品和月末在产品之间分配生产费用

根据各产品成本核算单汇集的生产费用合计数和有关生产数量记录，在完工产品和月末在产品之间分配生产费用，分配结果见表 4-12、表 4-13。

本月甲产品完工入库 300 件，月末在产品 100 件；乙产品完工入库 160 件，月末在产品 40 件。按约当产量法分别计算甲、乙两种产品的完工产品成本和月末在产品成本。月末在产品约当产量计算见表 4-17 和表 4-18。

表 4-17　在产品约当产量计算表(甲产品)

产品名称：甲产品

成本项目	在产品数量/件	投料程度(加工程度)/%	约当产量/件
直接材料	100	100	100
直接人工	100	50	50
制造费用	100	50	50

表 4-18　在产品约当产量计算表(乙产品)

产品名称：乙产品

成本项目	在产品数量/件	投料程度(加工程度)/%	约当产量/件
直接材料	40	100	40
直接人工	40	50	20
制造费用	40	50	20

6. 编制完工产品成本汇总表并结转完工入库产品成本

根据产品成本核算单的分配结果，编制完工产品成本汇总表(见表 4-19)，结转完工入库产品成本。会计分录如下：

借：库存商品——甲产品　　　　　　　　684 900
　　　　　　——乙产品　　　　　　　　418 400
　　贷：基本生产成本——甲产品　　　　　　　　684 900
　　　　　　　　　　——乙产品　　　　　　　　418 400

表 4-19　完工产品成本汇总表

成本项目	甲产品(300 件)		乙产品(160 件)	
	总成本/元	单位成本/(元/件)	总成本/元	单位成本/(元/件)
直接材料	514 500	1 715	298 400	1 865
直接人工	136 800	456	96 000	600
制造费用	33 600	112	24 000	150
合　计	684 900	2 283	418 400	2 615

案 例 分 析

【案例】

张龙在暑假期间为巩固自己所学的会计理论知识，来到了兴海发电厂实习。该厂的成本核算员先给张龙介绍了自己工厂的生产特点。兴海发电厂属于单步骤大量生产企业，只生产电力一种产品，设有燃料、锅炉、汽机、电机四个基本生产车间和一个修理辅助车间。该企业采用品种法计算电力产品成本，设置"基本生产成本明细账"和"电力产品成本核算单"等，"基本生产成本明细账"中设"燃料费"、"水费"、"材料费"、"工资和福利费"、"折旧费"、"低值易耗品摊销"、"其他费用"成本项目。兴海发电厂××年8月发生的经济业务情况汇总如下。

(1) 根据有关凭证编制的"燃料费用分配表"见表4-20。

表4-20 燃料费用分配表

燃料名称	数量/吨	单价/(元/吨)	金额/元
阜新原煤	500	300	150 000
大同原煤	600	200	120 000
合 计	1 100		270 000

(2) 汇总的材料费用、工资费用和其他费用分配见表4-21。

表4-21 材料费用、工资费用和其他费用分配表

元

车 间	材料费用	工 资	福利费	水 费	折旧费	低值易耗品摊销	其 他
燃料车间	10 000	20 000	2 800	300	2 000	100	1 800
锅炉车间	4 500	40 000	5 600	22 000	1 500	200	2 700
汽机车间	11 200	32 000	4 480	1 000	1 800	120	2 200
电机车间	22 200	21 000	2 940	800	1 100	90	2 200
修理车间	4 200	10 000	1 400	600	3 000	150	1 620
合 计	52 100	123 000	17 220	24 700	9 400	660	10 520

(3) 本月电力生产量为3 820千度,其中厂用电量820千度,厂供电量3 000千度。

要求张龙解释如下问题:

① 兴海发电厂应该用何种方法计算产品成本?

② 编制"基本生产成本明细账"和"电力产品成本核算单",计算兴海发电厂××年8月电力产品总成本和单位成本。

【分析与计算】

(1) 由于该厂属于单步骤大量生产企业,所以应用品种法核算产品成本。

(2) 电力产品总成本507 600元;单位成本169.20元。

第二节 成本核算的分批法

一、成本核算的分批法概述

分批法是以全厂生产的某一批产品作为成本核算对象来汇集生产费用，计算产品成本的方法。

分批法的特点，主要表现在以下三方面。

1. 以产品批次(订单、生产通知单)为成本核算对象

分批法是以生产产品的批次或件名为成本核算对象，设置产品生产成本明细账。企业一般根据定单开设生产令号(即生产通知单)，车间根据生产令号组织生产，仓库根据生产令号准备材料，会计部门根据生产令号开设生产成本明细账，计算产品成本。

根据定单开设生产令号时，如一张订单上的产品为一批，即以定单划分批别开设；如一张订单中规定的产品有几个品种，则应按不同品别分为若干批别，按批别组织生产，按批别计算成本；如一张订单中规定的产品只有一种，但数量较多，不便集中一次投入生产，则可按照一定数量分为若干批别，按批别分次投入生产，按批别分次计算成本；如一张订单中只有一件产品，往往这种产品属于大型的、复杂的产品，生产周期长、价值高(如大型船舶、大型机械)，则可按该件产品的组成部分，分批组织生产，分别计算成本；如在同一时期的几张订单中都规定有相同的产品，也可将它们合并为一批组织生产，计算成本。

2. 成本核算期不固定，与生产周期相同

分批法是以生产产品的批别或件别为成本核算对象，一般是在一批产品全部完工后才能通过基本生产明细账将生产费用汇集完整，计算成本，所以，成本核算期与会计报告期不一致，而与产品生产周期一致。

3. 一般不需要计算期末在产品成本

分批法下，成本核算期与生产周期相同，一般是在一批产品全部完工后才计算成本，因此，成本核算时一般没有在产品，不必在完工产品和在产品之间进行费用分配。但若一批产品跨月陆续完工，那么生产费用就要在完工产品和月末在产品之间分配，计算完工产品成本和期末在产品成本。

在批内产品跨月完工情况下，如完工产品数量比重较小，可采用简化的分配方法，如采用计划成本、定额成本代替实际成本对完工产品进行计价，或以最近一期相同产品的实际成本对完工产品进行计价，然后将明细账汇集的费用总额减去所确定的完工产品成本，即为在产品成本。如完工产品数量比重较大，则应采用约当产量法等方法在完工产品和在产品之间分配费用，计算完工产品成本和在产品成本。

分批法其范围适用于单件小批类型的生产,如重型机械制造、船舶制造、精密仪器的生产等,有的企业生产必须根据市场需要不断改变产品品种和数量,一般不大批量生产,如高档时装的生产,其成本核算也应采用分批法。此法还适用于企业新产品试制和辅助生产车间的工具模具制造等。

分批法成本核算的程序与品种法基本相同,这里不再赘述。

二、分批法的应用

(一)企业基本情况实务

【例 4-2】 某企业设有一个基本生产车间、一个辅助生产车间(机修车间),基本生产车间按客户订单组织生产,产品成本核算采用分批法。

该企业某年 5 月份接受客户一张订单,定购乙产品 40 台,生产批号为 502#,5 月 20 日投入生产,6 月 15 日完工。6 月份接受一张客户订单,订购甲、乙两种产品,甲产品 20 台,乙产品 25 台。企业决定分两个批次组织生产,甲产品批号为 601#,乙产品批号为 602#。甲产品于 6 月 5 日投产,6 月 20 日全部完工;乙产品于 6 月 20 日投产,月底尚未完工。6 月份机修车间只为基本生产车间提供了劳务,辅助生产成本全部转入基本生产车间制造费用。

(二)成本核算程序

1. 账户设置

该厂 6 月份"生产成本"下设 502#乙产品成本明细账,601#甲产品成本明细账、602#乙产品成本明细账以及机修车间成本明细账;"制造费用"下设基本生产车间明细账和机修车间明细账。

2. 成本核算

(1) 编制各要素用分配表(各分配表及会计分录略)。

(2) 根据各要素费用分配表登记各产品生产成本明细账、辅助生产成本明细账、制造费用明细账(见表 4-22～表 4-27)。

(3) 编制辅助生产车间制造费用分配表(略),结转辅助生产车间制造费用,会计分录如下:

借:辅助生产成本——机修车间　　　　　　　　 6 400
　　贷:制造费用——机修车间　　　　　　　　　　　　 6 400

编制辅助生产成本分配表(略),并据以登记有关费用明细账,会计分录为

借:制造费用——基本生产车间　　　　 40 400
　　贷:生产成本——机修车间　　　　　　　　 40 400

表 4-22 制造费用明细账(机修车间)

明细科目：机修车间　　　　　　　　　　　　　　　　　　　　　　　　　　　　　元

××年		凭证号码	摘要	机物料消耗	工资及福利费	办公费	水电费	修理费	折旧费	劳保费	其他	合计
月	日											
6	30	(略)	材料费用分配表	1 000								1 000
6	30		工资及福利费用分配表		2 400							2 400
6	30		折旧计算表						1 700			1 700
6	30		其他支出汇总表			200				600	500	1 300
6	30		本月合计	1 000	2 400	200			1 700	600	500	6 400
6	30		月末转入基本生产成本	-1 000	-2 400	-200			-1 700	-600	-500	-6 400

表 4-23 辅助生产成本明细账(机修车间)

明细科目：机修车间　　　　　　　　　　　　　　　　　　　　　　　　　　　　　元

××年		凭证号码	摘要	直接材料	直接人工	制造费用	合计
月	日						
6	30	(略)	材料费用分配表	19 000			19 000
6	30		工资及福利费用分配表		15 000		15 000
6	30		转入制造费用			6 400	6 400
6	30		合计	19 000	15 000	6 400	40 400
6	30		月末生产成本转入各受益部门	-19 000	-15 000	-6 400	-40 400

表 4-24 制造费用明细账(基本生产车间)

明细科目：基本生产车间　　　　　　　　　　　　　　　　　　　　　　　　　　　元

××年		凭证号码	摘要	机物料消耗	工资及福利费	办公费	水电费	修理费	折旧费	劳保费	其他	合计
月	日											
6	30	(略)	材料费用分配表	20 000								20 000
6	30		工资及福利费用分配表		12 000							12 000
6	30		折旧计算表						20 000			20 000
6	30		其他支出汇总表			400	2 100	500		700	500	4 200
6	30		辅助生产费用分配表				40 400					40 400

××年		凭证号码	摘　要	机物料消耗	工资及福利费	办公费	水电费	修理费	折旧费	劳保费	其他	合计
月	日											
6	30		本月合计	20 000	12 000	400	2 100	40 900	20 000	700	500	96 600
6	30		月末转入基本生产成本	−20 000	−12 000	−400	−2 100	−40 900	−20 000	−700	−500	−96 600

表 4-25　基本生产成本明细账(乙产品)

投产日期：5 月 20 日

产品名称：乙产品　　　批号：502#　　批量：40 台　　完工日期：6 月 15 日　　　　　　　元

××年		凭证号码	摘　要	直接材料	直接人工	制造费用	合　计
月	日						
5	31	(略)	材料费用分配表	100 000			100 000
5	31		工资及福利费用分配表		30 000		30 000
5	31		制造费用分配表			40 000	40 000
5	31		本月费用合计	100 000	30 000	40 000	170 000
6	30		材料费用分配表	150 000			150 000
6	30		工资及福利费用分配表		40 000		40 000
6	30		制造费用分配表			38 640	38 640
6	30		本月费用合计	150 000	40 000	38 640	228 640
6	30		生产成本合计	250 000	70 000	78 640	398 640
6	30		单位成本	6 250	1 750	1 966	9 966

表 4-26　基本生产成本明细账(甲产品)

投产日期：6 月 5 日

产品名称：甲产品　　　批号：601#　　批量：20 台　完工日期：6 月 20 日　　　　　　　元

××年		凭证号码	摘　要	直接材料	直接人工	制造费用	合　计
月	日						
6	30	(略)	材料费用分配表	200 000			200 000
6	30		工资及福利费用分配表		45 000		45 000
6	30		制造费用分配表			41 055	41 055
6	30		生产成本合计	200 000	45 000	41 055	286 055
6	30		单位成本	10 000	2 250	2 052.75	14 302.75

表 4-27 基本生产成本明细账(乙产品)

投产日期：6 月 20 日

产品名称：乙产品　　　批号：602#　批量：25 台 完工日期：　　　　　　　元

××年		凭证号码	摘　要	直接材料	直接人工	制造费用	合　计
月	日						
6	30	(略)	材料费用分配表	40 000			40 000
6	30		工资及福利费用分配表		15 000		15 000
6	30		制造费用分配表			16 905	16 905
6	30		生产成本合计	40 000	15 000	16 905	71 905

(4) 编制基本生产车间制造费用分配表(见表 4-28)，并据以登记有关费用明细账，会计分录如下。

表 4-28 制造费用分配表

××年 6 月 30 日

会计科目	明细科目	产品批别	分配标准/小时	分配率/(元/小时)	分配金额/元
基本生产成本	乙产品	502#	8 000	4.83	38 640
基本生产成本	甲产品	601#	8 500	4.83	41 055
基本生产成本	乙产品	602#	3 500	4.83	16 905
合　计			20 000		96 600

借：基本生产成本——502#乙产品　　　　　38 640
　　　　　　　　——601#甲产品　　　　　41 055
　　　　　　　　——602#乙产品　　　　　16 905
　　贷：制造费用——基本生产车间　　　　　　　　96 600

(5) 汇总各批产品成本核算单所汇集的费用，计算已完工产品成本并编制完工产品成本汇总表(见表 4-29)，结转完工产品成本，会计分录为：
　　借：库存商品——乙产品　　　　　398 640
　　　　　　　　——甲产品　　　　　286 055
　　贷：基本生产成本——502#乙产品　　　　　398 640
　　　　　　　　　——601#甲产品　　　　　286 055

表 4-29　完工产品成本汇总表

××年 6 月 30 日   元

成本项目	502#乙产品(40 台)		601#甲产品(20 台)	
	总成本	单位成本	总成本	单位成本
直接材料	250 000	6 250	200 000	10 000
直接人工	70 000	1 750	45 000	2 250
制造费用	78 640	1 966	41 055	2 052.75
合　计	398 640	9 966	286 055	14 302.75

(三)累计分配法的应用

1. 累计分配法的含义

单件、小批生产的企业中，在同一月份内投产产品批数非常多的情况下，各种间接计入成本的费用在各批产品之间按月进行分配的工作就极为繁重，为了简化成本核算，可以采用简化的分批法进行成本核算。

在简化的分批下，每月发生的各项间接计入成本的费用，不逐月在各批产品之间进行分配，而是将这些费用先分别累计起来，等到有完工产品的月份，用各批产品的累计费用除以累计工时，求出累计分配率，再用累计分配率乘以完工产品的累计工时，求得完工产品应负担的间接计入成本的费用，未完工产品不分配结转费用，故此法称为累计分配法。

累计分配法计算公式如下：

$$间接计入成本的费用分配率 = \frac{月初结存直接人工费(或制造费用) + 本月发生直接人工费(或制造费用)}{月初未完工产品累计工时数 + 本月发生工时数}$$

已完工某批产品应负担的直接人工费(或制造费用) = 已完工该批产品的累计工时数 × 间接计入成本的费用分配率

2. 生产成本明细账的设置和登记

在这一方法下，基本生产成本明细账的设置和登记具有以下特点：

(1) 除了按产品批别设立基本生产成本明细账(产品成本核算单)外，还必须设置基本生产成本二级账。二级账用来登记全部产品按成本项目反映的月初在产品费用额、本月发生费用额和累计费用额，同时还登记月初在产品累计工时、本月工时和累计工时。期末，如有完工产品，则按上列公式计算并分配完工产品应负担的费用，计算并登记结转的完工产品成本。

(2) "基本生产成本明细账"只按月登记直接计入成本的费用(主要是材料费用)和工时,不按月分配和登记间接计入成本的费用,只有在该批产品完工的月份,才分配转入间接计入成本的费用,汇集计算其产品成本并予以结转。

(3) 月末,各基本生产成本明细账中,在产品的直接材料或生产工时之和,等于基本生产成本二级账中的直接材料和生产工时数额。基本生产成本明细账中,没有在产品应负担的间接计入的直接人工和制造费用,它们全部在基本生产成本二级账中。

在这种方法下,全部未完工产品的在产品成本只以总额反映在基本生产成本二级账中,故此法也称为不分批计算在产品成本的分批法。

与分批计算在产品成本的分批法相比,简化的分批法有利于简化费用的分配和基本生产成本明细账的登记工作,在产品批数越多,核算工作就越简化。但在各月成本费用水平相差悬殊的情况下,会影响产品成本核算的正确性。

3. 累计分配法举例

【例 4-3】 某厂分批生产多种产品,产品批数和月末未完工产品批数都较多。为了简化成本核算工作,采用累计分配法进行成本核算。该厂某年 9 月份生产产品批别有:

甲产品 25 台,生产批号:708#,7 月 25 日投产本月 10 日完工。

乙产品 15 台,生产批号:801#,8 月 20 日投产本月 15 日完工。

丙产品 10 台,生产批号:802#,8 月 30 日投产本月尚未完工。

甲产品 30 台,生产批号:901#,9 月 11 日投产本月尚未完工。

该厂 9 月份"生产成本"总账下设基本生产成本二级账,708#甲产品成本明细账、801#乙产品成本明细账、802#丙产品成本明细账、901#甲产品成本明细账。该月产品成本核算如下:

(1) 编制各要素费用分配表(各分配表及会计分录略)。

(2) 根据各要素费用分配表登记"基本生产成本二级账"、"基本生产成本明细账"、"辅助生产成本明细账"、"制造费用明细账"等。

在按批别开设的"基本生产成本明细账"中,只登记直接材料费用和工时数;在"基本生产成本二级账"中,分别登记本月发生的全部生产费用和本月发生的全部工时数(见表4-30 至表 4-34)。"辅助生产成本"与"制造费用"明细账的登记略。

(3) 编制辅助生产费用分配表并据以登记有关成本费用明细账(分配表及会计分录略)。

(4) 将基本生产车间制造费用全部转入"基本生产成本二级账"的制造费用成本项目。会计分录如下:

借:基本生产成本　　　　　　　　　102 900

　　贷:制造费用　　　　　　　　　　　　　102 900

(5) 根据"基本生产成本二级账"所汇集的工资费用、制造费用总额和生产工时总数,计算直接人工累计费用分配率、制造费用累计费用分配率及完工产品分配额,向各完工产品分配工资费用和制造费用(见表 4-30)。

表 4-30 基本生产车间成本二级账

生产单位：基本生产车间 元

××年		凭证 号码	摘 要	直接 材料	生产 工时	直接 人工	制造 费用	成本 合计
月	日							
8	31	(略)	月末在产品成本	290 000	9 100	45 500	54 600	390 100
9	30		材料费用分配表	397 000				397 000
			工资及福利费用分配表		15 900	82 000		82 000
9	30		转入制造费用				102 900	102 900
9	30		本月累计费用	687 000	25 000	127 500	157 500	97 200
			分配率/(元/小时)			5.1	6.3	
9	30		转出完工产品成本	407 000	13 500	68 850	85 050	560 900
9	30		月末在产品成本	280 000	11 500	58 650	72 450	411 100

(6) 汇总各完工产品的基本生产成本明细账所汇集的费用，并编制完工产品成本汇总表，计算完工产品总成本和单位成本(见表 4-35)，结转完工产品成本。会计分录如下：

借：库存商品 ——甲产品 301 100
　　　　 ——乙产品 259 800
　贷：基本生产成本——708#甲产品 301 100
　　　　 ——801#乙产品 259 800

表 4-31 基本生产成本明细账(甲产品)

投产日期：7 月 25 日

产品名称：甲产品　　批号：708#　　批量：25 台　　完工日期：9 月 10 日 元

××年		凭证 号码	摘 要	直接 材料	生产 工时	直接 人工	制造 费用	成本 合计
月	日							
7	31	(略)	本月发生	30 000	1 000			
8	31		本月发生	180 000	5 000			
8	31		本月累计	210 000	6 000			
9	30		本月发生	17 000	500			
9	30		本月累计	227 000	6 500			
9	30		间接费用分配率			5.1	6.3	
9	30		分配间接费用			33 150	40 950	
9	30		完工产品总成本	227 000	6 500	33 150	40 950	301 100

表 4-32　基本生产成本明细账(乙产品)

投产日期：8 月 20 日

产品名称：乙产品　　批号：801#　　批量：15 台　　完工日期：9 月 15 日　　　　元

××年		凭证号码	摘　要	直接材料	生产工时	直接人工	制造费用	成本合计
月	日							
8	31	(略)	本月发生	70 000	3 000			
9	30		本月发生	110 000	4 000			
9	30		本月累计	180 000	7 000			

表 4-33　基本生产成本明细账(丙产品)

投产日期：8 月 30 日

产品名称：丙产品　　批号：802#　　批量：10 台　　完工日期：　　　　元

××年		凭证号码	摘　要	直接材料	生产工时	直接人工	制造费用	成本合计
月	日							
8	31		本月发生	10 000	100			
9	30		本月发生	120 000	6 600			
9	30		本月累计	130 000	6 700			
9	30		间接费用分配率			5.1	6.3	
9	30		分配间接费用			35 700	44 100	
9	30		完工产品总成本	180 000	7 000	35 700	44 100	259 800

表 4-34　基本生产成本明细账(甲产品)

投产日期：9 月 11 日

产品名称：甲产品　　批号：901#　　批量：30 台　　完工日期：　　　　元

××年		凭证号码	摘　要	直接材料	生产工时	直接人工	制造费用	成本合计
月	日							
9	30		本月发生	150 000	4 800			

表 4-35　完工产品成本汇总表

××年 9 月　　　　元

产品	总成本				单位成本
	直接材料	直接人工	制造费用	合　计	
甲产品	227 000	33 150	40 950	301 100	12 044
乙产品	180 000	35 700	44 100	259 800	17 320
合计	407 000	688 500	85 050	560 900	

案 例 分 析

【案例】

某重型机器厂生产运输工具和重型设备，产品的生产过程是装配复杂生产，该厂是根据购买单位的订单来组织生产的，所订的产品规格不一，有的是单件生产，有的是小批量生产，因此从生产组织来看，属于单件小批生产类型的企业。由于该厂生产工艺过程和生产组织的特点，要求按订单汇集生产费用，计算各订单产品成本。

该厂设有锻造、金工、装配等 3 个基本生产车间，辅助生产车间从略。本案例产品成本明细账按订单设置，直接将费用汇总并计算各订单产品的成本。

该厂设下列成本费用明细账：

(1) 成本明细账：××年 10 月有 3 张订单同时生产。09—360 订单是 10 月 8 日开工的，生产运输机 10 台，当月完工；09—510 订单是 9 月 25 日开工的，生产搅拌机 3 台，当月没有完工；09—841 订单是 7 月 1 日开工的，生产粉碎机 6 台，当月完工 3 台，其余未完工。因此开设 09—360、09—510、09—841—订单成本明细账。

(2) 制造费用明细账是按锻造、金工、装配等车间设置的，制造费用按实际工时的比例在各订单产品之间进行分配。

该厂设有原材料、工资、制造费用等成本项目，费用是按月汇总的，但产品成本则在订单产品全部完工后，才进行结算。

该厂××年 10 月编制材料分配表和工资分配表，如表 4-36、表 4-37 所示。

表 4-36 材料分配表

××年 10 月　　　　　　　　　　　　　　　　　　　　元

应借账户	锻造车间	金工车间	装配车间	管理部门	合　计
生产成本					
09—360	350	31 325	19 000		50 675
09—510		2 206	100		2 306
09—841		10 375	200		10 575
小计	350	43 906	19 300		63 556
制造费用					
消耗性材料	120	650	400		1 170
劳动保护费	220	50	60		330
技术能耗费	130	400	70		600
小计	470	1 100	530		2 100
管理费用					

续表

应借账户	锻造车间	金工车间	装配车间	管理部门	合　计
消耗性材料				500	500
劳动保护费				10	10
运输费				100	100
其他				70	70
小计				680	680
合　计	820	45 006	19 830	680	66 336

表 4-37　工资分配表

××年 10 月

应借账户	锻造车间分配率0.6/(元/小时)		金工车间分配率0.7/(元/小时)		装配车间分配率0.8/(元/小时)		管理部门/元	合计/元
	工时/小时	金额//元	工时/小时	金额/元	工时/小时	金额/元		
基本生产								
09—360	3 000	1 800	6 250	4 375	1 650	1 320		7 495
09—510			150	105	60	48		153
09—841			1 600	1 120	190	152		1 272
小计	3 000	1 800	8 000	5 600	1 900	1 520		8 920
制造费用		300		380		363		1 043
管理费用							550	550
合　计		2 100		5 980		1 883	550	10 513

制造费用明细账、管理费用明细账如表 4-38～表 4-41 所示。

表 4-38　锻造车间制造费用明细账

××年 10 月　　　　　　　　　　　　　　　　　　　　　　元

日　期	摘　要	消耗材料	工资	办公费	折旧费	修理费	动力费	技术能耗费	劳动保护费	其他费用	合计/元
10月31日	有关记账凭证			300	500	100	100			600	1 600
10月31日	材料分配表	120						130	220		470
10月31日	工资分配表		300								300
	合　计	120	300	300	500	100	100	130	220	600	2 370

表4-39　金工车间制造费用明细账

××年10月　　　　　　　　　　　　　　　　　　元

日　期	摘　要	消耗材料	工资	办公费	折旧费	修理费	动力费	技术能耗费	劳动保护费	其他费用	合　计
10月31日	有关记账凭证			950	7 400	1 050	350			1 200	10 950
10月31日	材料分配表	650						400	50		1 100
10月31日	工资分配表		380								380
	合　计	650	380	950	7 400	1 050	350	400	50	1 200	12 430

表4-40　装配车间制造费用明细账

××年10月　　　　　　　　　　　　　　　　　　元

日　期	摘　要	消耗材料	工资	办公费	折旧费	修理费	动力费	技术能耗费	劳动保护费	其他费用	合　计
10月31日	有关记账凭证			620	3 100	80	230	450		137	4 617
10月31日	材料分配表	400						70	60		530
10月31日	工资分配表		363								363
	合　计	400	363	620	3 100	80	230	520	60	137	5 510

表4-41　管理费用明细账

××年10月　　　　　　　　　　　　　　　　　　元

日　期	摘　要	消耗材料	工资	办公费	差旅费	折旧费	水电费	运输费	劳保费	其他费用	合计
10月31日	有关记账凭证			1 000	1 300	7 400	1 200	250		100	11 250
10月31日	材料分配表		550								550
10月31日	工资分配表	500						100	10	70	680
	合　计	500	550	1 000	1 300	7 400	1 200	350	10	170	12 480

结算制造费用明细账,按生产工人工时比例进行分配,编制分配表,如表4-42、表4-43和表4-44所示。

表4-42 锻造车间制造费用分配表

××年10月

对方账户	生产工人工时/小时	分配金额(分配率0.79元/小时)/元
生产成本		
09—360	3 000	2 370
合　计	3 000	2 370

表4-43 金工车间制造费用分配表

××年10月

对方账户	生产工人工时/小时	分配金额(分配率1.55元/小时)/元
生产成本		
09—360	6 250	9 711
09—510	150	233
09—841	1 600	2 486
合　计	8 000	12 430

表4-44 装配车间制造费用分配表

××年10月

对方账户	生产工人工时/小时	分配金额(分配率2.9元/小时)/元
生产成本		
09—360	1 650	4 785
09—510	60	174
09—841	190	551
合　计	1 900	5 510

根据材料分配表、工资分配表、制造费用分配表等资料,登记各订单产品成本明细账,并计算完工产品的总成本和单位成本。各订单的成本核算单如表4-45、表4-46、表4-47所示。

表4-45 产品成本明细账

工作令号：09—360　　投产：10台　　开工日期：××年10月8日
产品名称：运输机　　完工：10台　　完工日期：××年10月31日　　　　　　元

月份	摘 要	直接材料	直接工资	制造费用	合 计
10	锻铆车间	350	1 800	2 370	4 520
	金工车间	31 325	4 375	9 711	45 411
	装配车间	19 000	1 320	4 785	25 105
	合 计	50 675	7 495	16 866	75 036

表4-46 产品成本明细账

工作令号：09—510　　投产：3台　　开工日期：××年9月25日
产品名称：搅拌机　　完工：3台　　完工日期：　　　　　　元

月 份	摘 要	直接材料	直接工资	制造费用	合 计
9	已累计成本	9 800	143	200	10 143
10	金工车间	2 206	105	233	2 544
	装配车间	100	48	174	322
	合计	12 106	296	607	13 009

表4-47 产品成本明细账

工作令号：09—841　　投产：6台　　开工日期：××年7月1日
产品名称：粉碎机　　完工：3台　　完工日期：××年10月31日　　　　　　元

月 份	摘 要	直接材料	直接工资	制造费用	合 计
9	已累计成本	14 320	6 000	7 320	27 550
10	金工车间	10 375	1 120	2 486	13 981
	装配车间	200	152	551	903
	合计	24 895	7 272	10 267	42 434
	完工3台按计划成本转出	-13 200	-3 600	-5 400	-22 200

根据各完工订单的产品成本明细账，编制产品成本核算表，如表4-48所示。

表4-48 产品成本核算表

××年10月 元

成本项目	运输机 10 台		粉碎机 3 台	
	总成本	单位成本	总成本	单位成本
直接材料	50 675	5 067.5	13 200	4 400
直接工资	7 495	749.5	3 600	1 200
制造费用	16 866	1 686.6	5 400	1 800
合　计	75 036	7 503.6	22 200	7 400

第三节　成本核算的分步法

一、成本核算的分步法概述

(一)分步法的含义

产品成本核算的分步法,是以产品品种及其所经过的生产步骤作为成本核算对象来汇集生产费用、计算产品成本的一种方法。

采用分步法计算产品成本的各个企业,其成本管理的要求有所不同,有的需要提供各个生产步骤的半成品成本资料,有的不需要提供各个生产步骤的半成品成本资料,出于简化和加快成本核算工作的考虑,各生产步骤成本的计算和结转,有逐步结转和平行结转两种不同的方法。产品成本核算的分步法,也就分为逐步结转分步法和平行结转分步法两种。

逐步结转分步法是按照产品的生产步骤逐步计算并结转半成品成本,并随最后一个生产步骤计算出产成品成本的一种成本核算方法。计算和结转各生产步骤的半成品成本,是这种方法的显著特征。因此,逐步结转分步法也称作计算半成品成本的分步法。

平行结转分步法是平行结转各生产步骤生产费用中应计入相同产成品成本的"份额",然后汇总计算出产成品成本的一种成本核算方法。平行结转分步法按生产步骤计算本步骤发生的生产费用及这些费用中应计入产成品成本的"份额",但不计算和结转各生产步骤的半成品成本。因此,平行结转分步法也称作不计算半成品成本的分步法。

应当指出,分步法中的生产步骤是按照成本管理的要求划分的,并作为成本核算对象的生产步骤。它与产品的实际生产步骤(加工步骤)可能一致,也可能不一致。在大量大批多步骤生产的企业中,生产单位(分厂、车间)一般是按生产步骤设立的。为了加强成本管理,也要求按生产单位(分厂、车间)汇集生产费用,计算产品成本。因此,分步计算成本一般就是分生产单位(分厂、车间)计算产品成本。但是,当一个生产单位(分厂、车间)的规模较大,生产单位(分厂、车间)内可以分成几个生产步骤,而管理上又要求在生产单位内分步计算成本时，成本核算的分步不应当是生产单位(分厂、车间)，而应当是生产单位内的生产步骤。此外，为了简化成本核算，根据成本管理的要求，也可以将几个生产步骤或生产车间，合并为一个成本核算的"步骤"来汇集生产费用，计算生产步骤的成本。总之，企业应当根据生产特点和成本管理的要求，本着既要加强成本管理，又要简化成本核算的原则，确定作为成本核算对象的产品品种及其生产步骤。

(二)分步法的特点

分步法的主要特点是按产品的生产步骤计算产品成本。一般特点体现在下列几个方面。

1. 成本核算对象

分步法的成本核算对象是产成品及其所经过的各个生产步骤。如果企业只生产一种产品，产品成本核算单(生产成本明细账)应当按照生产步骤开立；如果企业生产多种产品，产品成本核算单(生产成本明细账)应当按照生产步骤分产品品种开立。

企业发生的各种直接材料费用、直接人工费用和其他直接费用，凡能直接计入各成本核算对象的，应当直接计入，不能直接计入各成本核算对象的，应当先按生产步骤汇集，月末再按一定标准分配计入各成本核算对象。企业发生的制造费用，应当先按生产单位汇集，月末再直接计入或者分配计入各成本核算对象。

分步法的成本核算对象是产成品及其所经过的各个生产步骤，但逐步结转分步法和平行结转分步法略有区别。逐步结转分步法的成本核算对象是产成品及其所经过的各个生产步骤的各种半成品。平行结转分步法的成本核算对象是产成品及其所经过的各个生产步骤应计入最终产成品成本的"份额"。

2. 成本核算期

采用分步法，无论是逐步结转分步法，还是平行结转分步法，一般按月定期计算产品成本。这种情况下，成本核算期与会计报告期一致，而与产品生产周期不一致。

3. 生产费用在完工产品和在产品之间的分配

采用分步法计算产品成本的企业，产品的生产往往跨月陆续完工，月末既有完工产品，又有在产品。因此，月末计算产品成本时，通常需要将已计入产品成本核算单中的生产费用，采用适当的分配方法在完工产品和月末在产品之间进行分配，计算各产品、各生产步骤的完工产品成本和月末在产品成本；然后按照产品品种结转各步骤的完工产品成本，计算每一种产成品的成本。

逐步结转分步法的成本核算对象是产成品及其所经过的各个生产步骤的各种半成品，各生产步骤都需要计算本步所产半成品成本，半成品成本随着半成品实物的转移而结转，直到最后步骤计算出产成品成本。因此，月末各生产步骤将生产费用在完工产品和月末在产品之间进行分配时，完工产品的含义是广义的，它不仅包括最后一个生产步骤生产的最终产成品, 还包括前面各步骤所生产的、需要进一步加工的半成品; 在产品的含义是狭义的, 即只指正在本生产步骤中加工、尚未完工的在制品。

平行结转分步法的成本核算对象是产成品及其所经过的各个生产步骤应计入最终产成品成本的"份额", 各生产步骤只汇集本步骤发生的费用, 不计算半成品成本。半成品的实物已经转移, 但成本不转移。因此, 月末各生产步骤将生产费用在完工产品和月末在产品之间进行分配时, 完工产品的含义是狭义的, 它只指企业所生产的最终产成品; 在产品的含义是广义的, 既包括正在本步骤加工的在制品(狭义在产品), 又包括本步骤加工完成, 已转入以后各步骤(半成品库)但尚未产成最终产成品的半成品。

(三)分步法计算产品成本的一般程序

逐步结转分步法和平行结转分步法在各个生产步骤成本核算和结转方面的差别, 决定了两种方法成本核算程序上的不同。

1. 逐步结转分布法的成本核算程序

逐步结转分步法下, 计算各生产步骤产品成本时, 上一步骤所产半成品成本, 要随着半成品实物的转移, 从上一步骤产品成本明细账转入到下一步骤相同产品的成本明细账中, 以便逐步计算各个步骤的半成品成本和最后一个步骤的产成品成本。

逐步结转分步法的成本核算程序图如图 4-2 所示。

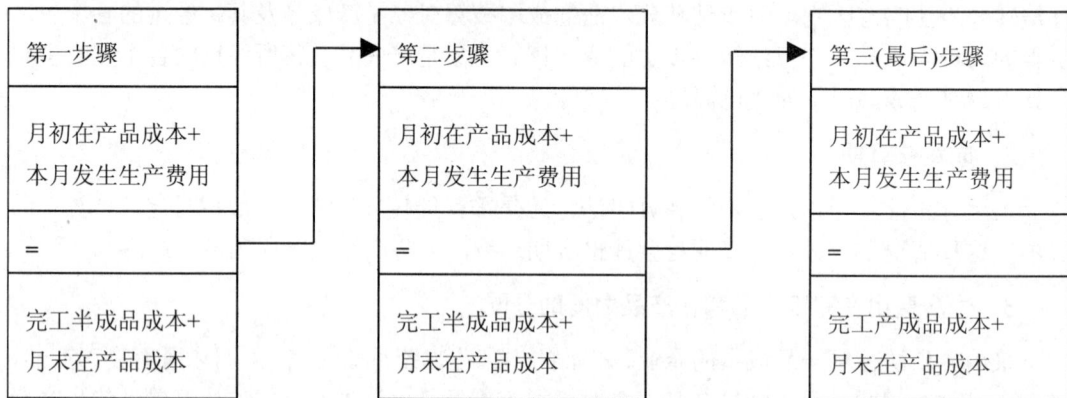

图 4-2　逐步结转分步法成本核算程序图

在逐步结转分步法下, 各步骤完工转出的半成品成本, 应该从各步骤的产品成本明细账中转出; 各步骤领用的半成品的成本, 构成下一步骤的一项费用, 称为半成品费用, 应该计入各步骤的产品成本明细账中。如果半成品完工后, 不直接被下一步骤领用, 而需要通过半成品库收发, 还要设置自制半成品明细账, 在验收入库时, 应编制借记"自制半成品"科目, 贷记"生产成本"科目的会计分录。在下一步骤领用时, 再编制相反的会计分录。如果半成品完工后，不通过半成品库收发，而直接被下一步骤领用，那么半成品成本则应在各步骤的产品成本明细账之间直接结转，不通过"自制半成品"科目核算。

每月月末，各项生产费用(包括所耗上一步骤半成品的费用)在各步骤产品成本明细账中汇集以后，如果既有完工半成品，又有加工中的在产品，则应将各步骤产品成本明细账中的生产费用采用适当的分配方法在其完工半成品与加工中的在产品(也就是狭义的在产品)之间进行分配，以便计算完工半成品成本。这样，通过半成品成本的逐步结转，在最后一个步骤的产品成本明细账中，即可计算出产成品的成本。

由上述内容可以看出，逐步结转分步法实际上就是品种法的多次连接应用。即在采用品种法计算出上一步骤的半成品成本以后，按照下一步骤的耗用数量转入下一步骤成本；下一步骤再一次采用品种法汇集所耗半成品的费用和本步骤发生的其他费用，计算其半成品成本；如此逐步结转，直至最后一个步骤计算出产成品成本。

逐步结转分步法按照半成品成本在下一步骤产品成本明细账中的反映方法不同，又可分为综合结转和分项结转两种方法。

2. 平行结转分步法的成本核算程序

平行结转分步法的成本核算程序，大致可以分为三个步骤，具体如下：

(1) 按照产品品种分步骤设置产品成本明细账，各生产步骤成本核算单中，只汇集本步骤所发生的费用。

(2) 月末，要将各步骤汇集的生产费用在完工产品和在产品之间分配，以便计算出应计入产成品成本的"份额"和月末广义在产品成本。

(3) 各步骤应计入产成品成本"份额"平行汇总，以计算出最终产成品的成本。

在平行结转分步法下，各生产步骤不计算、也不逐步结转半成品成本，只是在产成品入库时，才将各步骤生产费用中应计入产成品成本的"份额"，从各步骤产品成本明细账中转出，从"生产成本——基本生产成本"科目的贷方转入"库存商品"科目的借方。因此，采用这一方法，不论半成品是在各生产步骤之间直接转移，还是通过半成品库收发，都不需要通过"自制半成品"科目进行总分类核算。

平行结转分步法的成本核算程序图如图4-3所示。

在采用平行结转分步法时，每一生产步骤的生产费用都要在其完工产品与月末在产品之间进行分配，其中，每一生产步骤完工产品的费用，都是该步骤生产费用中用于产成品成本的"份额"；每一生产步骤月末在产品的费用，都是该步骤生产费用中用于该步骤在产品(狭义在产品)和半成品成本的份额。

由此可见，在平行结转分步法下，每一生产步骤的生产费用(不包括所耗上一步骤的半成品费用)要在企业最后完工的产成品与广义在产品之间进行分配，计算这些费用在产成品成本和广义在产品成本中所占的"份额"。

第一步骤	第二步骤	第三(最后)步骤
月初在产品成本 本月发生生产费用	月初在产品成本 本月发生生产费用	月初在产品成本 本月发生生产费用
=	=	=

应计入产成品成本份额	月末在产品成本	应计入产成品成本份额	月末在产品成本	应计入产成品成本份额	月末在产品成本

产 成 品 成 本

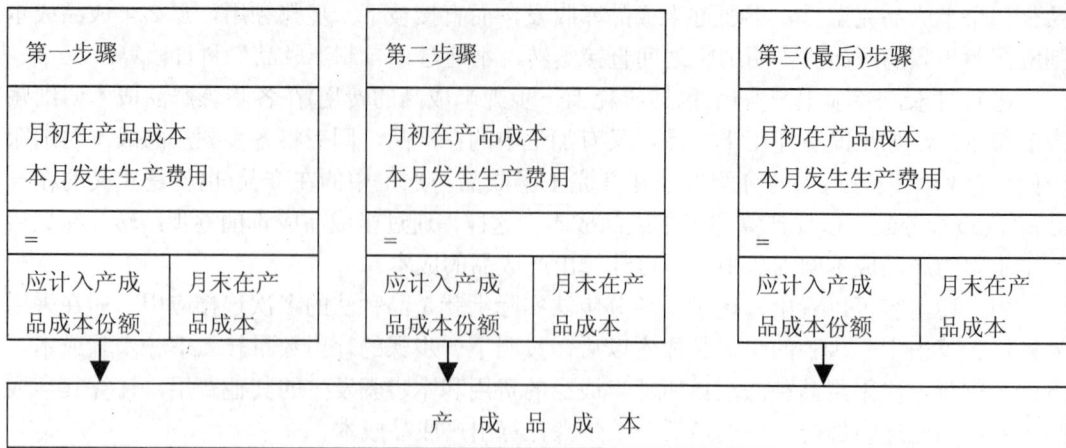

图 4-3　平行结转分步法成本核算程序图

(四)分步法的适用范围

分步法适用于管理上要求分步计算产品成本的大量大批多步骤生产企业，如冶金、纺织、造纸和机械制造等企业。在这些生产企业中，产品生产可以划分为若干个生产步骤。如钢铁企业可以分为炼铁、炼钢、轧钢等步骤；纺织企业可以分为纺纱、织布、印染等步骤；造纸企业可以分为制浆、制纸、包装等步骤；机械企业可以分为铸造、加工、装配等步骤。为了加强各生产步骤的成本管理，便于计算各种产品和半成品的盈亏，不仅要求按照产品品种计算成本，而且还要求按照产品生产步骤计算成本，为考核和分析各种产品及其所经过的生产步骤的成本计划的执行情况提供资料。

1. 逐步结转分布法的适用范围

逐步结转分步法主要适用于所生产的半成品经常对外销售，和需要考核半成品成本的大量大批多步骤生产的企业，特别是大量大批连续式多步骤生产企业。在这些企业中，从原材料投入生产到产成品制成，中间要顺序经过几个生产步骤，前面各生产步骤所产的都是半成品，只有最后生产步骤完工的才是产成品。各生产步骤所产半成品，既可以转交给下一生产步骤继续加工，耗用在不同产品上，又可以作为商品对外销售。例如，纺织企业生产的棉纱，既可为企业自用，继续加工成各种布，又可以作为商品，直接对外出售。在这种情况下，除了需要计算各种产成品成本外，还必须计算各生产步骤所产半成品成本。

2. 平行结转分步法的适用范围

平行结转分步法主要适用于各生产步骤所产的半成品种类较多，但是半成品对外销售的情况很少，并且在管理上不要求计算半成品成本。大量的采用多步骤生产的企业，特别是大量大批装配式多步骤生产企业，为了简化和加快成本核算工作从原材料投入生产到产成品制成，是先由各生产步骤对各种原材料平行地进行加工，使之成为各种零件和部件(半成品)，然后再由总装车间(最后生产步骤)装配成各种产成品。在某些连续式多步骤生产企业中，如果各生产步骤所产半成品仅供本企业下一步骤继续加工，不准备对外出售，也可以采用平行结转分步法。

二、逐步结转分步法的应用

(一)半成品按实际成本综合结转

综合结转是指上一步骤生产完工的半成品成本在结转到下一步骤时，综合记入下一步骤产品成本核算单的"直接材料"成本项目或专设的"半成品"成本项目中。半成品成本的综合结转，按照各步骤所生产半成品成本的计价标准不同，可分为按实际成本结转和按计划成本(或定额成本)结转两种。

半成品按实际成本综合结转是指上一步骤生产完工的半成品成本在结转到下一步骤时，按照上一步骤产品成本核算单确定的实际成本，综合记入下一步骤产品成本核算单中"半成品"(或"直接材料")成本项目。在设有半成品仓库的企业，半成品仓库日常收入、发出和结存的半成品也都按实际成本核算。半成品仓库收入的半成品，按照交库生产步骤产品成本核算单确定的实际成本入账；发出的半成品，可以采用先进先出法、全月一次加权平均法等计价方法计算其实际成本。

【例4-4】　星光工厂设有三个基本生产车间，大量生产甲产品。甲产品顺序经过三个车间进行生产。第一车间生产的产品为A半成品，完工后全部交给第二车间继续加工；第二车间生产的产品为B半成品，完工后全部交给半成品仓库；第三车间从半成品仓库领出B半成品继续加工，完工后即为甲产品，全部交产成品仓库。

该厂以生产的甲产品及其所经生产步骤的半成品(A、B两种半成品)为成本核算对象。产品成本核算单(生产成本明细账)按成本核算对象开设，即分为甲产品(第三车间)、B半成品(第二车间)和A半成品(第一车间)三个，并按直接材料、直接人工和制造费用三个成本项目设专栏组织核算。该厂设置"自制半成品"账户，下设明细账核算B半成品的收入、发出和结存情况。没有经过半成品仓库收发的A半成品，不通过"自制半成品"账户核算。该厂各生产步骤所产半成品，按实际成本综合结转。半成品仓库，发出的B半成品采用加权平均法计算其实际成本。

该厂各生产步骤(车间)完工产品和月末在产品之间的费用分配，均采用约当产量法。甲产品原材料在第一车间生产开始时一次投入；第二、第三车间领用的半成品，也在各生产步骤生产开始投入。各步骤在产品完工率分别为30%、50%、60%。

该厂6月份生产的有关记录如下。

(1)　有关产量资料如表4-49所示。

表 4-49　生产产量记录

产品：甲产品　　　　　　　　　　　　　　××年 6 月　　　　　　　　　　　　　　　　　　件

	一车间	二车间	三车间
月初在产品	70	90	30
本月投入或上步转入	180	150	200
本月完工转入下步或交库	150	200	180
月末在产品	100	40	50

(2)　有关费用资料如表 4-50 所示。

表 4-50　生产费用记录

产品：甲产品　　　　　　　　　　　　　　××年 6 月　　　　　　　　　　　　　　　　　　元

项　目		直接材料	半成品	直接人工	制造费用	合　计
月初 资料	一车间	3 500		1 400	600	5 500
	二车间		6 600	1 800	1 600	10 000
	三车间		7 100	1 200	500	8 800
本月 发生额	一车间	9 000		4 000	3 000	16 000
	二车间			7 000	5 000	12 000
	三车间			3 000	1 600	4 600

产品成本核算程序如下：

(1)　计算第一车间 A 半成品成本。将有关费用在 A 半成品和在产品之间进行分配。

单位半成品直接材料费用 $= \dfrac{3\,500 + 9\,000}{150 + 100} = 50$ (元/件)

完工 A 半成品直接材料费用 $= 150 \times 50 = 7\,500$ (元)

月末在产品成本 $= 100 \times 50 = 5\,000$ (元)

单位半成品直接人工费用 $= \dfrac{1\,400 + 4\,000}{150 + 100 \times 30\%} = 30$ (元/件)

完工 A 半成品直接人工费用 $= 150 \times 30 = 4\,500$ (元)

月末在产品成本 $= 100 \times 30\% \times 30 = 900$ (元)

单位 A 半成品制造费用 $= \dfrac{600 + 3\,000}{150 + 100 \times 30\%} = 20$ (元/件)

完工 A 半成品直接人工费用 $= 150 \times 20 = 3\,000$ (元)

月末在产品成本 $= 100 \times 30\% \times 20 = 600$ (元)

根据以上计算结果登记第一车间产品成本核算单如表 4-51 所示。

表 4-51 第一车间产品成本核算单

产品：甲产品　　　　　　　　　　××年6月

摘　要	本步骤发生费用			合　计
	直接材料	直接人工	制造费用	
月初在产品成本/元	3 500	1 400	600	5 500
本月发生生产费用/元	9 000	4 000	3 000	16 000
生产费用合计/元	12 500	5 400	3 600	21 500
本月完工产品数量/件	150	150	150	×
月末在产品约当量/件	100	30	30	×
约当总产量/件	250	180	180	×
完工产品单位成本/(元/件)	50	30	20	100
完工产品总成本/元	7 500	4 500	3 000	15 000
月末在产品成本/元	5 000	900	600	6 500

根据表 4-51，编制会计分录如下：

借：基本生产成本——第二车间　　　　　　　　　　15 000

贷：基本生产成本——第一车间　　　　　　　　　　　 15 000

(2) 计算第二车间所产 B 半成品成本。

第二车间所产 B 半成品成本，按照逐步结转分步法的原理，除了本车间发生的生产费用外，还应加上上步骤(第一车间)转入的 A 半成品成本。因此，在登记第二车间本月所发生的生产费用以后，还应根据第一车间成本核算结果，登记第一车间转入 A 半成品 150 件的总成本 15 000 元(记入"半成品"项目)。

第二车间本步骤发生的费用，加上第一车间转的半成品成本，在第二车间完工产品(本月完工 B 半成品 200 件)和期末在产品(月末在产品 40 件)之间的分配方法与第一车间相同，不再列示计算过程。计算结果在第二车间产品成本核算单中的登记见表 4-52。

表 4-52 第二车间产品成本核算单

产品：B 半成品　　　　　　　　　　××年6月

摘　要	上步骤转入	本步骤发生费用		合　计
	半成品	直接人工	制造费用	
月初在产品成本/元	6 600	1 800	1 600	10 000
本月发生生产费用/元	15 000	7 000	5 000	27 000
生产费用合计/元	21 600	8 800	6 600	37 000
本月完工产品数量/件	200	200	200	×

续表

摘　要	上步骤转入半成品	本步骤发生费用		合　计
		直接人工	制造费用	
月末在产品约当量/件	40	20	20	×
约当总产量/件	240	220	220	×
完工产品单位成本/(元/件)	90	40	30	160
完工产品总成本/元	18 000	8 000	6 000	32 000
月末在产品成本/元	3 600	800	600	5 000

表 4-52 的计算结果表明，本月 B 半成品完成入库 200 件，实际总成本为 32 000 元，单位成本为 160 元。根据计算结果，编制结转完工入库 B 半成品成本的会计分录如下：

借：自制半成品——B 半成品　　　　　　　　32 000

　　贷：基本生产成本——第二车间　　　　　　　　　32 000

(3) 计算第三车间所产甲产品成本。

计算第三车间所产甲产品成本，应先计算出该车间本月领用 B 半成品 200 件的实际总成本。半成品仓库发出 B 半成品的实际成本，可以采用加权平均法计算。假设半成品仓库存 B 半成品 30 件，实际总成本为 4 800 元，本月 B 半成品的加权单位成本和领用 200 件的实际总成本核算如下：

$$加权平均单位成本 = \frac{4\,800 + 32\,000}{30 + 200} = 160\,(元)$$

生产领用 200 件总成本 = 200 × 160 = 32 000(元)

借：基本生产成本——第三车间　　　　　　　　32 000

　　贷：自制半成品——B 半成品　　　　　　　　　32 000

第三车间产品成本核算单在登记了本月本步骤发生的费用和上步(半成品库)转入费用以后，就可以按照第一车间产品成本核算的方法，计算出本月所产甲产品的实际总成本和单位成本。计算结果见表 4-53。

表 4-53　第三车间产品成本核算单

产品：甲产品　　　　　　　　　××年6月

摘　要	上步骤转入半成品	本步骤发生费用		合　计
		直接人工	制造费用	
月初在产品成本/元	7 100	1 200	500	8 800
本月发生生产费用/元	32 000	3 000	1 600	36 600
生产费用合计/元	39 100	4 200	2 100	45 400
本月完工产品数量/件	180	180	180	×

续表

摘　要	上步骤转入半成品	本步骤发生费用		合　计
		直接人工	制造费用	
月末在产品约当量/件	50	30	30	×
约当总产量/件	230	210	210	×
完工产品单位成本/(元/件)	170	20	10	200
完工产品总成本/元	30 600	3 600	1 800	36 000
月末在产品成本/元	8 500	600	300	9 400

表 4-53 的计算结果表明，第三车间本月所生产甲产品 180 件，实际总成本为 36 000 元，实际平均单位成本为 200 元。根据计算结果，编制结转完工产品的会计分录如下：

借：产成品——甲产品　　　　　　　　　　36 000

贷：基本生产成本——第三车间　　　　　　　　36 000

从以上计算过程可以看出，逐步结转分步实际上就是几个品种法的连续运用。即在采用品种法计算出上一步骤的半成品成本以后，按照下一步骤耗用半成品的实物数量将其成本随之转入下一步骤成本，下一步骤再一次采用品种法汇集所耗半成品的费用和本步骤其他费用，计算其半成品成本。如此逐步结转，直至最后一步骤计算出产成品成本。

(二)半成品综合结转的成本还原

采用逐步综合结转分步法结转成本，各步骤所耗半成品的成本是以"半成品"或"直接材料"成本项目综合反映的，这样计算出来的产成品成本，不能提供按原始成本项目反映的成本资料。在生产步骤较多的情况下，逐步综合结转以后，表现在产成品成本中的绝大多数费用是最后一个步骤所耗半成品的费用，其他费用只是最后一个步骤的费用，在产成品成本中所占的比重很小。这显然不符合企业产品成本的结构(也就是各成本项目之间的比例关系)的实际情况，因而不能据以从整个企业的角度来考核和分析产品成本的构成水平，所以，需要进行成本还原。

通常采用的成本还原方法是：从最后一个步骤起，把各步骤所耗上一步骤半成品的综合成本，逐步分解，还原成直接材料、直接人工和制造费用等原始成本项目，从而求得按原始成本项目反映的产成品成本资料。也就是说，将本月产成品所耗上一步骤半成品的综合成本，按照本月所产这种半成品的成本结构进行还原。

成本还原的常见方法有：产品成本项目比重还原法、还原率还原法和定额成本还原法三种。下面主要对产品成本项目比重还原法、还原率还原法两种方法进行阐述。

成本还原与成本核算的程序刚好相反，如图 4-4 所示。

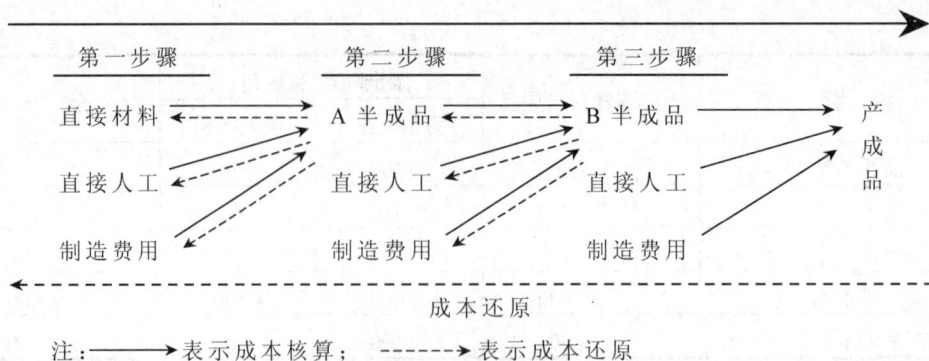

注：——→表示成本核算；------→表示成本还原

图 4-4　成本核算与成本还原程序示意图

1. 产品成本项目比重还原法

产品成本项目比重还原法，是指构成产成品的半成品成本，按照上一步骤所产的半成品中各成本项目所占的比重进行还原的方法。具体计算如下。

各成本项目的比重：

$$某半成品成本项目的比重=\frac{该成本项目费用}{半成品成本}\times100\%$$

成本还原：

构成产成品的半成品中某成本项目费用=构成产成品的半成品成本×
该半成品成本项目的比重

将构成产成品的半成品的各成本项目费用计算出来之后，将各生产步骤相同原始成本项目的成本数额加以汇总，就可以求得成本还原以后的产成品成本。

2. 产品成本还原率还原法

成本还原率还原法，是指构成产成品成本的半成品成本还原后的各项费用，是以本月所产半成品的各项费用，分别乘以还原分配率计算求出的。

由此可见，使用这种方法进行成本还原，必须计算还原分配率，其计算公式为

$$还原分配率=\frac{产成品所耗上一步骤半成品成本合计}{本月所产该种半成品成本合计}$$

以还原分配率分别乘以本月上一步骤所产该种半成品各个成本项目的费用，即可将本月产成品所耗该种半成品的综合费用，按照本月所产这种半成品的成本结构进行分解、还原，求得按原始成本项目反映的产成品成本。即：

$$\begin{array}{l}还原为某成本\\项目的数据\end{array}=\begin{array}{l}上步所产半成品该\\成本项目的数额\end{array}\times还原分配率$$

【例 4-5】　仍以例 4-4 甲产品成本核算资料为例，说明成本还原的方法。

方法 1：各步骤半成品综合成本按上步骤所产半成品中各成本项目的比重还原。仍按

上例数据进行还原。

(1) 对产成品所耗第二车间 B 半成品成本(30 600)还原

① 计算第二车间半成品各成本项目比重

所耗第一车间半成品成本比重=$\dfrac{18\,000}{32\,000}$=0.562 5

直接人工比重=$\dfrac{8\,000}{32\,000}$=0.25

制造费用比重=$\dfrac{6\,000}{32\,000}$=0.187 5

② 还原

还原为第二车间 B 半成品成本=30 600×0.562 5=17 212.50(元)

还原为直接人工费用=30 600×0.25=7 650(元)

还原为制造费用=30 600×0.1875=5 737.50(元)

(2) 对产成品所耗第一车间 A 半成品成本还原

① 计算第一车间所产 A 半成品各成本项目比重

直接材料成本比重=$\dfrac{7\,500}{15\,000}$=0.5

直接人工比重=$\dfrac{4\,500}{15\,000}$=0.3

制造费用比重=$\dfrac{3\,000}{15\,000}$=0.2

② 还原(产成品费用所耗该车间半成品成本为上步还原的 17 212.50 元)

还原为直接材料费用=17 212.50×0.5=8 606.25(元)

还原为直接人工费用=17 212.50×0.3=5 163.75(元)

还原为制造费用=17 212.50×0.2=3 442.50(元)

上述计算过程和结果可通过成本还原表进行，见表 4-54。

表 4-54　产成品成本还原计算表(方法 1)

×× 年 6 月

摘　要	第二车间 B 半成品	第一车间 A 半成品	直接 材料	直接人工	制造费用	合　计
①还原前产成品 成本/元	30 600			3 600	1 800	36 000
②第二车间半成品 各成本项目比重	$\dfrac{18\,000}{3\,200}$=0.562 5			$\dfrac{8\,000}{32\,000}$=0.25	$\dfrac{6\,000}{32\,000}$=0.1875	1.00

续表

摘　要	第二车间 B半成品	第一车间 A半成品	直接 材料	直接人工	制造费用	合　计
③第二车间半成品还原(30 600×比重)/元	-30 600	17 212.50		7 650	5 737.50	0
④第一车间生产半成品各成本项目比重		$\dfrac{7\,500}{15\,000}=0.5$		$\dfrac{4\,500}{15\,000}=0.3$	$\dfrac{3\,000}{15\,000}=0.2$	1.0
⑤第一车间半成品成本还原/元		-17 212.50	8 606.25	5 163.75	3 442.50	0
⑥还原后产成品成本(①+③+⑤)/元			8 606.25	16 413.75	10 980	36 000

方法2：按所耗产品占上步完工该半成品成本的比重还原。

仍按上例数据计算。

(1) 对第三车间(产成品)所耗第二车间半成品进行还原

$$还原分配率=\frac{30\,600}{32\,000}=0.956\,25$$

还原为第二车间 B 半成品成本额=18 000×0.956 25=17 212.50(元)

还原为直接人工费用=8 000×0.95625=7 650(元)

还原为制造费用=6 000×0.956 25=5 737.50(元)

(2) 对产成品所耗第一车间半成品(17 212.50)继续还原

$$还原分配率=\frac{17\,212.50}{15\,000}=1.147\,5$$

还原为直接材料费用=7 500×1.147 5=8 606.25(元)

还原为直接人工费用=4 500×1.1475=5 163.75(元)

还原为制造费用=30 001.1475=3 442.50(元)

上述计算步骤结果可直接在成本还原计算表中进行，见表4-55。

表4-55　产成品成本还原计算表(方法2)

××年6月　　　　　　　　　　　　　　　　　　　　　元

摘　要	还原分配率	第二车间 B半成品	第一车间A 半成品	直接材料	直接人工	制造费用	合　计
①还原前产成品成本		30 600			3 600	1 800	36 000
②第二车间B半成品 成本				18 000	8 000	6 000	32 000

续表

摘 要	还原分配率	第二车间B 半成品	第一车间A 半成品	直接材料	直接人工	制造费用	合 计
③产成品所耗第二车间B半成品还原	0.956 25	-30 600	17 212.50		7 650	5 737.50	0
④第一车间生产A半成品成本				7 500	4 500	3 000	15 000
⑤产成品所耗A半成品成本还原	1.147 5		-17 212.50	8 606.25	5 163.75	3 442.50	0
⑥还原后产成品成本(①+③+⑤)				8 606.25	16 413.75	10 980	36 000

注：①还原分配率 $=\dfrac{30\,600}{32\,000}=0.95625$ ②还原分配率 $=\dfrac{17\,212.50}{15\,000}=1.1475$

应该指出，按照以上方法进行成本还原，没有考虑以前月份所产半成品的成本结构对本月产成品所耗半成品成本结构的影响，因此，在各月所产半成品的成本结构变动较大的情况下采用这种方法，对成本还原结果的正确性就会有较大的影响。如果半成品的定额成本或计划成本比较准确，为了简化成本还原工作，并提高还原结果的正确性，产成品所耗半成品费用也可以按半成品定额成本或计划成本的结构进行还原。这时，上列成本还原计算表中按成本项目分列的本月所产半成品的总成本，应该改为按成本项目分列的半成品定额的或计划的单位成本。

(三)半成品按实际成本分项结转

分项结转是指上一步骤生产完工的半成品成本在结转到下一步骤时，按其成本项目分别记入下一步骤产品成本核算单的对应的成本项目中。如果半成品通过半成品库收发，那么，在自制半成品明细账中登记半成品成本时，也要按照成本项目分别登记。

分项结转可以按照半成品的实际单位成本结转，也可以按照半成品的计划单位成本结转，然后按成本项目分项调整成本差异。显然，后一种做法的计算工作量较大。因此，一般采用按实际成本分项结转的方法。

【例4-6】 仍以本节星光工厂大量生产的甲产品为例，甲产品6月份各生产步骤发生的费用和月初在产品成本资料见表4-50；6月份生产数量资料见表4-49。

甲产品成本核算的程序，按照逐步结转分步法的原理，分为以下三个步骤：

第一步骤，计算第一车间所产A半成品成本。

第一车间没有上一步转入费用，分项结转和综合结转在成本核算方法上完全一致。为使举例完整，仍列示第一车间产品成本核算单如表4-56所示。

表 4-56　第一车间产品成本核算单

产品：A 半成品　　　　　　　　　　　××年 6 月

摘　要	直接材料	直接人工	制造费用	合计
月初在产品成本/元	3 500	1 400	600	5 500
本月发生生产费用/元	9 000	4 000	3 000	16 000
生产费用合计/元	12 500	5 400	3 600	21 500
本月完工产品数量/件	150	150	150	×
月末在产品约当量/件	100	30	30	×
约当总产量/件	250	180	180	×
完工产品单位成本/(元/件)	50	30	20	100
完工产品总成本/元	7 500	4 500	3 000	15 000
月末在产品成本/元	5 000	900	600	6 500

结转第一车间完工 A 半成品成本的会计分录，也与综合结转相同，如下所示：

借：基本生产成本——第二车间　　　　　15 000

　　贷：基本生产成本——第一车间　　　　　　15 000

第二步骤，计算第二车间所产 B 半成品成本。

第二车间所产 B 半成品成本，包括上一步(第一车间)转入的 A 半成品成本。在分项结转的情况下，第一车间本月转入 200 件 A 产品总成本 15 000 元，应分成本项目，分别在本车间产品成本核算单中对应的成本项目栏内登记。

应当指出，对于月末在产品来说，上一步转入费用和本步发生费用应当负担的程度是不相同的。上一步转入费用对本步月末在产品而言，已经全部投入，应与本月完工产品(半成品)同等负担费用，本步发生费用对本步月末在产品而言，尚未全部投入，应当计算在产品约当量以后，再与完工产品一道分配费用。这样，在分项结转方式下，产品成本核算单中的每一个成本项目，都应当区分为本步发生费用和上一步转入费用，以正确计算月末在产品成本。

按照上述要求，第二车间产品成本核算单的格式见表 4-57。

表 4-57 中，月末在产品约当量行内，各成本项目"上步转入"均为 40 件，与月末在产品数量相同，表示完工程度为 100%，"本步发生"则为 20 件(40×50%)，表示按完工程度 50% 计算了约当量。

表4-57 第二车间产品成本核算单

产品：B 半成品 　　　　　　　　　　　××年6月

摘　要	直接材料		直接人工		制造费用		合　计
	上步转来	本步发生	上步转来	本步发生	上步转来	本步发生	
月初在产品成本/元	3 300		1 980	1 800	1320	1 600	10 000
本月发生生产费用/元	7 500		4 500	7 000	3 000	5 000	27 000
生产费用合计/元	10 800		6 480	8 800	4 320	6 600	37 000
完工产品数量/件	200		200	200	200	200	×
月末在产品约当量/件	40		40	20	40	20	×
约当总产量/件	240		240	220	240	220	×
完工产品单位成本/(元/件)	45		27	40	18	30	160
完工产品总成本/元	9 000		5 400	8 000	3 600	6 000	32 000
月末在产品成本/元	1 800		1 080	800	720	600	5 000

表4-57 中的计算过程不再列示，结转完工入库 B 半成品的会计分录如下：

借：自制半成品——B 半成品　　　　　32 000

　　贷：基本生产成本——第二车间　　　　　32 000

第三步，计算第三车间所产甲产品成本。

计算第三车间所产甲产品成本，应先计算出该车间本月领用 B 半成品 200 件的实际总成本。在分项结转方式下，自制半成品明细账应当分成本项目反映。在按加权平均法计算半成品单位成本时，也应当分成本项目计算。本例登记和计算结果见表4-58。

表4-58 自制半成品明细账

品名：B 半成品 　　　　　　　　　　　××年6月

摘　要	数量/件	金额/元			
		直接材料	直接人工	制造费用	合　计
月初结存	30	1 350	2 010	1 440	4 800
本月第二车间交库	200	9 000	13 400	9 600	32 000
本月第三车间领用	200	9 000	13 400	9 600	32 000
月末结存	30	1 350	2 010	1 440	4 800

根据自制半成品明细账的计算结果，编制第三车间领用 B 半成品的会计分录如下：

借：基本生产成本——第三车间　　　　　32 000

　　贷：自制半成品——B 半成品　　　　　　32 000

本月领 B 半成品的实际总成本 32 000 元记入第三车间产品成本核算单时，也应分成本项目登记。第三车间产品成本核算单见表 4-59。

表 4-59　第三车间产品成本核算单

产品名称：甲产品　　　　　　　　　　　　××年 6 月

摘　要	直接材料		直接人工		制造费用		合　计
	上步转来	本步发生	上步转来	本步发生	上步转来	本步发生	
月初在产品成本/元	1 996.88		2 973.12	1 200	2 130	500	8 800
本月发生生产费用/元	9 000		13 400	3 000	9 600	1 600	36 600
生产费用合计/元	10 996.88		16 373.12	4 200	11 730	2 100	45 400
完工产品数量/件	180		180	180	180	180	×
月末在产品约当量/件	50		50	30	50	30	×
约当总产量/件	230		230	210	230	210	×
完工产品单位成本/(元/件)	47.81		71.19	20	51	10	200
完工产品总成本/元	8 605.80		12 814.20	3 600	9 180	1 800	36 000
月末在产品成本/元	2 391.08		3 558.92	600	2 550	300	9 400

根据表 4-59 的结果，编制会计分录如下：

借：产成品——甲产品　　　　　　　　　36 000

　　贷：基本生产成本——第三车间　　　　　36 000

表 4-59 的计算结果表明，本月完工甲产品 200 件的实际成本为 36 000 元，其中直接材料费用 8 605.80 元，直接人工费用 16 414.20 元，制造费用 10 980 元。这一计算结果与表 4-54 和表 4-55 进行半成品成本还原以后的甲产品总成本及各成本项目的成本一致。可见，分项结转能够真实地反映产品总成本还原。但是，在分项结转方式下，产品成本核算单中各个成本项目都要区分为上步转入和本步发生，自制半成品本明细账也要分成本项目登记，成本的计算、结转和登记的工作量比较大。

(四)半成品按计划(或定额)成本逐步结转

采用这种结转方法时，半成品的日常收发均按计划单位成本核算；在半成品的实际成本算出以后，再计算半成品的成本差异率，调整所耗半成品的成本差异。

按计划成本综合结转所用账表的特点在于：

(1) 为了调整所耗半成品的成本差异，自制半成品明细账不仅要反映半成品收发和结存的数量和实际成本，而且要反映半成品收发和结存的计划成本、成本差异和成本差异率。

(2) 在产品成本明细账中，对于所耗半成品，可以按照调整成本差异后的实际成本登记；为了分析上一步骤半成品成本差异对本步骤成本的影响，也可以按照所耗半成品的计划成本和成本差异分别登记。在后一种登记方法下，产品成本明细账"半成品"项目、"原材料"或"直接材料"项目，要分设"计划成本"、"成本差异"和"实际成本"三栏。

【例4-7】 假定某企业生产的乙产品，生产过程分两个步骤。第一步骤完工的乙半成品，交半成品库验收；第二步骤按照所需数量向半成品库领用。第二步骤所耗半成品费用按全月一次加权平均单位成本核算。两个步骤的月末在产品均按定额成本计价。该企业XX年9月有关产量记录、本月发生生产费用和在产品定额成本资料如下。

(1) 产量记录见表4-60。

表4-60 产量记录

件

项 目	第一步骤	半成品库	第二步骤
月初在产品数量	20	30	20
本月投产(上步交来)数量	140	150	160
本月完工数量	150	160	170
月末在产品数量	10	20	10

(2) 本月发生生产费用成本资料见表4-61。

表4-61 生产费用成本资料

元

成本项目	本月发生生产费用		
	第一步骤	第二步骤	合 计
直接材料或半成品	29 360		29 360
直接人工	8 120	3 980	12 100
制造费用	4 520	2 050	6 570
合 计	42 000	6 030	48 030

(3) 在产品定额成本资料见表4-62。

表 4-62　在产品定额成本资料

元

成本项目	月初在产品定额成本		月末在产品定额成本	
	第一步骤	第二步骤	第一步骤	第二步骤
直接材料或半成品	3 120	4 040	1 560	2 000
直接人工	840	960	420	480
制造费用	440	560	220	280
合　计	4 400	5 560	2 200	2 760

采用按半成品计划成本综合结转计算乙产品的生产成本。

该企业乙产品成本核算程序如下:

(1) 根据各种费用分配表、半成品交库单和第一步骤在产品定额成本资料,登记第一步骤乙半成品成本明细账(见表 4-63)。

表 4-63　第一步骤产品成本明细账

产品名称:乙半成品　　　　　　　　××年9月　　　　　　　　　元

项　目	产量/件	直接材料	直接人工	制造费用	合　计
月初在产品成本(定额成本)	20	3 120	840	440	4 400
本月发生生产费用		29 360	8 120	4 520	42 000
生产费用合计		32 480	8 960	4 960	46 400
转出半成品成本	150	30 920	8 540	4 740	44 200
月末在产品成本(定额成本)		1 560	420	220	2 200

(2) 根据第一步骤乙半成品成本明细账,以及半成品的交库单和领用单,登记自制半成品明细账(见表 4-64)。

表 4-64　自制半成品明细账

产品名称:乙半成品　　　　　　　　××年9月　　　　　　　　计划单位成本:310 元

月份	月初余额			本月增加			累　计					本月减少		
	数量/件	计划成本/元	实际成本/元	数量/件	计划成本/元	实际成本/元	数量/件	计划成本/元	实际成本/元	成本差异/元	成本差异率	数量/件	计划成本/元	实际成本/元
9	30	9 300	7 640	150	46 500	44 200	180	55 800	51840	-3 960	-7..1%	160	49 600	46 080
10	20	6 200	5 760											

在自制半成品明细账中，本月增加和本月减少的计划成本，应根据半成品的交库单和领用单所列数量，按计划单位成本计价以后登记。本月增加的实际成本，应根据第一步骤产品成本明细账中完工转出的半成品成本登记；累计的成本差异、成本差异率和本月减少的实际成本的计算公式如下：

$$累计成本差异=累计实际成本-累计计划成本$$
$$=51\,840-55\,800=-3\,960(元)$$

$$累计成本差异率=\frac{累计成本差异}{累计计划成本}\times100\%$$

$$=\frac{-3\,960}{55\,800}\times100\%=-7.1\%$$

$$本月减少的实际成本=本月减少的计划成本\times成本(1+差异率)$$
$$=49\,600\times(1-7.1\%)=46\,080(元)$$

(3) 根据各种费用分配表、半成品领用单、自制半成品明细账、产成品交库单和第二步骤在产品定额成本资料，登记第二步骤乙产品成本明细账。

在第二步骤乙产品成本明细账中，如果"半成品"或"原材料"成本项目按调整成本差异后的实际成本登记，则其格式和金额与前列相同。如果"半成品"或"原材料"成本项目按"计划成本"、"成本差异"和"实际成本"分列三栏，则其格式和金额如表4-65。

表4-65　第二步骤产品成本明细账

产品名称：乙产品　　　　　　　　　　××年9月　　　　　　　　　　　　　　元

项　目	产量/件	半成品			直接人工	制造费用	成本合计
		计划成本	成本差异	实际成本			
月初在产品成本(定额成本)		4 040	×	4 040	960	560	5 560
本月发生生产费用		49 600	-3 520	46 080	3 980	2 050	52 110
生产费用合计		53 640	-3 520	50 120	4 940	2 610	57 670
转出产成品成本	170	51 640	-3 520	48 120	4 460	2 330	54 910
产成品单位成本		303.70	-20.70	283	26.30	13.70	323
月末在产品成本(定额成本)	10	2 000	×	2 000	480	280	2 760

在第二步骤产品成本明细账中，本月所耗(发生)按计划单位成本核算的半成品费用，应根据按计划单位成本计价的半成品领用单登记；本月所耗半成品的成本差异，应根据所耗半成品的计划成本乘以自制半成品明细账中的成本差异率计算登记：

本月所耗半成品应分配的成本差异=本月所耗半成品的计划成本×成本差异率

$$= 49\ 600 \times (-7.1\%) = -3\ 520(元)$$

由于该企业规定在产品按定额成本计价，因而在产品所耗用的半成品没有成本差异。也正因此，本月所耗半成品的成本差异-3 520元全部计入本月产成品成本。

在各个生产步骤领用上一步骤的半成品时，相当于领用原材料。因此，综合结转半成品的核算，相当于各生产步骤领用原材料的核算。按实际成本综合结转半成品成本的核算原理与按材料实际成本进行产品所耗材料费用的核算原理基本相同；按计划成本综合结转半成品成本的核算原理与按材料计划成本进行产品所耗材料费用的核算原理基本相同。

按照计划成本综合结转半成品成本优点如下：

首先，简化和加快了核算工作。按计划成本结转半成品成本，可以简化和加快半成品收发的计价和记账工作。在半成品种类较多，按类计算半成品成本差异率、调整所耗半成品成本差异时，更可以省去按品种、规格设立产品成本明细账逐一计算所产半成品的实际成本和成本差异、逐一调整所耗半成品成本差异的大量计算工作。如果月初半成品结存量较大，本月所耗用的半成品大部分甚至全部是以前月份生产的，则本月所耗半成品成本差异也可以根据上月半成品的成本差异率，即月初结存半成品的成本差异率调整计算。这样，各生产步骤可以根据本步骤所耗上一步骤半成品的计划成本乘以月初半成品成本差异率，同时计算所耗半成品的成本差异和实际费用，而不必等到月末计算出上一步骤本月半成品的实际成本、成本差异和成本差异率以后，再来计算所耗半成品的成本差异和实际费用，成本核算不必逐步等待，因而可以加快成本核算工作。

其次，便于进行成本的考核和分析。按计划成本结转半成品成本，可以在各步骤的产品成本明细账中分别反映所耗半成品的计划成本和成本差异，因而在考核和分析各步骤产品成本时，可以剔除上一步骤半成品成本节约或超支的影响，便于对产品成本进行考核和分析。如果各步骤所耗半成品的成本差异，不是调整计入各步骤产品成本，而是直接调整计入最后的产成品成本，则不仅可以进一步简化和加快各步骤的成本核算工作，而且各步骤的产品成本中不包括上一步骤半成品成本节约或超支的影响，从而更加便于成本考核和分析工作的进行。

按照计划成本综合结转半成品成本应具备的条件是：半成品的计划成本必须比较准确。

案 例 分 析

【案例】

李民××年9月从原来的企业辞职，应聘到一家纺织厂做成本会计员。财务部老成本会计张师傅向小李介绍了企业的基本情况。该纺织厂规模较大，共有三个纺纱车间，两个织布车间，另外，还有若干为纺纱织布车间服务的辅助生产车间。

该厂第一纺纱车间纺的纱全部对外销售，第二纺纱车间纺的纱供第一织布车间使用，第三纺纱车间纺的纱供第二织布车间使用。纺纱和织布的工序包括清花、粗纺、并条、细纱、捻线、织布等工序。各工序生产的半成品直接供下一工序使用，不经过半成品库。

该厂现行的成本核算模式是，第一纺纱车间采用品种法计算成本；第二纺纱车间和第一织布车间采用品种法计算成本，第三纺纱车间和第二织布车间采用逐步结转分布法计算成本。

为了加强企业的成本管理，厂财务部对各车间生产的半成品均要进行考核；另外，主管部门还要对半成品成本情况进行评比和检查。

张师傅问李民，我厂成本核算方法的选择是否合理？如果不合理，应如何改进？同时，张师傅还向小李提供了本企业三个生产车间的生产成本资料，让小李熟悉企业的成本核算过程。有关资料如下：

某产品经过三个生产步骤。第一步骤生产的半成品直接转入第二步骤；第二步骤生产的半成品直接转入第三步骤，在第三步骤生产出产成品。各步骤产品成本明细账见表4-66至表4-68。

表4-66 第一步骤产品成本核算单

元

摘 要	产 量	直接材料	直接人工	制造费用	成本合计
在产品成本(定额成本)		600 000	75 000	69 000	744 000
本月生产费用		1 500 000	144 000	108 000	1 752 000
生产费用累计					
半成品成本	200				
半成品单位成本					
在产品成本(定额成本)		402 000	54 000	63 000	519 000

表4-67 第二步骤产品成本核算单

元

摘 要	产 量	直接材料	直接人工	制造费用	成本合计
在产品成本(定额成本)		510 000	45 900	37 200	593 100
本月生产费用			156 000	83 400	
生产费用累计					
半成品成本	300				
半成品单位成本					
在产品成本(定额成本)		660 000	54 900	43 500	758 400

表4-68 第三步骤产品成本核算单

元

摘 要	产 量	直接材料	直接人工	制造费用	成本合计
在产品成本(定额成本)		363 000	17 400	7 200	387 600
本月生产费用			84 000	57 000	
生产费用累计					
半成品成本	200				
半成品单位成本					
在产品成本(定额成本)		300 000	13 800	5 700	319 500

要求根据上述资料采用逐步结转分步法(按实际成本结转法)计算成本并将计算结果填入相应表中。

【分析与计算】

小李经过几天的调查后,写出了调查报告,提出了自己对企业成本核算工作的意见。在该报告中,小李认为,第一纺纱车间由于纺的纱直接对外销售,不为其他生产车间使用,因此,可以采用品种法计算成本;第二纺纱车间向第一织布车间提供半成品,为了进行成本考核和分析,应计算该步骤半成品的成本,所以,采用逐步结转分步法比较合适。而第二纺纱车间和第二织布车间已经采用逐步结转分步法了,所以,可以不改变。小李按张师傅所给的资料计算的产品成本结果见表4-69至表4-71。

表4-69 第一步骤产品成本核算单

元

摘 要	产 量	直接材料	直接人工	制造费用	成本合计
在产品成本(定额成本)		600 000	75 000	69 000	744 000
本月生产费用		1 500 000	144 000	108 000	1 752 000
生产费用累计		2 100 000	219 000	177 000	2 496 000
半成品成本	200	1 698 000	165 000	114 000	1 977 000
半成品单位成本		8 490	825	570	9 885
在产品成本(定额成本)		402 000	54 000	63 000	519 000

表4-70 第二步骤产品成本核算单

元

摘要	产量	直接材料	直接人工	制造费用	成本合计
在产品成本(定额成本)		510 000	45 900	37 200	593 100
本月生产费用		1 977 000	156 000	83 400	2 216 400
生产费用累计		2 487 000	201 900	120 600	2 809 500
半成品成本	300	1 827 000	147 000	77 100	2 051 100
半成品单位成本		6 090	490	257	6 837
在产品成本(定额成本)		660 000	54 900	43 500	758 400

表4-71 第三步骤产品成本核算单

元

摘 要	产 量	直接材料	直接人工	制造费用	成本合计
在产品成本(定额成本)		363 000	17 400	7 200	387 600
本月生产费用		2 051 100	84 000	57 000	2 192 100
生产费用累计		2 414 100	101 400	64 200	2 579 700
半成品成本	200	2 114 100	87 600	58 500	2 260 200
半成品单位成本		10 570.50	438	292.50	11 301
在产品成本(定额成本)		300 000	13 800	5 700	319 500

三、平行结转分步法的应用

1. 平行结转分步法举例

在平行结转分步法下，各步骤的生产费用(不包括所耗上一步骤的半成品费用)要在产成品与广义在产品之间进行分配，计算这些费用在产成品成本和广义在产品成本中所占的份额。进行这种费用分配，通常采用定额比例法、在产品按定额成本计价法和约当产量法等。

【例4-8】 星星工厂设有三个基本生产车间，大量生产甲产品。甲产品顺序经过三个车间进行生产。第一车间生产的产品为 A 半成品，完工后全部给第二车间继续加工；第二车间将 A 半成品加工为 B 半成品，完工后全部交给第三车间继续加工；第三车间将 B 半成品加工为甲产品，完工后交产成品仓库验收。

甲产品原材料在第一车间生产开始时一次投入，第二、第三车间从上步骤领来的半成品，也都在各生产车间生产开始时一次投入。各生产车间完工产品(最终产成品)和月末在产品(广义在产品)之间费用的分配，采用约当产量法。各生产车间的直接人工费用和制造费用发生比较均衡，月末在产品完工程度可按50%计算。该厂6月份生产的有关记录如下。

(1) 有关生产产量资料如表4-72所示。

表4-72　生产产量记录

产品：甲产品　　　　　　　　　　　　×× 年6月　　　　　　　　　　　　　　　　　件

摘　要	一车间	二车间	三车间
月初在产品	70	90	30
本月投入或上步转入	180	150	200
本月完工转入下步或交库	150	200	180
月末在产品	100	40	50

(2) 有关费用资料如表4-73所示。

表4-73　生产费用记录

产品：甲产品　　　　　　　　　　　　×× 年6月　　　　　　　　　　　　　　　　　元

项　目		直接材料	直接人工	制造费用	合　计
月初资料	一车间	3 500	1 400	600	5 500
	二车间		6 600	3 400	10 000
	三车间		5 500	3 300	8 800
本月发生额	一车间	8 710	4 040	3 240	15 990
	二车间		7 100	5 100	12 200
	三车间		2 905	1 620	4 525

根据平行结转分步法的原理，甲产品的成本核算，可以分为以下两个步骤：

(1) 计算各生产步骤应计入相同产成品成本的份额。

第一车间：

分配直接材料成本的约当产量=180+50+40+100=370

分配直接人工和制造费用的约当产量=180+50+40+100×50%=320

直接材料分配率=$\dfrac{3500+8710}{370}$=33(元/件)

直接人工分配率=$\dfrac{1400+4040}{320}$=17（元/件）

制造费用分配率$= \dfrac{600+3240}{320} = 12$（元/件）

第一车间产成品成本应负担份额为 11 160 元，其中：

直接材料费用=180×33=5 940(元)

直接人工费用=180×17=3 060(元)

制造费用=180×12=2 160(元)

第一车间成本核算单如表 4-74 所示。

表 4-74　第一车间产品成本核算单

产品：甲产品　　　　　　　　　　××年6月

摘　要		直接材料	直接人工	制造费用	合　计
本月初在产品成本/元		3 500	1 400	600	5 500
本月发生生产费用/元		8 710	4 040	3 240	15 990
生产费用合计/元		12 210	5 440	3 840	21 490
最终产成品数量/件					180
在产品	本步在产品/件	100	50	50	100
约当量	已交下步未完工半成品/件	90	90	90	90
约当总产量/件					320
单位产成品成本/元		33	17	12	62
180 件产成品成本/元		5 940	3 060	2 160	11 160
月末在产品成本/元		6 270	2 380	1 680	10 330

第二车间：

分配直接人工和制造费用的约当产量=180+50+40×50%=250

直接人工分配率$= \dfrac{6\,600+7\,100}{250} = 54.8$(元/件)

制造费用分配率$= \dfrac{3\,400+5\,100}{250} = 34$(元/件)

第二车间产成品成本应负担份额为 15 984 元，其中：

直接人工费用=180×54.8=9 864(元)

制造费用=180×34=6 120(元)

第二车间产品成本核算单如表 4-75 所示。

表 4-75 第二车间产品成本核算单

产品：甲产品　　　　　　　　　　　××年6月

摘　要		直接材料	直接人工	制造费用	合　计
本月初在产品成本/元			6 600	3 400	10 000
本月发生生产费用/元			7 100	5 100	12 200
生产费用合计/元			13 700	8 500	22 200
最终产成品数量/件					180
在产品	本步在产品/件				20
约当量	已交下步未完工半成品/件				50
约当总产量/件					250
单位产成品成本/元			54.8	34	88.80
180 件产成品成本/元			9 864	6 120	15 984.00
月末在产品成本/元			3 836	2 380	6 216.00

第三车间：

分配直接人工和制造费用的约当产量=180+50×50%=205

$$直接人工分配率=\frac{5\,500+2\,905}{205}=41(元/件)$$

$$制造费用分配率=\frac{3\,300+1\,620}{205}=24(元/件)$$

第三车间产成品成本应负担 11 700 元，其中：

直接人工费用=180×41=7 380(元)

制造费用=180×24=4 320(元)

第三车间产品成本核算单见表 4-76。

表 4-76 第三车间产品成本核算单

产品：甲产品　　　　　　　　　　　××年6月

摘　要	直接材料	直接人工	制造费用	合计
本月初在产品成本/元		5 500	3 300	8 800
本月发生生产费用/元		2 905	1 620	4 525
生产费用合计/元		8 405	4 920	13 325
最终产成品数量/件		180	180	×

续表

摘　要		直接材料	直接人工	制造费用	合计
在产品约当量	本步在产品/件		25	25	×
	已交下步未完工半成品/件		×	×	×
约当总产量/件			205	205	×
单位产成品成本/元			41	24	65
180件产成品成本/元			7 380	4 320	11 700
月末在产品成本/元			1 025	600	1 625

(2) 汇总计算产成品总成本和单位成本。

将各生产步骤(车间)应计入相同产成品成本的份额汇总，就可以求得产成品的实际总成本，除以总产量，可以求得产成品实际平均单位成本。

根据表4-74、表4-75、表4-76提供的资料，可以编制甲产品成本核算汇总表如表4-77所示。

表4-77　产品成本核算汇总表

产品：甲产品　　　　　　××年6月　　　　　　产量：180件　　　　　　元

车　间	直接材料	直接人工	制造费用	合　计
一车间	5 940	3 060	2 160	11 160
二车间		9 864	6 120	15 984
三车间		7 380	4 320	11 700
产成品总成本	5 940	20 304	12 600	38 844
产成品单位成本	33	112.8	70	215.8

(二)平行结转分步法和逐步结转分步法比较

通过本节的举例，可以进一步了解到，平行结转分步法与逐步结转分步法比较，主要有以下几个方面的区别。

1. 成本管理的要求不同

作为产品成本核算的分步法，平行结转和逐步结转都适用于管理上要求分步控制费用、计算成本的大量大批多步骤生产。但是，平行结转各生产步骤只归集本步骤发生费用，不计算半成品成本，适用于管理上要求分步控制费用，不要求计算半成品成本的企业；逐步结转各生产步骤，逐步计算和结转半成品成本，适用于管理上要求分步控制费用，且需要计算半成品成本的企业。

当企业半成品种类比较多，且不对外销售时，在管理上可以不要求计算半成品成本。

这样，采用平行结转分步法，既可以分步控制成本和费用，又可以简化和加速成本核算工作。当企业有自制半成品对外销售时，为了正确计算半成品的销售成本，在管理上必然要求计算半成品成本，这时，应当采用逐步结转分步法。

2. 成本核算对象不同

平行结转分步法和逐步结转分步法都需要计算产成品的成本，因此，企业都需要以产成品的品种作为成本核算对象。但是，平行结转分步法还需要以各步骤应计入产成品成本的"份额"作为成本核算对象，而逐步结转分步法则需要企业以各步骤所生产的半成品作为成本核算对象。

3. 成本核算的程序不同

平行结转分步法是先计算出各步骤应计入产成品成本的"份额"，然后将其汇总，即可计算出产成品的成本。而逐步结转分步法中，产成品成本的计算是从第一步骤开始，先计算出完工半成品的成本，并将其转入第二步骤；然后再计算第二步骤完工半成品的成本，并将其转入第三步骤，依此类推，直至最后步骤计算出完工产成品的成本。

4. 月末在产品的含义不同

平行结转分步法中，月末在产品的含义是广义的，它不仅包括月末正在本步骤中加工的产品，还包括本步骤已完工转入半成品库的半成品，和已从半成品库转到以后各步骤进一步加工、尚未最后产成的在产品。而逐步结转分步法中，月末在产品的含义是狭义的，仅仅是指月末正在本步骤中加工的尚未完工的产品。

案 例 分 析

【案例】

黄涛是金星工厂的一名成本核算员。该工厂生产A产品有三个步骤，原材料在开始生产时一次投入，月末在产品按约当产量法计算，各步骤在产品完工程度均为50%。有关产量记录和生产费用记录资料见表4-78和表4-79。

表4-78 产量记录　　　　　　　　　　　件

项　目	一步骤	二步骤	三步骤
月初在产品	80	60	30
本月投产	120	160	120
本月完工	160	120	100
月末在产	40	100	50

表 4-79 生产费用资料 元

成本项目	月初在产品成本				本步发生费用			
	一步骤	二步骤	三步骤	合计	一步骤	二步骤	三步骤	合计
直接材料	12 000	—	—	12 000	31 500	—	—	31 500
燃料及动力	2 400	2 200	650	5 250	6 240	5 800	2 350	14 390
直接工资	3 500	3120	890	7 510	8 650	7 280	3 235	19 165
制造费用	2 200	2 000	600	4 800	5 900	5 800	2 400	14 100
合 计	20 100	7 320	2 140	29 560	52 290	18 880	7 985	79 155

　　根据 A 产品的生产特点及成本管理的要求,A 产品采用平行结转分步法计算产品成本,请你帮助黄涛编制产品成本核算单,计算 A 产品的单位成本。

【分析与计算】

　　计算结果见表 4-80 至表 4-83。

表 4-80 第一步骤产品成本核算单

项 目		直接材料	燃料及动力	直接工资	制造费用	合 计
月初在产品成本/元		12 000	2 400	3 500	2 200	20 100
本月发生费用/元		31 500	6240	8 650	5 900	52 290
合计/元		43 500	8640	12 150	8 100	72 390
产量	完工产品产量/件	100	100	100	100	—
	广义在产品数量/件	190	170	170	170	—
	合计/件	290	270	270	270	—
单位成本/元		150	32	45	30	257
应计入产成品成本中金额/元		15 000	3 200	4 500	3 000	25 700
月末在产品成本/元		28 500	5 440	7 650	5 100	46 690

表 4-81 第二步骤产品成本核算单

项 目	直接材料	燃料及动力	直接工资	制造费用	合 计
月初在产品成本/元		2 200	3 120	2 000	7320
本月发生费用/元		5 800	7 280	5 800	18 880
合计/元		8 000	10 400	7 800	26 200

续表

项　目		直接材料	燃料及动力	直接工资	制造费用	合　计
产量	完工产品产量/件		100	100	100	—
	广义在产品数量/件		100	100	100	—
	合计/件		200	200	200	—
单位成本/元			40	52	39	131
应计入产成品成本中金额/元			4 000	5 200	3 900	13 100
月末在产品成本/元			4 000	5 200	3 900	13 100

表4-82　第三步骤产品成本核算单

项　目		直接材料	燃料及动力	直接工资	制造费用	合　计
月初在产品成本/元			650	890	600	2 140
本月发生费用/元			2 350	3 235	2 400	7 985
合计/元			3 000	4 125	3 000	10 125
产量	完工产品产量/件		100	100	100	—
	广义在产品数量/件		25	25	25	—
	合计/件		125	125	125	—
单位成本/元			24	33	24	81
应计入产成品成本中金额/元			2 400	3 300	2 400	8 100
月末在产品成本/元			600	825	2 400	2 025

表4-83　完工产品成本汇总计算单

元

项　目	直接材料	燃料及动力	直接工资	制造费用	合　计
第一步骤	15 000	3 200	4 500	3 000	25 700
第二步骤		4 000	5 200	3 900	13 100
第三步骤		2 400	3 300	2 400	8 100
成本合计	15 000	9 600	13 000	9 300	46 900
单位成本	150	96	130	93	469

复习思考题

一、简答题

1. 生产特点和管理要求对成本核算的影响，主要表现在哪些方面？

2. 产品成本核算的基本方法和辅助方法包括哪些？基本方法和辅助方法的划分标准是什么？

3. 产品成本核算品种法的主要特点是什么？

4. 产品成本核算分批法的主要特点是什么？

5. 简化的分批法的特点是什么？

6. 产品成本核算分步法的主要特点是什么？

7. 什么是综合结转法？综合结转半成品成本的优缺点是什么？

8　什么叫成本还原？为什么要进行成本还原？

9. 什么是分项结转法？分项结转半成品成本的优缺点是什么？

10. 与逐步结转分步法相比较，平行结转分步法具有哪些优缺点？

二、判断题(正确的划"√"，错误的划"×")

1. 生产特点和管理要求对产品成本核算的影响，主要表现在成本核算对象的确定上。
（　　）

2. 成本核算对象是区分产品成本核算各种方法的主要标志。（　　）

3. 在多步骤生产中，为了加强各生产步骤的成本管理，都应当按照生产步骤计算产品成本。
（　　）

4. 在不同生产类型中，产品成本计算的日期也不同，这主要决定于生产组织的特点。
（　　）

5. 在单件和小批生产中，产品成本有可能在某批产品完工后计算，因而成本核算是不定期的，而与生产周期相一致。
（　　）

6. 品种法、分步法和定额法是产品成本核算的三种基本方法。（　　）

7. 由于每个企业最终都必须按照产品品种计算出产品成本，因此，品种法是成本核算方法中的最基本方法。
（　　）

8. 在小批和单件生产中，产品的种类和每批产品的批量，都是根据购买单位的订单确定，因而按批、按件计算产品成本，也就是按照订单计算产品成本。（　　）

9. 如果在一张订单中只规定一件产品，但其属于大型复杂的产品，价值大，生产周期长，也可以按照产品的组成部分分批组织生产，计算成本。
（　　）

10. 由于各个企业生产工艺过程的特点不同，各生产步骤成本的计算和结转采用两种不同的方法：逐步结转和平行结转。   （　　）

11. 采用逐步结转分步法，按照结转的半成品在下一步骤产品成本明细账中的反映方法，分为综合结转和分项结转两种方法。   （　　）

12. 成本还原的对象是还原前产成品成本中的半成品的综合成本。   （　　）

13. 采用分项结转半成品成本，在各步骤完工产品成本中看不出所耗上一步骤半成品的费用和本步骤加工费用的水平。   （　　）

14. 不论是综合结转还是分项结转，半成品成本都是随着半成品实物的转移而结转。

（　　）

15. 在平行结转分步法下，各步完工产品与在产品之间的费用分配，都是指产成品与广义在产品之间的费用分配。   （　　）

三、单项选择题

1. 区分各种成本核算基本方法的主要标志是＿＿＿＿＿＿。
    A. 成本核算对象
    B. 成本核算日期
    C. 间接费用的分配方法
    D. 完工产品与在产品之间分配费用的方法

2. 分类法是在产品品种、规格繁多，但可按一定标准对产品进行分类的情况下，为了＿＿＿而采用的。
    A. 计算各类产品成本　　　　　　　　B. 简化成本核算工作
    C. 加强各类产品成本管理　　　　　　D. 提高计算的准确性

3. 生产的特点和管理的要求对成本核算方法的影响主要表现在＿＿＿＿＿＿。
    A. 生产组织的特点　　　　　　　　　B. 工艺过程的特点
    C. 生产管理的要求　　　　　　　　　D. 产品成本核算对象的确定

4. 在大量生产的企业里，要求连续不断地重复生产一种或若干种产品，因而管理上只要求而且也只能按照＿＿＿＿＿＿。
    A. 产品的批别计算成本　　　　　　　B. 产品的品种计算成本
    C. 产品的类别计算成本　　　　　　　D. 产品的步骤计算成本

5. 采用简化的分批法，在产品完工之前，产品成本明细账＿＿＿＿＿＿。
    A. 不登记任何费用
    B. 只登记直接计入费用(例如原材料费用)和生产工时
    C. 只登记原材料费用
    D. 登记间接计入费用，不登记直接计入费用

6. 某企业采用分批法计算产品成本，6月1日投产甲产品5件，乙产品3件；6月15日投产甲产品4件，乙产品4件，丙产品3件；6月26日投产甲产品6件。该企业6月份应开设产品成本明细账的张数是_____。

    A. 3张   B. 5张   C. 4张   D. 6张

7. 下列方法中，属于不计算半成品成本的分步法是_____。

    A. 逐步结转法   B. 综合结转法

    C. 分项结转法   D. 平行结转法

8. 采用逐步结转分步法，其在完工产品与在产品之间分配费用，是指在_____之间的费用分配。

    A. 产成品与月末在产品

    B. 完工半成品与月末加工中的在产品

    C. 产成品与广义的在产品

    D. 前面步骤的完工半成品与加工中的在产品及最后步骤的产成品与加工中的在产品

9. 成本还原的对象是_____。

    A. 产成品成本

    B. 各步骤所耗上一步骤半成品的综合成本

    C. 最后步骤的产成品成本

    D. 各步骤半成品成本

10. 采用平行结转分步法，_____。

    A. 不能全面地反映各个生产步骤产品的生产耗费水平

    B. 能够全面地反映各个生产步骤产品的生产耗费水平

    C. 能够全面地反映第一个生产步骤产品的生产耗费水平

    D. 能够全面地反映最后一个生产步骤产品的生产耗费水平

四、多项选择题

1. 企业在确定产品成本核算方法时，必须从企业的具体情况出发，同时考虑以下因素_____。

    A. 企业的生产特点   B. 企业生产规模的大小

    C. 进行成本管理的要求   D. 月末有无在产品

2. 工业企业的生产，按其工艺过程的特点划分，可分为_____。

    A. 大量生产   B. 成批生产

    C. 单步骤生产   D. 单件生产

3. 产品成本核算的基本方法包括_____。

    A. 品种法   B. 分批法   C. 分类法   D. 分步法

4. 产品成本核算的辅助方法包括_____。

    A. 定额比例法   B. 系数法   C. 分类法   D. 定额法

5. 将分类法和定额法归类为产品成本核算的辅助方法是因为这两种方法 _____。

    A. 与生产类型的特点没有直接联系

    B. 成本核算工作繁重

    C. 不涉及成本核算对象的确定

    D. 从计算产品实际成本的角度来说不是必不可少

6. 品种法是基本方法中的最基本的成本核算方法，是因为_____。

    A. 无论什么类型的企业，采用什么成本核算方法，最终都必须按照产品品种算出成本

    B. 按照产品品种计算成本，是产品成本核算的最一般、最起码的要求。

    C. 计算最简化

    D. 应用最广泛

7. 采用简化的分批法，在产品完工以前，产品成本明细账_____。

    A. 登记直接计入费用

    B. 只登记间接计入费用，不登记直接计入费用

    C. 登记生产工时

    D. 不登记任何费用

8. 采用分步法，计算各步骤半成品成本是_____。

    A. 成本核算的需要

    B. 成本控制的要求

    C. 对外销售的需要

    D. 全面考核和分析成本计划执行情况的要求

9. 采用逐步结转分步法，按照结转的半成品成本在下一步骤产品成本明细账中的反映方法，分为_____。

    A. 综合结转法   B. 分项结转法

    C. 按实际成本结转   D. 按计划成本结转

10. 按计划成本综合结转半成品成本的优点是_____。

    A. 可以简化和加速半成品核算和产成品成本核算工作

    B. 便于各步骤进行成本的考核和分析

    C. 便于从整个企业角度进行成本的考核和分析

    D. 便于考核产品成本的构成和水平

11. 平行结转分步法是指_____。

    A. 各步骤将发生的生产费用平行结转、汇总计入产成品成本的方法

    B. 各步骤计算产成品耗用的各种半成品成本，然后平行转入产成品成本的方法

    C. 各步骤只计算本步骤发生的生产费用

    D. 各步骤只将本步骤生产费用中应计入产成品成本"份额"，平行转入产成品成本完工产品与在产品之间的费用分配

12. 采用平行结转法_____。

    A. 各步骤可以同时计算产品成本

    B. 不能提供半成品成本资料

    C. 费用结转与半成品实物转移脱节

    D. 不能全面地反映各个生产步骤产品的生产耗费水平的情况下采用

五、计算与核算题

1. 产品成本核算的品种法。

【资料】某企业设一个基本生产车间和一个辅助生产车间(机修车间)。基本生产车间生产甲、乙两种产品，采用品种法计算产品成本。辅助生产车间的制造费用不通过"制造费用"科目核算。

6 月份生产车间发生的经济业务如下：

(1) 基本生产车间领用材料 40 000 元，其中，直接用于甲产品生产的 A 材料 10 800元，直接用于乙产品生产的 B 材料 18 000 元，甲、乙产品共同耗用的 C 材料 10 000 元(按甲、乙产品的定额消耗量比例进行分配，甲产品的定额消耗量为 440 千克，乙产品的定额消耗量为 560 千克)，车间一般消耗 1 200 元；辅助生产车间领用材料费用 2 300 元，共计42 300 元。

(2) 结算本月职工薪酬，其中，基本生产车间的工人工资 16 000 元(按甲、乙产品耗用的生产工时比例分配，甲产品生产工时为 300 小时，乙产品生产工时为 500 小时)，车间管理人员工资 2 500 元，辅助生产车间职工工资 1 500 元，共计 20 000 元。

(3) 按照工资额的 14% 计提职工福利。

(4) 计提固定资产折旧费。基本生产车间月初在用固定资产原值 100 000 元，辅助生产车间月初在用固定资产原值 40 000 元；月折旧率为 1%。

(5) 基本生产车间和辅助生产车间发生的其他支出分别为 1 200 元和 600 元，均通过银行办理转账结算。

(6) 辅助生产车间(机修车间)提供劳务 2 515 小时，其中为基本生产车间提供劳务 2 000小时，为管理部门提供劳务 515 小时。

(7) 基本生产车间的制造费用按生产工时比例在甲—乙产品之间进行分配。

(8) 甲产品各月在产品数量变化不大,生产费用在完工产品与在产品之间的分配,采用在产品按固定成本计价法。乙产品原材料在生产开始时一次投入,原材料费用按完工产品数量和月末在产品数量的比例进行分配,工资及福利费和制造费用采用约当产量比例法进行分配。乙产品本月完工产品 100 件,月末在产品 50 件,完工率为 50%。甲产品月初在产品成本为 9 500 元,其中,原材料费用 4 000 元,工资及福利费 1 200 元,制造费用 4 300 元。

乙产品月初在产品成本为 14 500 元,其中,原材料费用 6 000 元,工资及福利费 3 500 元,制造费用 5 000 元。

【要求】

(1) 编制各项要素费用分配的会计分录。

(2) 编制辅助生产费用分配的会计分录。

(3) 编制结转基本生产车间制造费用的会计分录。

(4) 计算并填列甲、乙产品成本明细账,计算甲、乙产品成本。

(5) 编制结转入库产成品成本的会计分录。

2. 产品成本核算的分批法。

【资料】某企业生产甲、乙两种产品,生产组织属于小批生产,采用分批法计算成本。

(1) 5 月份生产的产品批号如下。

9414 批号:甲产品 10 台,本月投产,本月完工 6 台。

9415 批号:乙产品 10 台,本月投产,本月完工 2 台。

(2) 5 月份各批号生产费用资料见表 4-84。

表 4-84　生产费用分配表　　　　　　　　　　　　　　　　　　元

批　号	原材料	职工薪酬	制造费用
9 414	3 360	2 350	2 800
9 415	4 600	3 050	1 980

9414 批号甲产品完工数量较大,原材料在生产开始时一次投入,其他费用在完工产品与在产品之间采用约当产量比例法分配,在产品完工程度为 50%。

9415 批号乙产品完工数量少,完工产品按计划成本结转。每台产品计划成本:原材料费用 460 元,工资及福利费 350 元,制造费用 240 元。

【要求】根据上列资料,采用分批法,登记产品成本明细账,计算各批产品的完工产品成本和月末在产品成本。

3. 简化的分批法。

【资料】某工业企业生产组织属于小批生产,产品批数多,而且月末有许多批号未完工,因而采用简化的分批法计算产品成本。

(1) 9月份生产批号如下。

9420号：甲产品5件，8月投产，9月20日全部完工。

9421号：乙产品10件，8月投产，9月完工6件。

9422号：丙产品5件，8月末投产，尚未完工。

9423号：丁产品6件，9月初投产，尚未完工。

(2) 各批号9月末累计原材料费用(原材料在生产开始时一次投入)和工时如下。

9420号：原材料费用18000元，工时9020小时。

9421号：原材料费用24000元，工时21500小时。

9422号：原材料费用23800元，工时8300小时。

9423号：原材料费用11080元，工时8220小时。

(3) 9月末，该厂全部产品累计原材料费用76 880元，工时47 040小时，工资及福利费18 816元，制造费用28 224元。

(4) 9月末，完工产品工时23 020小时，其中乙产品14 000小时。

【要求】

(1) 根据上列资料，登记基本生产成本二级账和各批产品成本明细账。

(2) 计算和登记累计间接费用分配率。

(3) 计算各批完工产品成本。

4. 逐步结转分步法综合结转的成本还原。

【资料】有关资料详见表4-85。

表4-85　产成品成本还原计算表

产品名称：甲　　　　　　　　　　产量：100件　　　　　　　　　　　　　元

项　目	产量/件	还原分配率	半成品	原材料	直接人工	制造费用	成本合计
还原前产成品成本			8 400		2 800	4 160	15 360
本月所产半成品成本还原			2 900	1 380	2 720	7 000
产成品所耗半成品成本还原							
还原后产成品总成本							
还原后产成品单位成本							

【要求】

(1) 计算还原分配率。

(2) 将还原前产成品成本中的半成品费用，按本月所产半成品成本的结构进行还原，计算按原始成本项目反映的产成品成本。

5. 逐步综合结转分步法。

【资料】乙产品生产分两个步骤,分别由两个车间进行。有关资料见表4-86、表4-87、表4-88所示。

【要求】采用综合结转分步法计算乙产品第一、二步骤(车间)完工产品成本(第一步骤完工的半成品全部为第二步骤领用,不通过半成品库收发),并进行成本还原。

表4-86 产品成本明细账

第一车间　　　　　　　　　　　　　　　　乙半成品　　　　　　　　　　　　　　　　　　　　元

项　目	原材料	工资及福利费	制造费用	合　计
月初在产品成本	4 000	1 200	2 800	8 000
本月费用	10 000	1 800	6 200	18 000
生产费用合计				
完工产品成本				
月末在产品成本	6 000	1 000	4 000	11 000

表4-87 产品成本明细账

第二车间　　　　　　　　　　　　　　　　乙产成品　　　　　　　　　　　　　　　　　　　　元

项　目	原材料	工资及福利费	制造费用	合　计
月初在产品成本	3 000	1 500	500	5 000
本月费用		8 000	3 000	
生产费用合计		9 500	3 500	
完工产品成本				
月末在产品成本	4 500	1 600	600	6 700

表4-88 产成品成本还原计算表　　　　　　　　　　　　　　　　　　　　　　　　　元

项　目	还原分配率	半成品	原材料	工资及福利费	制造费用	成本合计
还原前产成品成本	×					
本月所产半成品成本	×					
成本还原						
还原后产成品成本	×					

6. 逐步综合结转分步法的成本还原。

【资料】某企业甲产品分三个步骤生产,分别由三个车间进行,采用逐步结转分步法计算成本。各步骤间设半成品库,半成品成本的结转采用综合结转法,按实际成本进行。

某月甲产品各步骤产品成本明细账见表4-89、表4-90、表4-91。

表4-89　产品成本明细账

第一车间		甲半成品		元
项　目	原材料	工资及福利费	制造费用	合　计
月初在产品成本	1 500	300	855	2 655
本月生产费用	7 000	1 300	3 750	12 050
生产费用合计	8 500	1 600	4 605	14 705
完工产品成本	7 600	1 400	4 125	13 125
月末在产品成本	900	200	480	1 580

表4-90　产品成本明细账

第二车间			甲半成品		元
项　目	半成品	原材料	工资及福利费	制造费用	合　计
月初在产品成本	1 800	300	200	400	2 700
本月生产费用	11 800	2 200	1 600	2 800	18 400
生产费用合计	13 600	2 500	1 800	32 000	21 100
完工产品成本	12 000	2 270	1 630	2 900	18 800
月末在产品成本	1 600	230	170	300	2 300

表4-91　产品成本明细账

第三车间			甲产成品		元
项　目	半成品	原材料	工资及福利费	制造费用	合　计
月初在产品成本	2 000	300	400	600	3 300
本月生产费用	19 000	2 600	3 200	4 000	28 800
生产费用合计	21 000	2 900	3 600	4 600	32 100
完工产品成本	19 740	2 710	3 360	4 250	30 060
月末在产品成本	1 260	190	240	350	2 040

【要求】

(1) 将产成品成本中的半成品成本，按本月第二车间、第一车间所产的半成品成本结构进行还原，计算出按原始成本项目反映的产成品成本。

(2) 结合题中资料和成本还原结果，简要说明成本还原的必要性。

7. 平行结转分步法。

【资料】某企业大量生产丁产品。生产分为两个步骤，分别由第一、第二两个车间进

行。第一车间生产的半成品全部为第二车间耗用，成本核算采用平行结转分步法丁各步骤
应计入产成品份额和广义在产品之间费用的分配，采用定额比例法，原材料费用按定额原
材料费用比例分配，其他各项费用均按定额工时比例分配。第一、二车间产品成本明细账
和产成品成本汇总表以及2月份有关数据资料见表4-92、表4-93、表4-94。

表4-92 产品成本明细账

车间名称：第一车间 　　　　　　　　　　　××××年2月

产品名称：丁产品 　　　　　　　　　　　产量：200件 　　　　　　　　　　　元

成本项目	月初在产品费用	本月费用	生产费用合计	分配率	产品成本中本车间份额			月末在产品费用	
					定额	实际成本	单位成本	定额	实际
原材料	6 000	10 500			8 200			6 800	
工资及福利费	2 650	3 600			1 500			1 000	
制造费用	2 950	3 550							
合　计									

表4-93 产品成本明细账

车间名称：第二车间 　　　　　　　　　　　××××年2月

产品名称：丁产品 　　　　　　　　　　　产量：200件 　　　　　　　　　　　元

成本项目	月初在产品费用	本月费用	生产费用合计	分配率	产品成本中本车间份额			月末在产品费用	
					定额	实际成本	单位成本	定额	实际
原材料									
工资及福利费	1 420	2 600			1 100			400	
制造费用	1 800	2 770							
合　计									

表4-94 产成品成本汇总计算表

××××年2月

产品名称：丁产品 　　　　　　　　　　　产量：200件 　　　　　　　　　　　元

成本项目	第一车间份额	第二车间份额	总成本	单位成本
原材料				
工资及福利费				
制造费用				
合　计				

【要求】

(1) 根据上列资料，登记产品成本明细账，计算车间费用中应计入产成品份额和月末在产品费用。

(2) 编制产成品成本汇总表，平行结转、汇总产成品成本，编制结转产成品成本的会计分录。

第五章

成本核算的其他方法

学习目标：通过本章的学习，要求掌握分类法的含义及特点，重点掌握分类法的计算，了解分类法所适用的范围。掌握定额法的含义及特点，重点掌握定额法的具体内容及成本计算，熟悉定额法的适用范围，熟悉联产品、等级品和副产品的概念及其计算。

关键概念：分类法 系数法 联产品 副产品 等级产品 定额法 定额成本 脱离定额的差异 定额变动差异

第一节 成本核算的分类法

一、分类法的含义和适用范围

分类法是以产品类别为成本计算对象，汇集生产费用，先计算各类完工产品总成本，然后再按一定标准计算类内各种产品成本的一种方法。

在某些工业企业中，生产的产品品种(或规格)繁多，如果按照产品的品种汇集生产费用计算产品成本，计算工作将极为繁重，采用分类法，可以将企业中生产原料相同、生产工艺相似的产品归为一类，以类别为成本计算对象来汇集生产费用，这样大大简化了计算工作量。需要注意的是，类别的标准不能任意扩大，否则，将影响成本计算结果的正确性。

如果企业生产的产品原材料相同，工艺过程相似，品种规格较多，则均可以采用分类法计算成本。分类法与企业的生产类型没有直接联系，因而可以在各类型企业中采用。

在石油化工企业，在对同一种原料进行加工的过程中，可以生产出几种主要产品，这些产品被称为联产品，联产品所用的原料和工艺过程相同，所发生的生产费用都是间接费用，所以必须采用分类法。某些企业除了生产主要产品以外，还可能生产一些零星的材料及工具，虽然它们的品种结构所耗原材料及工艺过程不完全相同，但由于数量少、费用低，为了简化计算，这些产品也可以采用分类法。

二、分类法的特点

分类法是按照产品类别汇集费用，计算产品类别成本；类内各种规格产品的成本采用一定的分配方法确定。其特点归纳如下：

(1) 分类法以产品的类别为成本计算对象，汇集该类产品的生产费用，该类产品耗用的直接费用直接计入，各类产品共同耗用的费用采用一定的分配标准分配计入，最后计算出该类产品总成本。

(2) 分类法的成本计算期要视产品生产类型及管理要求而定，如果是大量生产，配合品种法或分步法进行成本计算，则成本计算期必须固定。若是小批生产类型，配合分批法使用，成本计算期可不固定。

(3) 采用分类法计算产品成本，若月末在产品的数量较多，同样需要将该类产品生产费用总额在完工产品与月末在产品之间进行分配。

通过上述特点，我们可以看到，分类法实际上是一种变相的品种法，它是以类别为品种，按品种法计算出类别的总成本，然后采用一定的标准，将类别总成本在类内各种规格产品中分配，从而计算出类内各种产品成本。

采用分类法计算产品成本，应注意两点：首先，要正确划分产品类别，不能仅仅为了简化计算工作量，而将性质、结构和工艺过程相距甚远的产品划为一类，这样势必影响计算结果的正确性。其次，在计算类内各种产品成本时，将类别总成本进行分配的标准一定要合理，使标准与成本之间有明显的联系，否则也将影响类内各种产品成本计算的正确性。

三、分类法成本计算程序

(1) 以产品类别为成本计算对象，设置成本单(成本明细账)，汇集生产费用。

(2) 正确计算该类别完工产品总成本和月末在产品成本，填入该类别产品成本计算单。

(3) 将该类别完工产品总成本按一定的分配标准在类内各种产品之间进行分配，从而计算出各种产品成本。

类别总成本在类内各种产品之间的分配标准，可以根据标准与产品成本的高低关系是否密切，采用价值指标(如定额成本、销售价格、计划成本等)或技术指标(如重量、体积、长度等)，也可按成本项目进行划分，各成本项目可以采用同一标准，也可采用不同的标准，例如，直接材料可以按材料定额消耗量比例分配，直接人工费用和制造费用按定额工时比例分配。在实际工作中，常常采用系数分配法。

以系数为标准将类别总成本在类内各产品之间进行分配时，首先在类内产品中选择一种产销量大、生产稳定的产品，作为标准产品，将其系数确定为 1，其他产品的料、工、费，按其与标准产品的比例来确定为一定的系数；将各种产品的产量按其系数折算为标准产品产量，标准产品产量也就是总系数，即分配标准。根据类别总成本与标准计算出费用分配率，即可计算出类内各种产品的实际总成本和单位总成本。

$$某产品系数=\frac{该产品定额消耗量(定额成本、售价、重量等)}{标准产品定额消耗量(定额成本、售价、重量等)}$$

某产品总系数(标准产量)=该产品实际产量×该产品的系数

$$费用分配率=\frac{待分配成本总额}{类内各种产品系数之和}$$

某产品应负担费用=该产品系数×费用分配率

四、分类法成本核算实务

【例 5-1】 某厂生产甲类产品,甲类产品有 4 种规格,采用分类法核算成本,以 202# 产品作为标准产品,材料在生产开始时一次投入,甲类产品 1 月份有关产量和费用等资料 如表 5-1、表 5-2 所示。

表 5-1 甲类产品产量及定额成本记录

型 号	完工产品数量/件	月末在产品数量/件	在产品完工程度/%	单位完工产品定额成本/元
201#	200	500	20	40
202#	300	470	30	50
203#	400	300	30	55
204#	500	250	35	60

表 5-2 甲类产品费用资料 元

摘 要	直接材料	直接人工	制造费用	合 计
月初在产品成本	30 000	21 000	2 400	53 400
本月发生费用	40 000	40 000	4 800	84 800
合 计	70 000	61 000	7 200	138 200

根据上述资料,甲类产品内各型号产品成本计算过程如下:

(1) 合理确定系数。

从已知资料中得知,各种型号产品系数的确定标准是其定额成本,且 202#系数=1。

$$201\#系数=\frac{40}{50}=0.8$$

$$203\#系数=\frac{55}{50}=1.1$$

$$204\#系数=\frac{60}{50}=1.2$$

(2) 计算总系数,如表 5-3 所示。

表 5-3 总系数的计算表

型 号	系 数	完工产品		月末在产品				合 计	
		实际产量/件	系数	实际数量/件	完工率/%	投料系数	投工系数	投料总系数	投工总系数
	①	②	③=①×②	④	⑤	⑥=①×④	⑦=⑥×⑤	⑧=③+⑥	⑨=③+⑦
201#	0.8	200	160	500	20	400	80	560	240
202#	1	300	300	470	30	470	141	770	441
203#	1.1	400	440	300	30	330	99	770	539
204#	1.2	500	600	250	35	300	105	900	705
合 计						1 500	425	3 000	1 925

(3) 计算甲类完工产品成本和月末在产品成本。

$$完工产品材料系数比例 = \frac{完工产品系数}{合计投料总数} \times 100\%$$

$$= \frac{1\,500}{3\,000} \times 100\% = 50\%$$

$$完工产品人工系数比例 = \frac{完工产品系数}{合计投工总系数} \times 100\%$$

$$= \frac{1\,500}{1\,925} \times 100\% = 78\%$$

完工产品制造费用系数比例的计算同完工产品人工系数比例的计算相同。

由此可知：完工产品应负担的直接材料、直接人工及制造费用分别按总成本的 50%、78% 和 78% 结算，甲类产品的生产成本明细账如表 5-4 所示。

表 5-4 甲类产品生产成本明细账 元

摘 要	直接材料	直接人工	制造费用	合 计
月初的产品成本	30 000	21 000	2 400	53 400
本月发生的费用	40 000	40 000	4 800	84 800
合 计	70 000	61 000	7 200	138 200
结转完工产品成本	35 000	47 580	5 616	88 196
月末在产品	35 000	13 420	1 584	50 004

(4) 计算类内各型号产品成本，如表 5-5 所示。

表5-5　甲类产品成本计算单

项　目	产量/件	直接材料 费用分配率 23.333/(元/件)	直接人工 费用分配率 31.72/(元/件)	制造费用 费用分配率 3.744/(元/件)	合计/(元/件)
201#	160	3 733.28	5 075.2	599.04	9 407.52
202#	300	6 999.9	9 516	1 123.2	17 639.1
203#	440	10 266.52	13 956.8	1 647.36	25 870.68
204#	600	14 000.3	19 032	2 246.4	352 378.7
完工产品	1 500	35 000	47 580	5 616	88 196

表5-5中：直接材料费用分配率=$\dfrac{\text{完工产品材料费用合计}}{\text{完工产品总系数}}=\dfrac{35\,000}{1\,500}=23.333$(元/件)

直接人工费用分配率=$\dfrac{\text{完工产品人工费用合计}}{\text{完工产品总系数}}=\dfrac{47\,580}{1\,500}=31.72$(元/件)

制造材料费用分配率=$\dfrac{\text{完工产品制造费用合计}}{\text{完工产品总系数}}=\dfrac{5\,616}{1\,500}=3.744$(元/件)

案 例 分 析

【案例】

　　某厂生产的产品品种规格很多，采用分类法进行成本计算。按照工艺过程的特点不同，将全部产品划分为甲、乙两大类。虽然每类产品的不同产品都有月末在产品，但是因其所占比重很小，企业为了进一步简化成本核算，对月末在产品成本不进行计算。每类产品的总成本在类内各种产品之间直接以各种产品实际产量为标准进行分配，因而使同类产品中各种产品的单位成本相同，也使成本计算工作大大简化。该企业为每种产品制定了工时消耗定额，每种产品的加工时间差异较大。根据生产特点，每种产品消耗的材料品种相同，单位产品材料消耗量也相同，其他各项费用与加工时间长短有关。甲类产品中 A 产品产量较大，生产比较稳定；乙类产品中 E 产品产量较大，生产比较稳定。有关资料及成本计算结果如表5-6至表5-10所示。

表 5-6　甲、乙两类产品的产量和工时消耗

产品名称		产量/件	工时消耗/小时
甲类产品	A 产品	350	10
	B 产品	200	12
	C 产品	100	9
乙类产品	D 产品	240	16.5
	E 产品	400	15
	F 产品	360	12

表 5-7　甲类产品成本计算单　　　　　　　　　　　　　　　　　　　　　元

项　　目	直接材料	直接工资	制造费用	合　计
月初在产品成本	—	—	—	—
本月发生费用	266 500	45 500	41 600	353 600
完工产品成本	266 500	45 500	41 600	353 600
月末在产品成本	—	—	—	—

表 5-8　甲类产品成本分配计算表　　　　　　　　　　　　　　　　　　元

项　　目	产量/件	直接材料	直接工资	制造费用	总成本	单位成本
A 产品	350	143 500	24 500	22 400	190 400	544
B 产品	200	82 000	14 000	12 800	108 800	544
C 产品	100	41 000	7 000	6 400	54 400	544
合　计	—	266 500	45 500	41 600	353 600	

表 5-9　乙类产品成本计算单　　　　　　　　　　　　　　　　　　　　　元

项　　目	直接材料	直接工资	制造费用	合　计
月初在产品成本	—	—	—	—
本月发生费用	90 500	30 500	28 000	149 000
完工产品成本	90 500	30 500	28 000	149 000
月末在产品成本	—	—	—	—

表 5-10　乙类产品成本分配计算表　　　　　　　　　　　　　元

项　目	产量/件	直接材料	直接工资	制造费用	总成本	单位成本
D 产品	240	21 720	7 320	6 720	35 760	149
E 产品	400	36 200	12 200	11 200	59 600	149
F 产品	360	32 580	10 980	10 080	53 640	149
合　计	—	90 500	30 500	28 000	149 000	—

要求:

(1) 根据上述资料和成本计算过程,对该厂的成本计算方法进行评价,指出存在的问题,并说明原因。

(2) 请按照你认为恰当的方法进行上述产品的成本计算,并将计算结果填入表 5-11 至表 5-13。

表 5-11　产品工时系数计算表

产品名称		工时消耗/小时	系　数
甲类产品	A 产品		
	B 产品		
	C 产品		
乙类产品	D 产品		
	E 产品		
	F 产品		

表 5-12　甲类产品成本分配计算表　　　　　　　　　　　　　元

项　目	产量/件	系数	总系数	直接材料	直接工资	制造费用	总成本	单位成本
分配率								
A 产品								
B 产品								
C 产品								
合　计								

表 5-13　乙类产品成本分配计算表　　　　　　　　　　　　　元

项　目	产量/件	系数	总系数	直接材料	直接工资	制造费用	总成本	单位成本
分配率								
D 产品								
E 产品								
F 产品								
合　计								

【分析与计算】

该厂采用分类法进行成本计算，虽然大大简化了核算工作，但是成本计算结果很不准确，主要表现是：由于各类别内的各种产品工时消耗差异较大，而除了材料费用之外的其他费用与加工时间长短有关，因此，该厂在进行类内产品成本分配时，可将材料费用按各种产品产量为标准进行分配，而其他各项费用则应按照各种产品工时消耗为标准进行分配。而且，由于每类产品中都有一种产量大、生产比较稳定的产品，因此在进行类内产品成本分配时，可分别将两类产品中的 A、E 产品作为标准产品，将其工时消耗标准定为 1，并求出其余产品的工时系数，按各种产品的工时系数进行其他费用的分配，以便正确计算各种产品成本。具体计算过程如表 5-14 至表 5-16 所示。

表 5-14 产品工时系数计算表

产品名称		工时消耗/小时	系　数
甲类产品	A 产品	10	1
	B 产品	12	1.2
	C 产品	9	0.9
乙类产品	D 产品	16.5	1.1
	E 产品	15	1
	F 产品	12	0.8

表 5-15 甲类产品成本分配计算表　　　　　　　　　　　　　　　　　元

项　目	产量/件	系　数	总系数	直接材料	直接工资	制造费用	总成本	单位成本
分配率/(元/件)				410	66.91	61.18		
A 产品	350	1	350	143 500	23 418.5	21 413	188 331.5	538.09
B 产品	200	1.2	240	82 000	16 058.4	14 683.2	112 741.6	563.71
C 产品	100	0.9	90	41 000	6 023.1	5 503.8*	52 526.9	525.27
合　计			680	266 500	45 500	41 600	353 600	

注：表中带*的数字保留了计算尾差。

表 5-16　乙类产品成本分配计算表　　　　　　　　　　　　　元

项　目	产量/件	系　数	总系数	直接材料/元	直接工资/元	制造费用/元	总成本/元	单位成本/(元/件)
分配率/(元/件)				90.5	32.04	29.41		
D 产品	240	1.1	264	21 720	8 458.56	7 764.2	37 942.76	158.09
E 产品	400	1	400	36 200	12 816	11 764		151.95
F 产品	360	0.8	288	32 580	9 225.44*	8 471.8*	50 277.24	139.66
合　计			952	90 500	30 500	28 000	149 000	

注：表中带*的数字保留了计算尾差。

第二节　成本核算的定额法

一、定额法的含义

产品成本计算的定额法，是以产品定额成本为基础，加上或减去脱离定额的差异、材料成本差异及定额变动差异，来计算产品实际成本的方法。采用定额法计算产品成本，可以及时地反映和监督产品成本脱离定额成本的状况，为加强定额管理提供了相关信息。

使用定额法时，产品实际成本与定额成本的关系可用下列公式表示。

产品实际成本=产品定额成本±脱离定额差异±材料成本差异±定额变动差异

1．定额成本

定额成本是根据企业现行材料消耗定额、工时定额、费用定额及其他有关资料计算的一种目标成本。它既是计算实际产品成本的基础，也是进行成本控制和成本考核的依据。

2．脱离定额差异

脱离定额差异是指产品生产过程中各项实际发生的费用脱离现行定额的差异。脱离定额差异反映了企业各项生产费用支出的合理程度及现行定额制定合理程度。

3．材料成本差异

材料成本差异也是产品生产费用脱离定额的一部分。原材料项目的脱离定额差异，只包括其量差(即消耗数量的差异)，计算金额为原材料消耗数量差异与其计划单位成本的乘积；原材料成本差异(价差)单独核算，它计算的是产品成本应负担的材料成本差异，计算金额为按计划单位成本和材料实际消耗量计算的材料总成本与材料成本差异率的乘积。之所以这样做，是因为在定额法下材料日常核算都是按计划成本进行的，即原材料的定额成本和脱离定额差异都是按材料的计划成本核算的，因此，月末必须计算产品应负担的材料成本差异。

4. 定额变动差异

定额变动差异是指由于修订定额而产生的新旧定额之间的差异，它反映的是定额自身变动的结果；新定额的执行一般从月初开始，这样，当月投入的生产费用在计算其脱离定额差异时一般都按新标准执行，但月初在产品一般是按旧定额计算的；所以，月初在产品的生产费用和本月发生的生产费用就产生了定额标准不一致的现象，为了调整月初在产品定额成本，必须先计算月初在产品的定额变动差异。定额变动差异主要是指月初在产品由于定额变动产生的差异。

定额法是为了加强成本控制与管理而采用的一种成本计算与管理相互融洽的方法，它并不是成本计算的基本方法之一。采用此种方法计算产品成本，能及时揭示差异，有助于促使企业控制和节约费用。该方法一般适用于企业定额管理制度较健全、定额基础工作较好、产品已经定型的企业，不受生产类型的限制。

二、定额法的特点

在前面所讲述的成本计算方法中，无论是品种法、分批法还是分步法，成本计算都是在实际发生额的基础上进行的，成本计算工作完成后才能分析原因，找出问题进行事后分析控制。定额法为了及时反映和监督生产费用的发生和脱离定额差异，针对上述缺陷，在计算方法上独具特征。具体表现如下：

(1) 事前制定产品的各项定额标准。由于定额法是以产品的定额成本为基础来计算产品的实际成本，因此，构成产品定额成本的各项内容都应事前制定好，例如各项消耗定额及费用定额，以它们为依据计算出定额成本。

(2) 当生产费用发生时，将其划分为定额成本部分和脱离定额差异部分，分别编制凭证和核算，及时反映实际生产费用脱离的程度。

(3) 产品实际成本的核算是在定额成本的基础上加减各种成本差异。由于定额法的计算基础是定额成本，在实际费用发生时，一般将其按定额成本和定额差异两大类进行汇集、分析，月终以完工产品定额成本为基础，加减完工产品所汇集和分配的定额成本差异，定额变动差异、材料成本差异、求得完工产品实际成本。

三、定额法的计算程序

采用定额法计算产品成本的一般程序：

(1) 应根据目前企业消耗定额及费用定额，按成本项目，分产品制定产品定额成本，编制各种产品的定额成本表，如遇定额变动的月初，还应注意调整月初在产品定额成本，计算定额变动差异。

(2) 实际费用发生时，将其按定额成本和定额成本差异两大类分别汇集汇总。

(3) 月末，将月初结转和本月发生的脱离定额差异、材料成本差异及定额变动差异在完工产品与月末在产品之间进行分配。有时，为了简化成本核算，实际工作中常常把材料成本差异和定额变动差异全部由完工产品负担，月末在产品只分摊脱离定额差异。

(4) 以本月完工产品定额成本为基础，加减各项成本差异，求得完工产品的实际成本，再以完工产品的实际成本除以总产量，即可求得完工产品的单位成本。

四、定额成本及差异的计算

在采用定额成本法计算产品的成本时，决定产品实际成本的因素有四个，即定额成本、脱离定额差异、定额变动差异和材料成本差异，下面对这四个方面因素的计算进行说明。

(一)产品定额成本的计算

产品的定额成本包括直接材料定额成本、直接人工定额成本、制造费用定额成本，其计算公式分别如下：

产品直接材料定额成本=直接材料定额耗用量×材料计划单价

=本月投产量×单位产品材料消耗定额×材料计划单价

产品直接人工定额成本=产品定额工时×计划小时工资率

=产品约当产量×单位产品工时定额×计划小时工资率

产品制造费用定额成本=产品定额工时×计划小时费用率

=产品约当产量×单位产品工时定额×计划小时工资率

确定产品定额成本，必须先制定产品的材料、动力、工时等消耗定额，然后，再根据材料计划单价、计划工资、计划费用率等确定各项费用定额和单位产品定额成本。

定额成本的计算可以通过编制产品定额成本计算表(见表 5-17)的形式进行，产品定额成本表可先按零件编制，然后汇总编制部件。若产品零部件较多，也可以不编制零部件定额成本表而直接编制产品定额成本表。

表 5-17　产品定额成本计算表

产品名称：甲产品　　　　　　　　20××年 10 月

成本项目	定额材料		定额工时			金额
	数量/千	计划单价/元	数量/小时	计划工资率	计划费用率	合计/元
直接材料	A 材料	6.00	10			60.00
	B 材料	3.00	5			15.00
	小　计					75.00

续表

| 成本项目 | 定额材料 | | 定额工时 | | | 金额 |
	数量/千	计划单价/元	数量/小时	计划工资率	计划费用率	合计/元
直接人工			2	3		6.00
制造费用			2		3.2	6.40
合　计						87.40

(二)脱离定额差异的计算

脱离定额差异的计算是定额法的主要内容，它包括直接材料脱离定额差异的计算、直接人工脱离定额差异的计算、制造费用脱离定额差异的计算，现分别叙述如下。

1．直接材料脱离定额差异的计算

直接材料脱离定额差异是指生产过程中产品实际耗用材料数量与其定额耗用量之间的差异，其计算公式为：

直接材料脱离定额差异$=\sum[$(材料实际耗用量－材料定额耗用量)×该材料计划单价$]$

在实际工作中，计算直接材料脱离定额差异，一般使用限额法、切割法和盘存法。

(1) 限额法。在定额法中，原材料的领用一般实行限额领料制度，符合定额规定的领料应根据领料单等定额凭证发放，若由于增加产量而追加领料，必须办理追加限额的手续。由于其他原因发生的超额用料属于材料脱离定额的差异，所以应当用专设的超额材料领料单(用不同颜色的领料单或加盖专用戳记予以区别)等差异凭证，经过一定的审批后方可领料，如图 5-1 所示。采用代用材料或利用废料时，应在限额领料单中注明，并从原定限额内扣除，生产任务结束后，应当根据车间余料填制退料单，办理退料手续。限额领料单中的余额及退料单中的数额，都属于材料脱离定额的节约差异；超额材料领料单中的数额，属于材料脱离定额的超支差异。

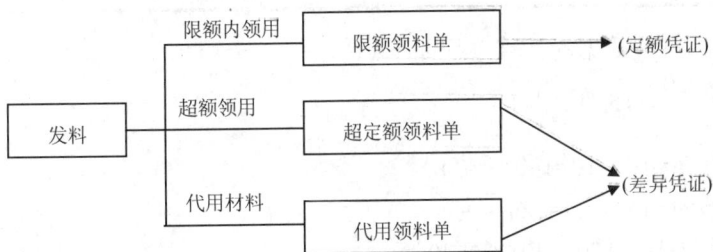

图 5-1　限额领料制度图示

【例 5-2】 某企业本月投产甲产品 500 件，单位产品 A 材料消耗定额 25 千克，每千克计划单位成本 4 元，超额领料单本月登记数量为 150 千克。甲产品的 A 材料定额差异计算如下：

甲产品 A 材料定额成本= 500×25×4=50 000(元)

甲产品 A 材料脱离定额差异=150×4= 600(元)

(2) 切割法。在定额法中，若原材料需要切割以后才能领用，如板材等，那么通过材料切割核算单(见表 5-18)来计算材料脱离定额差异。材料切割核算单应按切割材料的批别设立，单中应注明切割材料的种类、数量、消耗定额以及应切割的毛坯数量，切割完成后，再填实际切割的毛坯数量和材料的实际消耗量，根据切割的毛坯数量和消耗定额，就可计算出材料的定额耗用量，与实际数量相比较，可计算出脱离定额的差异。

表 5-18　材料切割核算单

材料编号或名称：B 材料　　　　　　材料计划单位成本：4 元

产品名称：乙产品　　　　　　　　　废料计划单位成本：0.5 元

切割人工号和姓名：526 王华　　　　材料计量单位：千克

切割日期：20××年 2 月 1 日　　　　完工日期：20××年 2 月 4 日

发料数量		退回余料数量			材料实际消耗量		废料回收数量
157		7			150		9
单件消耗定额	单件回收废料定额	应割成的毛坯数量			实际切割的毛坯数量	材料定额消耗量	废料定额回收量
10	0.4	15			14	140	5.6
材料脱离定额差异		废料脱离定额差异			差异原因		过失人
数量	金额	数量	单价	金额	技术不熟练多留毛边，因此减少了毛坯数量		操作人
10	40	-3.4	0.5	-1.7			

在表 5-18 中，有关数据的计算过程如下：

应切割数量=$\frac{150}{10}$=15(件)

材料定额耗用量=14×10=140(千克)

废料定额回收量=14×0.4=5.6(千克)

材料脱离定额差异=(150-140)×4=40(元)

废料脱离定额差异=(5.6-9)×0.5=-1.7(元)

在表 5-18 中，材料脱离定额差异 40 元是不利(超支)差异，由于废料回收价值可以冲减材料费用，实际回收废料 9 千克，比定额回收废料 5.6 千克多了 3.4 千克，可以多冲减材料费用 1.7 元，所以用负数表示。由于废料脱离定额差异是在减少了切割毛坯数量以后形成的，故多回收废料 1.7 元，不能评价为有利(节约)差异，只有实际切割毛坯数量等于或者大于应切割毛坯的数量，才可以将超定额回收废料的差异认定为有利(节约)差异。

(3) 盘存法、主要是通过定期盘存的方法来核算材料脱离定额差异，具体程序如下：①定期对在产品进行盘存，确定在产品数量。②根据产量凭证所列完工产品数量及盘存在产品数量，计算产品投产数量，计算公式为：产品投产数量=完工产品数量＋期末在产品数量－期初在产品数量。③计算材料定额消耗量。计算公式为：材料定额消耗量=产品投产数量×材料消耗定额。④计算材料实际消耗量。根据限额领料单、超额领料单、代用领料单、退料单等凭证，以及车间余料的盘存资料，计算出材料的实际消耗量。⑤计算材料脱离定额的差异。计算公式为

材料脱离定额的差异=(材料的实际消耗量-材料的定额消耗量)×材料的计划单价

【例 5-3】 甲产品月初在产品 50 件，本月完工产量 650 件，期末在产品为 80 件，原材料系开工时一次投入，材料消耗定额为 10 千克，计划单价为 6 元/千克。本月材料限额领料凭证登记数量为 6 800 千克，材料超额领料凭证登记数量为 400 千克，月末车间盘存余料为 200 千克。本月甲产品材料脱离定额差异的计算过程如下：

①　计算本月投产数量。

投产数量=650＋80×100%－50=680(件)

②　计算材料定额消耗量。

材料定额消耗量=680×10=6 800(千克)

③　计算材料实际消耗量。

材料实际消耗量=6 800＋400-200=7 000(千克)

④　计算材料脱离定额差异。

材料脱离定额差异=(7 000-6 800)×6=1 200(元)

2. 直接人工费用脱离定额差异的核算

人工费用脱离定额差异的核算因采用工资形式不同而有所区别。

在计件工资形式下，生产工人工资脱离定额差异的核算与原材料脱离定额差异的核算类似。按计件单价支付的工资就是定额工资，其计算公式为

直接人工定额费用=约当产量×计件单价

$$计件单价=\frac{计划单位工时人工费用}{每工时产量定额}$$

符合定额的生产工人工资，应该反映在产量记录中。其他如废品损失、停工工资、女工哺乳期间的津贴等，则属于工资定额差异。对脱离定额的差异，通常反映在专设的补付单等差异凭证中。

在计时工资形式下，生产工人工资脱离定额的差异平时不能按产品直接计算，所以平时只以工时进行考核，在月末实际生产工人工资总额确定以后，才能按下列公式计算：

$$计划单位工时工资=\frac{计划产量的定额直接工资总额}{计划产量的定额生产工时总数}$$

$$实际单位工时工资=\frac{实际直接工资总额}{实际生产工时总数}$$

某产品定额工资=该产品实际产量的定额生产工时×计划单位工时工资

该产品实际工资=该产品实际产量的实际生产工时×实际单位工时工资

该产品实际工资脱离定额差异=该产品实际工资额－该产品定额工资额

【例 5-4】 设某企业生产甲产品，每工时产量定额为 4 件，本月约当产量 1 600 件，计划每工时人工费为 3 元，实际人工费为 1 400 元，其直接人工费用脱离定额差异计算如下：

$$计件单价=\frac{3}{4}=0.75(元/件)$$

甲产品定额工资=1 600×0.75=1 200(元)

甲产品实际工资脱离定额差异=1 400－1 200＝200(元)

无论采用哪种工资形式，都应根据上述核算资料，按照成本计算对象汇总编制"定额工资及脱离定额差异汇总表"，表中汇总反映各种产品的定额工资、实际工资、工资差异，以及产生差异的原因，并据以登记有关的产品成本计算单。

3. 制造费用脱离定额差异的核算

制造费用属于间接费用，即发生时先按发生地点进行汇集，月末，才直接计入或分配计入产品成本。所以，在日常核算中，不能按照产品直接核算费用脱离定额的差异，只能根据费用计划，按照费用项目核算费用脱离计划的差异，据以控制和监督费用的发生。各种产品应负担的定额制造费用和费用脱离定额的差异，在月末时可比照上述计时工资的计算公式计算确定。

(三)定额变动差异的核算

定额变动差异是指由于修订消耗定额而产生的新旧定额之间的差额。新定额一般在月初开始实行，当月投入的产品费用，都应按新定额来计算脱离定额差异。但在定额变动后，月初在产品的定额成本并未修订，仍然是按旧的定额计算的，为了使按旧定额计算的月初在产品定额成本和按新定额计算的本月投入产品的定额成本，在新定额的同一基础上相加起来，以便计算产品的实际成本，必须计算月初在产品的定额变动差异，用以调整月初在产品的定额变动成本。由此可见，定额变动差异主要是指月初在产品由于定额变动产生的差异。其计算公式为

月初在产品定额变动差异=月初在产品按原定额计算的定额成本-

月初在产品按调整后定额计算的定额成本

采用此公式计算，要求企业根据消耗定额发生变动的在产品盘存资料和修订前后的消耗定额，计算月初在产品消耗定额修订前和修订后的定额消耗量，从而确定定额消耗量的变动差异和金额差异。使用这种方法，一般要按零部件计算定额消耗量，在构成产品零部件种类较多的情况下，计算工作量较大，为了简化计算工作，可按照单位产品，采用系数折算的方法计算，计算公式如下：

$$定额变动系数=\frac{按新定额计算的单位产品成本}{按旧定额计算的单位产品成本}$$

月初在产品定额变动差异=按旧定额计算的月初在产品成本－按旧定额计算的月初

在产品成本×定额变动系数

=按旧定额计算的月初在产品成本×(1－定额变动系数)

【例 5-5】　甲产品的某些零件从 6 月 1 日起修订材料消耗定额，单位产品旧的材料消耗定额为 40 元，新的材料消耗定额为 38 元，该产品月初在产品按旧定额计算的材料定额成本为 16 000 元。其月初在产品定额变动差异计算结果如下：

$$定额变动系数=\frac{38}{40}=0.95$$

月初在产品定额变动差异=16 000×(1-0.95)= 800(元)

这种方法适用于零部件成套生产或零部件生产成套性较大的企业。

对于计算出的定额变动差异，应分不同情况予以处理。在消耗定额降低的情况下产生的差异，一方面应从月初在产品定额成本中扣除，另一方面，还应将属于月初在产品生产费用实际支出的该项差异，加入本月产品成本中。相反，在消耗定额提高的情况下，月初在产品增值的差异应加入月初在产品定额成本之中，同时从本月生产成本中予以扣除。

(四)材料成本差异的计算

为了加强对产品成本的考核和分析，在定额法下，材料日常核算都按计划成本进行，即材料定额成本和材料脱离定额差异，都按材料的计划单位成本计算。因此，在月末计算产品实际成本时，还必须按照下列公式计算产品应负担的材料成本差异。

某产品应分配的材料成本差异=(该产品材料定额成本±材料脱离定额差异)×

材料成本差异分配率

【例 5-6】　甲产品所耗原材料定额成本为 15 000 元，材料脱离定额差异为超支 1 000 元，原材料的成本差异率为节约 3%。该产品应分配的材料成本差异为

(15 000＋1 000)×(-3%)=-480(元)

对上述计算所得的定额成本、脱离定额差异、定额变动差异及材料成本差异，月末应在完工产品和月末在产品之间按照定额成本比例进行分配。如果各种差异数额不大，或者差异虽然较大，但各月在产品数量上比较均衡，月末在产品就可按定额成本计价，即不负担差异，差异全部由产成品负担。

五、定额法的应用

【例 5-7】 某企业大批生产甲产品，各项消耗定额比较准确、稳定，为加强定额管理和成本控制，采用定额法计算产品成本。××年 6 月份生产情况和定额资料如下：

月初在产品 20 件，本月投入产品 150 件，本月完工 160 件，月末在产品 10 件。在产品完工率均为 50%，材料系开工时一次投入。材料消耗定额由 5.4 千克降为 5 千克，材料计划单价为 6 元，材料成本差异率为节约 2%，工时定额为 5 小时，计划小时工资率为 4 元，计划小时制造费用 4.5 元。

在采用定额法时，××年 6 月份完工产品实际成本计算结果如表 5-19 所示。

表 5-19 中第 1 栏月初在产品定额成本计算过程为

直接材料定额成本=20×5.4×6=648(元)

直接人工定额成本=20×50%×5×4= 200(元)

制造费用定额=20×50%×5×4.5=225(元)

表中第 3 栏月初在产品定额成本调整数计算为

月初在产品定额成本调整=月初在产品按调整后定额计算的定额成本－

月初在产品按原定额计算的定额成本

=20×5×6-20×5.4×6=-48(元)

表中第 5 栏定额成本计算过程为

直接材料定额成本=150×5×6=4 500(元)

直接人工定额成本=155×5×4=3 100(元)

制造费用定额=155×5×4.5=3 487.5(元)

表中第 7 栏材料成本差异=(4 500+50)×(-2%)=-91(元)

第 17、18 栏计算过程为

(17)=(13)+(14)+(15)+(16)

(18)=(8)-(13)

从本例可以看出，脱离定额差异金额较小，因此，可以全部由完工产品负担。但为了说明其在完工产品和在产品之间分配的方法，本例仍进行了分配。

表5-19　产品成本计算单

产品名称：甲　　　　　　20××年6月　　　　　　产量：160件

成本项目	月初在产品 定额成本	月初在产品 脱离定额差异	月初产品定额变动 定额成本调整	月初产品定额变动 定额变动差异	本月费用 定额成本	本月费用 脱离定额差异	本月费用 材料成本差异	生产费用计合 定额成本	生产费用计合 脱离定额差异	生产费用计合 材料成本差异	生产费用计合 定额变动差异	差异分配率 脱离定额差异	定额成本	产成品成本 脱离定额差异	产成品成本 材料成本差异	产成品成本 定额变动差异	产成品成本 实际成本	月末在产品 定额成本	月末在产品 脱离定额差异
栏次	(1)	(2)	(3)	(4)	(5)	(6)	(7)	(8)=(1)+(3)+(5)	(9)=(2)+(6)	(10)=(7)	(11)=(4)	(12)=(9)/(8)	(13)	(14)=(13)×(12)	(15)=(10)	(16)=(11)	(17)	(18)	(19)=(9)−(14)
直接材料	648	−20	−48	48	4 500	50	−91	5 100	30	−91	48	0.6%	4 800	28.8	−91	48	4 785.8	300	1.2
直接人工	200	10			3 100	16		3 300	26			0.8%	3 200	25.6			3 225.6	100	0.4
制造费用	225	12			3 487.5	34		3 712.5	46			1.2%	3 600	43.2			3 643.2	112.5	2.8
合计	1 073	+2	−48	48	11 087.5	100	−91	12 112.5	102	−91	48	—	11 600	97.6	−91	48	11 654.6	512.5	4.4

案例分析

【案例1】

甲产品采用定额法计算成本。本月份有关甲产品原材料费用的资料如下：

(1) 月初在产品定额费用为1 000元，月初在产品脱离定额的差异为节约50元，月初在产品的定额费用调整后降低20元。定额变动差异全部由完工产品负担。

(2) 本月定额费用为24 000元，本月脱离定额的差异为节约500元。

(3) 本月原材料成本差异率为节约2%，材料成本差异全部由完工产品成本负担。

(4) 本月完工产品的定额费用为22 000元。

【要求】

(1) 计算月末在产品的原材料定额费用。

(2) 计算完工产品和月末在产品的原材料实际费用(脱离定额差异，按定额费用比例在完工产品和月末在产品之间分配)。

【分析与计算】

月末在产品原材料定额费用=1 000-20+24 000-22 000=2 980(元)

原材料脱离定额差异率=(-50-500)÷(22 000+2 980)×100%=-2.2%

本月负担的原材料成本差异=(24 000-500)×(-2%)=-470(元)

本月完工产品原材料实际费用=22 000+22 000×(-2.2%)-470+20=21 066(元)

月末在产品原材料实际费用=2 980+2 980×(-2.2%)=2 914.44(元)

【案例2】

定额法的运用(计算定额变动差异和完工产品与月末在产品的原材料费用)。

B产品采用定额法计算产品成本。B产品生产只消耗一种原材料，原材料是在生产开始时投入的。有关B产品的其他资料如下：

(1) 从本月开始实行新的原材料消耗定额，即原材料消耗定额由原来的20千克降低到18千克；原材料的计划单价不变，仍为每千克10元。

(2) 月初在产品的原材料定额费用为20 000元，脱离定额差异为节约2 200元。

(3) 本月投产1 000件，实际耗用原材料18 418千克。

(4) 本月原材料成本差异率为节约2%。

(5) 本月完工产品为900件。

【要求】

(1) 计算月初在产品定额变动差异。

(2) 根据下列条件计算完工产品和月末在产品的原材料实际费用：①脱离定额差异按

定额费用比例在完工产品和月末在产品之间进行分配；②定额变动差异和原材料成本差异全部由完工产品负担。

【分析与计算】

(1) 月初在产品定额变动差异=(20-18)×10×[20 000÷(20×10)]=2 000元

(2) 本月投产产品的定额费用=1 000×18×10=180 000(元)

(3) 本月实际生产费用(计划价格费用)=18 418×10=184 180(元)

(4) 本月脱离定额的差异=184 180-180 000=4 180(元)

(5) 原材料成本差异=184 180×(-2%)=-3 683.6(元)

(6) 完工产品定额费用=900×18×10=162 000(元)

(7) 月末在产品定额费用=[2 000÷(20×10)+1 000-900]×18×10=36 000(元)

(8) 月初和本月脱离定额差异合计=-2 200+4 180=1 980(元)

(9) 差异分配率=1 980÷(162 000+36 000)=1%

(10) 完工产品应负担的脱离定额差异=162 000×(+1%)=1 620(元)

(11) 月末在产品应负担的脱离定额差异=36 000×(+1%)=360(元)

(12) 完工产品实际费用=160 000+2 000-3 683.6+1 620=161 936.4(元)

(13) 月末在产品实际费用=36 000+360=36 360(元)

第三节　联产品、副产品、等级品的成本核算

一、联产品的成本核算

(一)联产品的含义

联产品是指使用同种原料，经过同一加工过程，同时生产出来的具有同等地位的不同用途的主要产品，如炼油厂的石油，经过催化，可以生产出汽油、轻柴油、重柴油等几种联产品，这些产品虽然在性质和用途上各有不同，但这些产品都是企业生产的主要目的。

(二)联产品的成本计算

联产品的成本计算经过两个步骤。第一步骤是联产品在分离前发生的成本，这一成本可称为"联合成本"。产品分离时需将联合成本采用一定的分配标准在联合产品之间进行分配，求出各个联产品应负担的联合成本。有些联产品分离后为了取得较好的经济效益和满足市场上的需要，还需进一步加工才出售。第二步骤是在分离后某单个联产品继续加工所发生的成本，由于有明确的承担对象，因此，又将这一部分加工成本称为"可归属成本"，联产品应负担的联合成本和可归属成本之和即是该产品的全部成本。联产品的成本构成如图5-2所示。

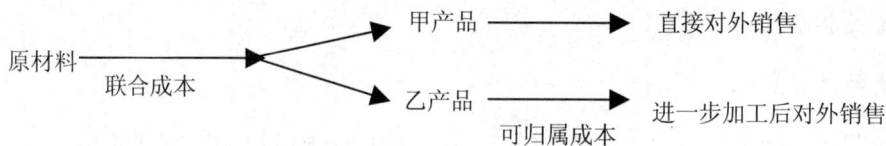

图 5-2　联产品的成本构成示意图

联产品成本计算的关键是联合成本的分配。联合成本的分配方法常用的有系数分配法、实物量分配法、销售价值分配法等。目前,我们在实际工作中采用较多的是系数分配法。

1. 系数分配法

系数分配法是将各种联产品的实际产量按事先规定的系数,折算为标准生产量,然后将联合成本按联产品的标准生产量比例进行分配。采用该方法分摊联合成本,其正确程度取决于系数的确定。

【例 5-8】　某企业生产甲、乙、丙三种联产品,各联产品之间的实际产量为 1 500 千克、1 200 千克、1 800 千克,折算系数为 1∶0.8∶0.6,分离后甲、乙产品直接对外出售,而丙产品需进一步加工成 A 产品后才能出售,假定无期初、期末在产品,以甲产品的实际产量为标准产量。有关成本资料如表 5-20 所示。

表 5-20　成本资料　　　　　　　　　　　　　　　　　　　　　元

项　目	直接材料	直接人工	制造费用	合　计
分离前联合成本	17 700	8 850	5 310	31 860
A 产品可归属成本	1 200	800	500	2 500

根据系数分配法计算如表 5-21 和表 5-22 所示。

表 5-21　联产品成本计算表

产品名称	产量/千克	系　数	标准产量/千克	直接材料/元	直接人工/元	制造费用/元	产品成本/元	单位成本/元
甲产品	1 500	1	1 500	7 500	3 750	2 250	13 500	9
乙产品	1 200	0.8	960	4 800	2 400	1 440	8 640	7.2
丙产品	1 800	0.6	1 080	5 400	2 700	1 620	9 720	5.4
合　计	—	—	3 540	17 700	8 850	5 310	31 860	—

表5-22　联产品成本汇总计算表(产量：1 200千克)

项　目	直接材料/元	直接人工/元	制造费用/元	合计/元
联合成本	5 400	2 700	1 620	9 720
可归属成本	1 200	800	500	2 500
生产的总成本	6 600	3 500	2 120	12 220
单位成本	5.5	2.92	1.76	10.18

2. 实物量分配法

实物量分配法是将产品的联合成本按各联产品之间的实际重量比例进行分配。这种方法的优点是简单易行，由于各联产品的实物量不需要进行折算，所以联合成本的分配相对于各实物量单位来说是平均的。该方法的不足之处是没有考虑各联产品的特性及销售价值，这种分配方法一般适用于成本的发生与产量的关系密切，且各联产品销售价值较为均衡的联合成本的分配。联产品成本计算表(依据例5-8)如表5-23所示。

表5-23　联产品成本计算表(实物量分配法)

产品名称	产量/千克	联合成本/元				分配率/(元/千克)	应负担成本/元			
		直接材料	直接人工	制造费用	合　计		直接材料	直接人工	制造费用	合计
A	2 000						20 000	7 200	12 800	40 000
B	1 000						10 000	3 600	6 400	20 000
合计	3 000	30 000	10 800	19 200	60 000	20	30 000	10 800	19 200	60 000

$$直接材料分配率=\frac{30\,000}{3\,000}=10(元/千克)$$

$$直接人工分配率=\frac{10\,800}{3\,000}=3.6(元/千克)$$

$$制造费用分配率=\frac{192\,00}{3\,000}=6.4(元/千克)$$

3. 销售价值分配法

销售价值分配法是将联合成本按各联产品的销售价值的比例进行分摊。这种方法基于售价较高的联产品应负担较多联合成本这一思想基础，克服了实物量分配法的不足。同时该方法也有自身的不足：影响产品价格的因素绝不仅仅只有成本，因此，该方法只适用于分离后直接对外销售且销售价格波动不大的联产品的成本计算。依据例5-8见表5-24。

表5-24　联产品成本计算表(销售价值分配法)

产品名称	产量/千克	单价/元	销售价值/元	比例/%	应负担成本/元			
					直接材料	直接人工	制造费用	合　计
A	2 000	250	500 000	62.5	18 750	6 750	12 000	37 500
B	1 000	300	300 000	37.5	11 250	4 050	7 200	22 500
合　计	3 000		800 000	100	30 000	10 800	19 200	60 000

二、副产品成本计算

1. 副产品的含义

副产品是指在同一生产过程中，使用同种原材料，在生产主要产品的同时，附带生产出的一些非主要产品，或利用生产中的边角余料加工而成的产品，它不是企业生产的主要目的，但仍然具有经济价值，能够满足社会某些方面的需要，在客观上也发生了一定的耗费，因此，应当正确计算产品成本。

主副产品一般是在同一生产过程中形成的，由于副产品价值较低，因此，可将主副产品作为一类产品，按分类法的基本原理和方法去计算产品成本。首先，将主副产品作为一个成本计算对象，汇集总成本，然后再采用一定的方法确定副产品成本，从总成本中扣除，以扣除副产品成本后的余额，确定为主产品的实际总成本。

2. 副产品成本计算方法

副产品计价通常有以下几种情况：

(1) 和主产品分离后不再加工的副产品，若价值较低，可不计算分离前应负担的联合成本，其销售收入直接作其他业务收入处理。

(2) 和主产品分离后不再加工但价值较高的副产品，一般按销售价格减去销售税金后的余额计价，从联合成本中扣除，扣除时，可以直接从材料成本项目中一笔扣除，也可以按比例从各成本项目中扣除。如果是利用边角余料加工而成的副产品，可以将其全部成本从原材料项目中扣除而不必按项目扣除。

【例5-9】　某厂在生产甲、乙、丙产品(主要产品)的同时，附带生产出A产品，联合成本为120 000元，其中直接材料费用60 000元，直接人工费用236 000元，制造费用24 000元，A产品产量为8 000千克，每千克售价为1.5元，单位税金0.28元，销售利润率为8%，副产品成本计算如下：

A产品成本＝8 000×(1.5-0.28-1.5×8%)＝8 800(元)

副产品成本计算表如表5-25所示。

表 5-25　副产品成本计算表

成本项目	联合成本/元	各项目比重/%	副产品成本/元	甲乙丙联产品成本/元
直接材料	60 000	50	4 400	55 600
直接人工	236 000	30	2 640	233 360
制造费用	24 000	20	1 760	22 240
合　计	320 000	100	8 800	111 200

(3) 和主产品分离后需要进一步加工的副产品，如价值较小，可考虑只负担可归属成本，如价值较高，则需同时负担可归属成本和分离前的联合成本，以保证主要产品成本计算的合理性，前一种处理方法简便易行，但容易使主要产品成本偏高，后一处理方法是按销售价格扣除税金，利润后的价值再减去进一步加工中的可归属成本后的余额作为副产品应负担的联合成本，这部分成本既可以从直接材料项目中全额扣除，也可以按比例从成本项目中扣除。显然，采用后一种处理方法副产品的成本计算要受到副产品销售价格波动的影响，从而影响主产品成本计算的正确性，这是它无法避免的不足。

【例 5-10】　参考例 5-9 资料，假定 A 产品分离后还需进一步加工为 B 产品。可归属成本为 3 200 元，其中直接材料费用 800 元，直接人工费用 1 600 元，制造费用 800 元，乙产品产量为 7 000 千克，每千克售价 2.5 元，单位租金 0.46 元，销售利润率为 8%，则副产品应负担的联合成本计算如下：

副产品应负担的联合成本=7 000×(2.5-0.46-2.5×8%)=12 880(元)

B 产品成本计算如表 5-26 所示。

联产品和副产品是产品的两种不同分类，它们既有联系又有区别。联产品与副产品的联系在于它们都是联合生产过程中的产物，都是投入相同的原材料经过同一生产过程而产生的，它们之间的区别在于二者在价值量上存在较大差异，联产品一般价值较大，也是企业的主要产品，它的好坏直接影响企业的经济效益，副产品一般价值较小，也不是企业生产的主要目的，其生产状况对企业影响不大。

需要说明的是，对企业来说，联产品和副产品的划分有时会有一定的困难，而且也没有绝对的标准来划分两类产品，因此，在会计处理上，若认为有必要，也可将某些副产品按联产品处理。

表 5-26　B 产品成本计算表　　　　　　　　　　　　　　　　　　　　　元

成本项目	负担的联合成本	可归属成本	B 产品总成本
直接材料	6 440	800	7 240
直接人工	3 864	1 600	5 464
制造费用	2 576	800	3 376
合　计	12 880	3 200	16 080

三、等级产品的成本计算

等级产品是指使用同种原料，经过相同加工过程生产出来的品种相同、但质量等级不同的产品。需要注意的是，等级产品和废品是两个不同的概念，等级产品是合格的，废品是不合格的，等级产品是经过同一生产过程，使用同种原料而生产出来的，这一点与联产品和副产品相同，它们的区别在于：等级产品是指同一品种不同的产品，联产品、副产品则是指不同品种的产品。

等级产品产生的原因不外乎两种：一是由于工人操作不慎、技术不熟练、生产管理不善所致；二是由于材料质量不同或目前生产技术条件所限造成的。对于第一种原因所形成的等级产品，由于料工费的耗费和正品没有区别，所以，其成本不应有别，即不同等级产品应具有相同的成本，这样，等级低的产品将由于成本高售价低而导致亏损。成本相同，收入却不能相同，反映出管理上的缺陷，这将促使企业加强监督，提高产品质量。对于第二种原因造成的等级产品，可以计算单位售价的比例产出系数，按系数比例来负担联合成本，使售价高的产品负担较多的联合成本。

【例 5-11】某电子元件厂生产零部件，共计 10 000 只，其中 A 级 4 000 只，B 级 3 000 只，C 级 2 000 只，D 级 1 000 只，其售价分别为 16 元/只、12 元/只、10 元/只、8 元/只，全部联合成本为 80 000 元。按实物量分配法和系数比例分配法分别计算等级品的单位成本。计算结果如表 5-27、表 5-28 所示。

表 5-27　等级产品成本计算表(按实物量比例分摊)

产品等级	产量/件	比例/%	各产品应负担成本/元	单位成本/元
A	4 000	40	32 000	8
B	3 000	30	24 000	8
C	2 000	20	16 000	8
D	1 000	10	8 000	8
合　计	10 000	100	80 000	

表 5-28　等级产品成本计算表(按系数比例分摊)

产品等级	售价/元	系　数	产量/件	标准产量/件	比例/%	各产品应负担的成本/元	单位成本/元
A	16	1.00	4 000	4 000	50	40 000	10
B	12	0.75	3 000	2 250	28.125	22 500	7.5
C	10	0.625	2 000	1 250	15.625	12 500	6.25
D	8	0.5	1 000	500	6.25	5 000	5
合　计			10 000	8 000	100	80 000	

案 例 分 析

【案例】

某工业企业在生产甲产品(主产品)的过程中,还生产出可以制造乙产品(副产品)的原料。这种原料经加工处理后,即成为乙产品。甲、乙产品都是单步骤大量生产,在同一车间进行。

(1) 本月甲、乙两种产品的实际生产费用如下:

① 甲产品领用材料120 000元。

② 该车间的生产工人工资为24 000元。

③ 该车间的制造费用为30 000元。

(2) 本月甲、乙两种产品的生产工时和产量如下:

① 甲产品产量为2 000件,乙产品产量为500件。

② 甲产品生产工时为11 000小时,乙产品生产工时为1 000小时。

(3) 本月生产甲产品的生产过程中生产出乙产品的原料8 000千克,每千克单价定为0.6元,全部为乙产品所消耗。

(4) 甲产品的在产品按所耗原材料的定额成本计价,其月初在产品定额成本为8 000元,月末在产品定额成本为9 000元。乙产品的月末在产品很少,不计算月末在产品成本。

【要求】

(1) 编制工、费分配表,计算分配主产品、副产品应负担的工资及福利费和制造费用。

(2) 登记产品成本明细账,计算主产品、副产品的实际成本。

【分析计算】

(1) 根据有关资料编制工资、制造费用分配表,如表5-29所示。

表5-29　工资、制造费用分配表

20××年5月

项　目	工时/小时	工资及福利费/元	制造费用/元
本月发生额	12 000	24 000	30 000
分配率		2	2.5
甲产品	11 000	22 000	27 500
乙产品	1 000	2 000	2 500
合　计	12 000	24 000	30 000

表5-29中的各分配率计算如下:

工资及福利费分配率＝24 000÷12 000＝2

制造费用分配率＝30 000÷12 000＝2.5

(2) 登记产品成本明细分类账，计算主产品、副产品的实际成本，如表5-30和表5-31所示。

表5-30　产品成本明细账

产品名称：甲产品(主产品)　　　　　　　20××年5月　　　　　　　　　　　　元

月初在产品(定额成本)	产量/件	原材料费用/元	工资及福利费/元	制造费用/元	合计/元
本月生产费用		120 000	22 000	27 500	169 500
减副产品原材料价格(8 000千克，每千克0.6元)		-4 800			-4 800
合　计		123 200	22 000	27 500	172 700
产成品成本	2 000	114 200	22 000	27 500	163 700
单位成本		57.10	11	13.75	81.85
月末在产品成本(定额成本)		9 000			9 000

表5-31　产品成本明细账

产品名称：乙产品(副产品)　　　　　　20××年5月　　　　产量：500件　　　　元

项　目	原材料	工资及福利费	制造费用	成本合计
本月生产费用	4 800	2 000	2 500	9 300
产成品成本	4 800	2 000	2 500	9 300
单位成本	9.6	4	5	18.60

复习思考题

一、简答题

1. 简述分类法的特点。

2. 在什么样的情况下适合或必须采用分类法计算产品成本？

3. 简述分类法的优缺点和采用时应注意的问题。

4. 简述定额法的主要优点和应用条件。

5. 在什么样的情况下，可以同时采用几种不同的成本计算方法？

二、判断题(正确的画"√"，错误的画"×")

1. 分类法是以产品类别为成本计算对象的一种产品成本计算的基本方法。　（　　）

2. 按照系数分配计算类内各种产品成本的方法，是一种简化的分类法。　（　　）

3. 分类法的适用与否与产品的生产类型有着直接的关系。　（　　）

4. 联产品适合采用分类法计算成本。　（　　）

5. 产品内部结构、所用原材料、工艺技术过程完全相同，但由于工人操作而生产出质量等级不同的产品，可以应用分类法的原理，按照不同售价在它们之间分配费用。

　（　　）

6. 用分类法计算出的类内各种产品的成本具有一定的假定性。　（　　）

7. 副产品在与主产品分离后，还需要单独进行加工的，应按其分离后继续加工的生产特点和管理的要求单独计算成本。　（　　）

8. 定额成本是一种目标成本，是企业进行成本控制和考核的依据。　（　　）

9. 编制定额成本计算表时，所采用的成本项目和成本计算方法，可以与编制计划成本、计算实际成本时所采用的成本项目和成本计算方法不一致。　（　　）

10. 进行材料切割核算时，回收废料超过定额的差异可以冲减材料费用。　（　　）

11. 原材料脱离定额的差异，是按计划单位成本反映的数量差异。　（　　）

12. 在计算月初在产品定额变动差异时，若是定额降低的差异，应从月初在产品定额成本中减去，同时加入本月产品成本中。　（　　）

三、单项选择题

1. 产品成本计算的分类法适用于_____。
    A. 品种、规格繁多的产品
    B. 可以按照一定标准分类的产品
    C. 品种、规格繁多，而且可以按照产品结构、所用原材料和工艺过程的不同划分为若干类别的产品
    D. 只适用大批大量生产的产品

2. 采用分类法的目的在于_____。
    A. 分类计算产品成本
    B. 简化各种产品的成本计算工作
    C. 简化各类产品的成本计算工作
    D. 准确计算各种产品的成本

3. 按照系数比例分配同类产品中各种产品成本的方法 _____.
    A. 是一种完工产品和月末在产品之间分配费用的方法
    B. 是一种单独的产品成本计算方法

    C. 是一种简化的分类法

    D. 是一种分配间接费用的方法

4. 原材料脱离定额差异是_____。

    A. 数量差异　　　　　　　　　　B. 价格差异

    C. 一种定额变动差异　　　　　　D. 原材料成本差异

5. 在完工产品成本中，如果月初在产品定额变动差异是正数，说明_____。

    A. 定额提高了

    B. 定额降低了

    C. 本月定额管理和成本管理不利

    D. 本月定额管理和成本管理取得了成绩

四、多项选择题

1. 按照系数比例分配同类产品中各种成本的方法_____。

    A. 是一种单独的产品成本计算方法

    B. 是完工产品和月末在产品之间分配费用的方法

    C. 是分类法的一种

    D. 是一种简化的分类法

2. 可以或者应该采用分类法计算成本的产品，是_____。

    A. 联产品

    B. 由于工人操作所造成的质量等级不同的产品

    C. 品种、规格繁多，但可按规定标准分类的产品

    D. 品种、规格多，且数量少、费用比重小的一些零星产品

3. 采用分类法计算成本的优点有_____。

    A. 可以简化成本计算工作

    B. 可以分类掌握产品成本情况

    C. 可以使类内的各种产品成本的计算结果更为准确

    D. 便于成本日常控制

4. 在定额法下，产品的实际成本是_____的代数和。

    A. 按现行定额计算的产品定额成本

    B. 脱离现行定额的差异

    C. 材料成本差异

    D. 月初在产品定额变动差异

5. 定额法的主要优点是_____。

    A. 有利于加强成本控制，便于成本定期分析

    B. 有利于提高成本的定额管理和计划管理水平

C. 能够较为合理、简便地解决完工产品和月末在产品之间的费用分配问题

D. 较其他成本计算方法核算工作量小

五、核算与计算题

1. 分类法的应用

【资料】

(1) 某工业企业大量生产甲、乙、丙三种产品。这三种产品的结构、所用原材料和工艺过程相近，因而归为一类(A类)，采用分类法计算成本。类内各种产品之间分配费用的标准为：原材料费用按各种产品的原材料费用系数分配，原材料费用系数按原材料费用定额确定(以乙产品为标准产品)；其他费用按定额工时比例分配。

(2) 甲、乙、丙三种产品的原材料费用定额和工时消耗定额如下。

① 原材料费用定额。

甲产品: 270元　　乙产品: 300元　　丙产品: 450元

② 工时消耗定额。

甲产品: 10小时　　乙产品: 12小时　　丙产品: 15小时

(3) 本月各种产品的产量。

甲产品: 1 000件　　乙产品: 1 200件　　丙产品: 500件

(4) 本月A类产品成本明细账如表5-32所示(其中的月初、月末在产品成本按年初固定数计算)。

【要求】

(1) 编制原材料费用系数计算表。

(2) 采用分类法分配计算甲、乙、丙三种产品的成本，编制产品成本计算表5-32。

表5-32　产品成本明细账

产品名称：A类　　　　　　　　　　20××年×月　　　　　　　　　　元

项　目	原材料	工资及福利费	制造费用	成本合计
月初在产品成本	40 000	3 000	5 000	48 000
本月费用	900 600	111 650	175 450	1 187 700
生产费用合计	940 600	114 650	180 450	1 235 700
产品成本	900 600	111 650	175 450	1 187 700
月末在产品成本	40 000	3 000	5 000	48 000

2. 主产品与副产品的成本计算。

【资料】

(1) 某工业企业在生产甲产品(主产品)的过程中，还生产出可以制造乙产品(副产品)的原料。这种原料经加工处理后，即成乙产品。甲、乙产品都是单步骤大量生产，在同一

车间进行。

(2) 本月甲、乙两种产品的实际生产费用。

① 甲产品领用材料 120 000 元。

② 该车间的生产工人工资为 24 000 元。

③ 该车间的制造费用为 30 000 元。

(3) 本月甲、乙两种产品的生产工时和产量。

① 甲产品产量为 2 000 件，乙产品产量为 500 件。

② 甲产品生产工时为 11 000 小时，乙产品 1 000 小时。

(4) 本月生产甲产品的生产过程中生产出生产乙产品的原料 8 000 公斤，每公斤定价为 0.6 元，全部为乙产品所耗用。

(5) 甲产品的在产品按所耗原材料的定额成本计价，其月初在产品定额成本为 8 000 元，月末在产品定额成本为 9 000 元。乙产品的月末在产品很少，不计算月末在产品成本。

【要求】

(1) 编制工、费分配表，计算分配主产品、副产品应负担的工资及福利费和制造费用。

(2) 登记产品成本明细账，计算主产品、副产品的实际成本。

3. 定额法的应用(计算完工产品和月末在产品的原材料费用)。

【资料】甲产品采用定额法计算成本。本月份有关甲产品原材料费用的资料如下：

(1) 月初在产品定额费用为 1 000 元，月初在产品脱离定额的差异为节约 50 元，月初在产品定额费用调整为降低 20 元。定额变动差异全部由完工产品负担。

(2) 本月定额费用为 24 000 元，本月脱离定额的差异为节约 500 元。

(3) 本月原材料成本差异率为节约 2%，材料成本差异全部由完工产品成本负担。

(4) 本月完工产品的定额费用为 22 000 元。

【要求】

(1) 计算月末在产品的原材料定额费用。

(2) 计算完工产品和月末在产品的原材料实际费用(脱离定额差异，按定额费用比例在完工产品和月末在产品之间分配)。

4. 定额法的应用(计算定额变动差异)。

【资料】某企业 A 产品的一些零件从本月 1 日起实行新的材料消耗定额。该产品单位产品旧的材料费用定额为 200 元，新的材料费用定额为 190 元。该产品月初在产品按旧定额计算的材料定额费用为 8 000 元。

【要求】计算 A 产品新旧材料消耗定额之间的折算系数，并据此计算该产品月初在产品定额变动差异。

第六章

作业成本核算方法

学习目标：通过本章的学习，应该了解作业成本核算制度产生发展的主要原因，理解作业成本核算的相关概念，掌握作业成本核算的程序，熟悉在作业成本核算方法下如何正确计算产品成本。

关键概念：作业 作业链 价值链 作业成本法 作业成本管理 作业中心 作业成本库 作业成本分配率 成本动因 资源动因 作业动因

第一节 作业成本核算概述

一、作业成本核算方法的产生

作业成本会计(Activity-Based Cost Accounting, ABC)最早起源于 20 世纪 30 年代，由美国著名教授科勒·斯托布斯的长期研究逐渐发展起来。到 20 世纪 80 年代，由于外部环境的变化，特别是高科技的迅速发展，生产、经营自动化程度的提高，许多西方会计学家开始对传统的成本会计提供的信息的质量表示怀疑，试图对传统的成本会计方法进行改革，提出了作业成本会计并与适时制(JIT)管理方法相结合。卡普兰在 1983 年发表的论文《管理会计之演讲》、《相关性消失：管理会计的兴衰》对作业成本会计进行了探讨。1988 年美国哈佛大学的库珀与卡普兰在《成本管理》上发表了《一论作业基础成本计算的兴起——什么是作业基础成本系统》的论文，对作业成本会计进行了较为完善的论述。他们认为，产品成本就是制造和运送产品所需全部作业的成本总和，成本计算的最基本对象是作业。ABC所赖以存在的基础是：作业耗用资源、产品耗用作业。由此，在分配费用时，以作业为基础进行才能使成本信息更加真实可靠。作业成本核算制度的产生和发展主要源于以下四个方面的原因：

第一，激烈的市场竞争使得管理者更强调用户的利益，管理者的管理思想发生了深刻的变革，形成了新的企业观，这对成本会计提出了挑战。20 世纪 70 年代以来，伴随人类社会经济的飞速发展，我们无时无刻不感受到时代变革对经济运行和企业管理的深远影响。信息技术突飞猛进，新兴产业层出不穷，顾客需求个性化、多变化和国际化趋势的加快，使得全球性市场竞争愈演愈烈。企业为了争夺市场和生存发展的空间，就应该站在用户的角度，充分运用现代科学技术优势，以适应富裕社会顾客需求的不断变化。这种竞争环境的新变化，迫使企业管理者重新审视企业的内涵，形成了新的企业观。所谓新的企业观，就是把企业理解为服务于顾客利益需要而设计的一系列作业的集合体，每一项作业都有特定的功能，它的完成要消耗企业的资源，同时也为企业创造了一定的价值，不同的作业之间通过流程的传递，价值进行累加，直到最终完成所有的作业，将产品提供给用户。在新的企业观下，作业消耗资源，产品消耗作业，已经为人们所认识。这也使得成本会计的核算重点逐渐从"产品"转向"作业"。

第二，高新技术环境的出现，使得企业能够面向用户设计和制造产品，传统的大量大批的生产组织形式受到挑战，企业更加重视建立灵活的、可以对顾客需求做出迅速反应的作业集合系统。

第二次世界大战以来，人类的技术进步对社会政治经济的方方面面都产生了积极的影响，也推动着企业管理科学的向前发展。从设计到制造，从采购到运输，从产品到服务，从营销方法到竞争战略定位，企业发展的每一个环节都与技术因素所带来的机会和风险密切相连。技术进步可以创造新的市场，产生大量新型的产品，缩短产品的生命周期，改变企业在产业中的相对成本及竞争位置，引起成本管理方法的改变和成本管理重点的转移。具体来说，企业所处的高新技术环境主要体现在两个方面：首先是计算机辅助设计与辅助制造的应用，其次是机器人、柔性制造系统与计算机集成制造系统的应用。当人们在生产线上安装了机器人之后，一些非常单调或危险的工作可以全部由机器人完成，这样不但可以提高工作效率和质量，还能够保证工作的连续性、准确性及必要的速度和效率。此外在一些复杂的情况下，人们往往利用原材料管理设备来辅助直接数控机器的工作，这些原材料管理设备可以是机器人、传送器或自动制导车，它们将原材料从一个车间运到另一个车间。这些设备与车间之间由一个中央计算机相连接，为每条生产线上的工作下达指令，这种安排被称作自动工作单元或柔性制造系统。柔性制造系统与计算机集成制造系统使小规模、多样化与大规模、品种少这两种生产方式之间的差别缩小了。高新技术环境的出现，满足了企业面对灵活多变的顾客的需求，使其能够及时调整生产组织形式，提高产品供应市场的效率，赢得更多的用户，增强市场竞争力。

第三，先进制造技术的采用，使得产品成本的结构发生了较大变化，单一基础分配间接费用的缺陷表现得越来越明显，如何改进间接费用的分配基础，向管理者提供更准确的成本信息，成为成本核算方法变革的焦点。

先进制造技术的应用在改变了企业生产组织形式的同时，也使得产品成本的结构发生了较大变化，产品成本中的间接费用所占比重大大增加。因为生产过程的自动化、计算机化，以及柔性制造系统、适时制生产方式和全面质量管理的实施，使企业的间接费用发生了质和量的变化。有资料表明，20世纪80年代间接费用在产品成本中的比重，美国为35%，日本为26%。如果仅仅考察电子和机械制造业，这一比重在美国高达75%，在日本也达到

50%~60%。应该说，企业的制造技术越先进，生产自动化程度越高，产品成本中的直接费用，尤其是直接人工所占的比重越低，而间接费用所占的比重越高。在这种情况下，为了正确计算产品成本，提供更为准确的成本信息，满足经营管理者的需要，客观上就要求将成本核算的重点放到间接费用上来。在第四章我们所介绍的产品成本核算的品种法、分批法、分步法以及它们的改进方法等传统成本核算方法中，间接费用的分配通常是在一个生产单位(分厂或车间)按照单一的分配基础分配给不同的产品。而且经常被使用的分配间接费用的基础主要是直接人工工时、机器工时、计划价格等。按照单一基础分配间接费用的缺陷是往往使生产量大、技术相对简单的产品成本偏高，而使生产量低、技术相对复杂的产品成本偏低，导致核算系统输出的成本信息脱离实际，影响了信息使用者的经营决策。另外，按照单一基础分配间接费用对所有的间接费用采用单一的分配标准，忽视了间接费用内容的不同构成，以及不同间接费用发生的原因不同。针对传统成本核算方法的这一缺陷，企业需要根据间接费用的不同内容，寻找其发生的原因，变单一分配基础为多种分配基础来分配相应的间接费用，从而向管理者提供更准确的成本信息。

第四，作业管理理论的形成及其在企业管理实践中的广泛应用，迫切要求企业的成本核算系统能够提供与作业相关的成本信息，这使得作业成本核算制度又向前迈进了一大步。

在企业的生产经营管理活动中，并不是所有的作业都能够增加或有利于增加顾客的价值。有些作业可以增加顾客的价值，我们称之为增值作业；有些则不能增加顾客的价值，被称为不增值作业。信息技术和管理科学的迅速发展，已经能够满足企业管理者索本求源，尽可能删除不增值作业，同时提高增值作业的效率，使用户的价值得到最大限度的实现。企业管理的中心由"产品"转向"作业"，形成以作业为基础的管理(Activity-Based Management)，简称"作业管理"。这是继20世纪初泰勒创立"科学管理学说"以来，企业管理史上的又一次革命。当企业管理的重点由产品深化至作业层次后，传统成本核算方法必须做出适应性变革，建立起一个以作业为基本成本计算对象的成本核算系统，使之服务于作业管理的全过程，以便利用它所提供的信息对所有作业活动进行动态控制，并在此基础上建立更加科学有效的预测、决策、计划、控制、分析和考核机制，提高企业的成本管理水平。

从以上四个方面的原因分析可以看出，日趋激烈的市场竞争和高新技术的广泛应用，以及新企业观的形成和作业管理理论的出现，都要求成本会计针对新的管理背景进行适应性变革。于是，以作业为成本计算的基本对象，按照多种费用分配基础，提供更准确的产品成本信息以及与作业管理决策更相关的作业成本信息的成本核算制度——作业成本核算制度就应运而生了。作业成本核算制度并不仅仅提供与作业有关的成本信息，它的工作重点还在于通过分析利用成本信息来改进作业流程，剔除不增值作业，更有效地从作业层次降低和控制成本。

二、作业成本核算方法的基本概念

1. 作业、作业链和价值链

在作业成本核算方法中,作业是汇集资源耗费的第一对象,是将资源耗费与产品成本连接在一起的中介。作业这一概念是随管理实践的发展而逐渐为人们所接受的,柔性制造系统与计算机集成制造系统以及适时制的出现,都强调生产流程可以划分成一个个相互独立的环节,这些相互独立的生产环节就是具有管理学含义的作业。美国学者科勒早在1941年就试图将作业视为成本计算对象引入到会计理论当中,他指出,作业就是一个组织单位对一项工程、一项大型建设项目以及一项重要经营活动所作的贡献。到了20世纪90年代,美国学者布林逊提出,作业是企业为提供一定量产品或劳务所消耗的人力、技术、原材料、方法和环境的集合体。上述定义明确指出作业消耗资源的状况,将作业与资源耗费联系在一起,从而使作业概念具有会计学含义。我国有学者在对作业概念进行系统研究后指出,会计上的作业是指基于一定目的、以人为主体、消耗了一定资源的特定范围内的工作。简单地说,作业是企业为提供一定的产品或劳务所发生的、以消耗资源为重要特征的各项业务活动的统称。以企业的应收账款业务活动为例,其相关作业有:收集、归档销货合同,签发发货通知和销货发票,核对发票、销货合同和发货通知,将收款凭单传递给出纳,对收款凭单进行账务处理,装订收款凭单等。企业的各项业务活动都是作业,一个企业实质上是一系列作业的集合体。由于在作业的进行中产生了资源消耗,出现了作业耗费,因此在作业成本计算法下,企业的全部经营资源被认为是由各种作业所消耗的,而产品生产则是对各种作业的消耗。

对于作业,可以从不同的角度进行分类,其中比较具有代表性的分类有以下几种:

(1) 杰弗·米勒和汤姆·沃尔曼这两位现代制造过程的研究者将作业分为四类,即后勤性作业、平衡性作业、质量作业和变化作业。

(2) 罗宾·库珀将作业分为单位作业、批量作业、产品作业和工序作业四类。

(3) 詹姆斯.A·布林逊将作业分成三种情况,即重复作业和不重复作业、一级作业和二级作业、必需的作业和酌量性作业。

(4) 于富生教授提出,应将作业分为专属作业和共同消耗作业两类,其中共同消耗作业又可以进一步分为批次动因作业、数量动因作业、工时动因作业和价值管理作业四小类。

与作业概念紧密联系的另外两个概念是作业链和价值链。如果将企业的生产经营管理活动按照业务活动的内在逻辑关系进行合理的连串,就会形成一条由此及彼、由内向外的作业链。根据前面的分析,我们知道作业要消耗资源,作业活动也是价值活动,因此企业的作业链同时也是价值链。价值链概念是美国哈佛商学院迈克尔·波特教授在20世纪80年代首先提出的,他认为企业需要认识价值活动,并理解在既定的价值活动中各种活动间的关系是怎样的。而在20世纪90年代初由约翰·桑科等学者所进行的研究则进一步拓展了价值链这一概念。作为价值链，它不是企业价值活动的简单连接，而是有着自身特定的含义。一般来说，价值链有三个含义：其一，企业的各项价值活动之间都有密切的联系，比如我们通常提到的供应、生产、销售三环节的紧密协调；其二，每项价值活动都能给企业创造有形或无形的价值；其三，价值链不仅包括企业内部的价值活动，而且还包括企业与供应商、企业与客户之间的价值联系。如果按照价值链所包含的价值活动单元的多少，并以独立的企业作为价值链的一个链接来对价值链进行分类，可以将价值链划分为企业内部价值链和企业外部价值链两类。企业内部价值链是指企业内部为顾客创造价值的主要活动及相关支持活动。企业外部价值链是指与企业具有紧密联系的外部行为主体的价值活动。它主要包括供应商价值链、购买商价值链和行业价值链三个方面的内容。

2．成本动因

成本动因的英文是 Cost Driver。一般而言，成本动因是指导致企业成本发生的任何因素，也就是成本驱动因素。它是引起成本发生和变动的原因，或者说是决定成本发生额与作业消耗量之间的内在数量关系的根本因素。传统的成本管理会计往往将产量作为唯一重要的成本动因，比如固定成本和变动成本的划分、盈亏平衡分析、边际利润分析等都是以此为基础的。而事实上，成本动因绝不仅仅是产量，还包括诸如采购环节的采购次数、检验环节的检验次数、入库储存环节的搬运次数与距离等。美国学者罗曼诺指出，成本动因"表示某一特定作业和一系列成本之间的联系"，他还从作业成本计算的角度进一步将成本动因分为两个阶段：第一阶段的成本动因主要用于在各作业中心内部成本库之间分配资源，第二阶段的成本动因主要用于在各产品之间分配成本库。由此不难看出，成本动因是作业成本管理的核心概念。作业成本管理出现以后，人们将成本管理的重点转向了作业。通过对作业的分析寻找成本发生的原因和降低成本的措施，也就成为人们关注成本动因的理由。也正因为如此，在成本动因的定义上，许多学者将成本动因与作业混为一谈。格里森在《管理会计——用于计算、控制和决策的概念》一书中写道："作业是作为成本动因(亦即充当组织内成本发生的诱导性因素)的任何事项或交易"。然而，柏林勃和布里姆森则认为"作业是为达到组织的目的和组织内部各职能部门的目标所需的种种行动"，而成本动因为"其发生将导致成本的因素"。我们同意柏林勃和布里姆森的解释，因为作业与成本动因之间并不是一一对应的关系，否则成本动因的概念就无存在的必要。成本动因是 ABC 系统的着眼点，它是 ABC 系统中分配成本的依据，因而决定着成本、费用应该计入哪个对象以及计入多少的问题。传统的成本管理会计采用产量、生产工时等较为单一的成本分配基础，其后果是严重歪曲了产品与服务的真实成本，同时也不能真实地反映产品与服务的边际贡献。

成本动因按照其在作业成本会计中的作用可以分为资源动因和作业动因两类。根据作业成本会计规则，作业量的多少决定着资源的耗用量，资源耗用量的多少与作业量的多少有直接关系，而与最终产品没有直接关系。资源耗用量与作业量的多少之间的这种直接关系就是资源动因。所谓资源动因，简单理解，就是资源被各种作业消耗的原因和方式，它描述的是一项作业或一组作业对资源的消耗情况,是将资源成本分配到作业中去的基础。例如,如果物料的搬运费主要与工人往返的搬运次数有关,那么就可以按照搬运次数来分配物料的搬运费。在这里搬运次数就是一个资源动因。所谓作业动因,就是各项作业被最终产品消耗的原因和方式,它反映的是产品消耗作业的情况,是将作业成本分配到最终产品中去的基础。

3. 作业中心与作业成本库

作业中心是成本汇集和分配的基本单位,它可由一项作业或一组作业组成。一个作业中心就是生产流程的一个组成部分,其设立方式与责任会计中成本中心的设立有极为相似之处,但是它们的设立原则不同:成本中心的设立建立在成本发生的责权范围与可控制性基础上,而作业中心的设立则以同质作业为原则,是相同的成本动因引起的作业的集合。由于作业消耗资源,所以伴随作业的发生,作业中心也就成为一个资源成本库,即作业成本库。应按照资源动因将作业所耗费的资源汇集到作业成本库,而按照作业动因将作业成本库中的作业成本在不同产品间进行分配,从而确定最终产品成本。

上述几个概念表明 ABC 系统是以作业为基础,设立作业中心,根据资源动因进行资源成本汇集,形成作业成本库,再根据作业动因,把作业成本精确地分配至最终产品的成本计算系统。ABC 系统的基本原理可以用图 6-1 来描述。

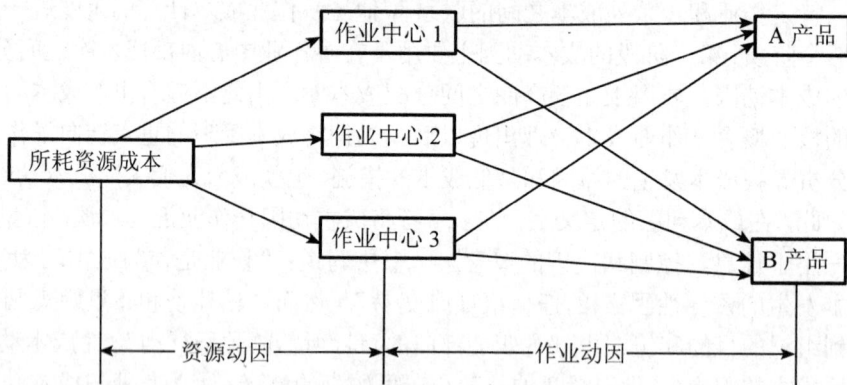

图 6-1　ABC 系统的基本原理

三、作业成本核算方法的二维成本计算观

在作业成本核算方法下,成本核算系统既要提供与产品有关的成本信息,也要提供与作业有关的成本信息,从而保证企业管理部门在优化生产流程和改进作业的活动中得到准确的成本资料。而要实现这一目标,就需要运用二维成本计算观。

一般认为,作业成本计算有两种观点:一种是成本分配观(Cost Assignment View)或者叫成本分解法(Cost Decomposition)、二阶动因法(Two Stagedriver);另一种叫过程分析观

(Process Analysis View)。前者进行纵向分析计算，提供关于资源、作业量、作业与产品等成本对象的成本信息；后者进行横向分析计算，提供关于作业对顾客价值的满足程度、作业的效率怎样、作业有无发生的必要等非财务信息。上述两种作业成本计算的观点合称为作业成本核算制度的二维成本计算观(Two-dimensional Activity Based Costing View)，其分析过程可以用图 6-2 表示。

　　从图 6-2 可以看出，成本分配观的目的在于将所耗费的资源通过作业，追踪到作业中心，形成作业成本库，然后再将作业中心的成本分配到产品，计算出最终产品的成本。因此，成本分配观强调在生产经营活动发生以后，进行数据的收集，计算出产品成本，是一种对历史成本费用进行分析的方法。由于它并不十分关注作业发生的合理性，因而这种分析方法的财务成分大于业务成分，被认为是一种以财务为导向的分析方法。

　　而过程分析观则运用以业务为导向的分析观念，将作业成本计算理解成实施作业成本管理的手段。这种观念认为：产品消耗作业，作业消耗资源，资源耗费要增加成本，要降低成本就应减少资源消耗，也就是要尽可能优化作业。通过作业的优化减少不增加产品或顾客价值的作业，提高作业效率，就能实现降低产品成本的目的。实施作业成本计算可以全面反映作业耗用资源、产品消耗作业的过程，揭示资源、作业的消耗形态，因此计算产品成本并不是它的目的，更重要的是将它视为有效进行作业成本管理的手段。过程分析观要求利用作业成本计算的结果来分析资源、作业和产品之间的关系，评价作业是否合理性以及效率如何，寻找改善生产流程的突破口。

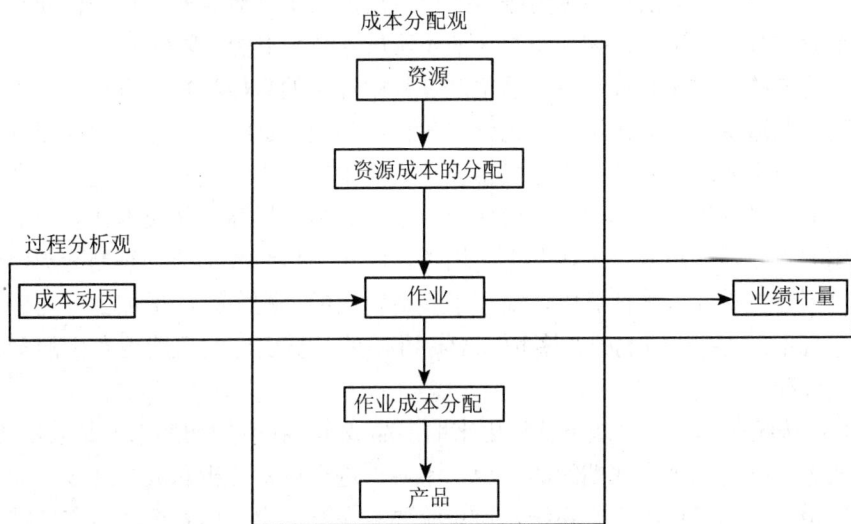

图 6-2　二维成本计算观示意图

　　作业成本计算的两种观点各有所长。成本分配观能提供比较准确的成本信息，从而有助于企业管理者进行各种成本决策，以及进行产品定价、产品组合、产品设计等方面的经营决策。过程分析观依据作业成本信息,分析影响作业业绩的各种因素,从而有助于企业管理者发现生产流程中存在的问题,寻求改善的措施,提高作业业绩,增加顾客价值。

综合以上分析,我们可以对作业成本核算方法作出如下定义:作业成本核算是适应新的制造环境和作业管理的要求而产生的,旨在通过对成本动因的动态追踪反映,计算确定作业与产品的成本,评价作业业绩和资源利用情况的一种新型成本管理方法。

四、作业成本计算与传统成本计算的区别

作业成本计算与传统成本计算的区别:

第一,传统成本计算是以"产品"为中心的,在成本计算时,是以产品作为成本计算对象汇集生产费用、计算成本的;作业成本计算是以"作业"为中心,通过对作业成本的确认、计量,为尽可能消除"不增加价值的作业",改进"可增加价值的作业",及时提供有用的成本会计信息。通过这种方式,可减少损失和浪费,挖掘降低成本的潜力,不断降低成本。

第二,传统的成本计算只是为了计算成本而计算,就成本论成本;作业成本计算则把重点放在成本发生的前因后果上。在作业成本计算系统中,成本是由作业引起的,该作业是否应当发生,是由产品的设计环节所决定的。在产品设计中,要设计出产品由哪些作业所组成、每一项作业预期的资源消费水平;在作业的执行过程中,应分析各项作业预期的资源消耗水平以及预期产品最终可为顾客提供价值的大小。对这些信息进行处理和分析,可以促使企业改进产品设计、提高作业水平和质量,减少浪费,降低资源的消耗水平。

第三,传统的成本计算方法将产品生产过程中耗用的直接材料、直接工资以外的所有费用,都列入制造费用中,按工时的比例在各种产品当中进行分配。这种分配方式的结果是生产量大、技术要求不复杂的产品成本偏高,而生产量小、技术要求复杂的产品成本偏低,从而不能提供准确的成本信息。而作业成本计算为了提高产品成本计算的准确性和提高成本控制的有效性,将重点放在制造费用上,解决了传统成本计算在制造费用分配上存在的问题。因为在作业成本计算中,缩小了制造费用的分配范围,增加了分配标准,分配标准由单一标准(如生产工时)改为多种分配标准,就是按引起制造费用发生的多种"成本动因"进行分配。

第四,在传统成本计算方法下计算出来的产品成本,在有期初期末产品成本的情况下,完工产品成本包括有几个会计期间的费用,不便于进行成本分析和成本考核。而在作业成本制度下,由于采用了适时生产系统,该系统要求在产、供、销各个环节实现零存货。这样,按作业成本计算方法所计算出来的产品成本与当期所发生的期间成本基本一致。

第五,传统成本计算提供的成本会计信息不准确,而作业成本计算提供的成本会计信息则相对准确,从而提高了决策的准确性。

第二节　作业成本核算方法的程序

作业成本核算方法不仅仅是先进的成本计算方法，同时也是实现成本计算与成本控制相结合的作业成本管理制度，它通过对作业成本的确认、计量、记录和报告，为管理者提供对决策有用的成本信息，从而更有效地实施作业管理。作业成本核算方法的独特之处在于它将企业活动的基本单元——作业，作为成本汇集的基本对象，提供与作业有关的成本信息，这也决定了作业成本核算程序同传统成本核算方法所遵循的成本核算程序具有不同的一面。简单地说，作业成本核算的程序就是：将企业生产所消耗的资源价值汇集到各作业成本库，再把各作业成本库汇集的成本分配给各种产品。作业成本核算的程序具体包括下面六个步骤。

一、确认和计量各种资源耗费，将资源耗费价值汇集到各资源库

如果把企业看作一个与外界进行物质交换的投入产出系统，则所有在该系统中被使用的人力、物力、财力等都属于资源范畴。在作业成本计算中，之所以将资源作为一个重要的切入点来进行作业分析，是因为企业在生产经营活动开展的过程中要消耗资源，成本核算系统要反映作业都消耗了哪些资源，以及资源是如何被作业所消耗的。在企业资源被各项作业耗费以后，成本会计部门应采用一定的方法对其进行分类，将耗费的资源价值汇集到设定的资源库，这也为各类资源的耗费价值向作业中心的成本库进行分配奠定了基础。资源库的设置一般应视企业规模、作业组合和信息处理系统的能力而定。

二、确认企业的主要作业

由于作业是作业成本计算和作业管理的基本单位，因此确认作业是作业成本计算的基础，也是作业成本计算区别于传统成本计算的关键所在。作业成本核算系统要深入到企业的作业水平核算作业的成本，其前提条件是将企业的各项作业，尤其是主要作业清楚地辨认、描述出来，并加以分析确认。而作业的确定需要全面了解企业生产流程与管理程序，分析企业的有关业务流程图才可以完成。

确认作业的方法主要有业务职能活动分解法、过程定位法、价值链分析法和作业流程图分析法等。业务职能活动分解法是将企业各业务职能部门(包括厂部、科室、车间以及班组等)的活动进行分解，确定每一个部门应完成的作业有几种、作业量有多大、多少人参与该项作业以及作业耗费的资源。过程定位法是依据生产经营活动不同阶段对最终产品形成所发挥的作用，因而将作业确认为过程作业、支援作业或产品线作业。价值链分析法是把企业生产经营活动的每一部分看作基本的价值单位，最终产品的完成要借助这些价值单位

的逻辑连接,因而将作业分为研究与开发、设计、生产、营销、配送和售后服务等。作业流程图分析法是通过绘作业流程图来描述企业各部门的作业以及它们之间的相互联系,从而确定完成特定业务所要求的各项作业、各项作业所需要的人员以及所要消耗的时间。

一般而言,企业常见的作业类型包括五类基本作业和四类辅助作业。

五类基本作业是:

(1) 投入性作业,是有关接收、储存和分配产品或服务所投放的作业,如原材料搬运、储存管理、车辆调度、向供应厂商退货等活动。

(2) 生产作业,指将初始投放转化为最终产品的作业,如机械加工、组装、设备维护、设备测试等活动。

(3) 产出性作业,是有关集中、储存和销售产品的作业,如产品库存管理、送货车辆管理、订单处理等活动。

(4) 营销作业,是有关提供一种客户可以购买产品并吸引他们购买的手段的作业,如报价、定价、销售渠道的选择和联系、广告、促销、推销等活动。

(5) 服务作业,是有关提高或维持产品附加价值的作业,如安装、维修、培训、零配件供应、产品保养等活动。

四类辅助作业是:

(1) 企业基础设施,既指厂房设施、机器设备等投入活动,也包括企业全面管理、计划、财务、会计、法律、政府事务等活动,它支持着整个企业的其他作业。

(2) 人力资源管理,它由对各类人员的招聘、雇佣、培训、开发、激励所包括的作业组成。它既支持着单项的基本作业和辅助作业,又支持着整个作业群。

(3) 技术开发,技术开发作业可大致划分为致力于改进产品和致力于改进工艺两种。每项作业都包含着技术,技术开发支持着作业中所包含的所有技术。

(4) 采购,指购买用于企业价值活动的所有投入的活动,既包括投入性后勤活动,也包括购买资产的活动。

具体作业的划分可以根据企业的规模和条件来决定可粗可细。比如小型企业可将整个购进过程作为一项作业,而大型企业则可能进一步将其区分为请购申请、评估报价、签订合同等多项作业。作业划分越细,越有利于成本管理,核算结果也越准确,但核算过程却越复杂。

企业在整合和分解作业方面一般应遵循以下原则:

(1) 在每个职能部门中应有2~10个功能明确的作业,如果一个职能部门拥有10个以上的作业,就需要对作业进行适当的合并。相反,如果一个职能部门仅仅拥有1项作业,就需要对作业进行适当的分解。

(2) 一项作业一般不超过5~15个密切关联的业务。

(3) 如果一项作业含有不相关的业务,则应对其进行分解。

(4) 如果一项作业只包含一项业务，则它可能进行了太细的分解。

(5) 如果一项作业只有一项投入和产出，那么就不再对它进行分解；相反，如果一项作业包含多项投入和产出，那么它应被分解为不同的作业。

(6) 如果一项作业的成本和业绩对决策的意义不大，那么它就不必再进行分解。

(7) 如果一项作业不能改变，那么也不需要对它进行分解。

一个普通制造企业的主要作业按照业务职能活动分解法可以描述为表 6-1。

表6-1 普通制造企业的主要作业

业务职能部门	主要作业
产品开发部	内部开发，申请专利，外购专利
物资采购部	获取采购信息，签订合同，完成交易
储运部	收货，验货，存储，发货，运输
生产部	材料准备，设备维护，加工，包装，车间管理
质量控制部	检验
销售部	获取客户信息，建立销售渠道，签订合同，完成交易
会计部	收款，付款，制单，系统输入，系统输出，财务分析

三、确认各项作业的成本动因

成本动因的确定是 ABC 实施的关键，也是 ABC 实施中至关重要的一步，成本动因的选定应由企业的工程技术人员、成本会计人员与管理人员一起分析讨论确定。

如前所述，成本动因可以分为资源动因和作业动因两类，确认资源动因可以使耗费的资源正确地汇集到作业成本库，确认作业动因可以使作业成本正确地在不同的产品之间进行分配，计算出产品成本。成本动因包括以下几种：

(1) 各种产品的生产批次，它驱动了生产计划的制定、设备的调试、材料的准备、产品检验等成本的发生。

(2) 购货单的数量，它驱动了收货部门成本的发生。

(3) 发货单的数量，它驱动了发货部门成本的发生。

(4) 销货单和用户的数量，它驱动了销售部门成本的发生。

(5) 职工人数和工作通知单的数量，它驱动了后勤服务及管理部门成本的发生。

除以上成本动因外，企业还应从成本与作业间存在的因果关系来选择成本动因，同时考虑所选成本动因在经济上的合理性和技术上的适用性。比如采购部门，采购订单导致了成本的发生，订单的多少决定了其成本的多少，其成本动因是采购订单的数量。应该指出，企业在确定成本动因时，需要注意两个问题：第一，确定的成本动因应简单易懂，能够从现有的资料中分辨出来；第二，在选择成本动因时，为了避免作业成本计算太复杂，不利于执行，要挑选具有代表性和重要影响的成本动因。总的来看，企业普遍存在的成本动因有直接人工工时、机器工时、产品(包括零配件)数量、准备次数、材料移动次数、返工数量、订购次数、收取订单数量、检验次数、文件数量、残次品数量等。

四、建立作业中心，形成作业成本库

在确认了作业及其成本动因之后，我们会发现，这时作业可能有几十种，或上百种，甚至更多。这对于作业成本计算显得太复杂，因此为了尽量简化成本核算，我们有必要再对作业做进一步合并，建立作业中心，并选择适当的资源动因，将成本追踪到作业中心，把其中的作业成本汇集在一起形成作业成本库。

作业成本库是可用相同成本动因解释成本变动的若干项作业费用的集合。在建立作业中心进行作业合并时，要考虑企业进行作业成本计算的目的和作业的重要程度。目的不同，进行作业合并的程度也就不同。如果企业进行作业成本计算，是获取相对准确的成本信息，为产品定价、进入或退出市场决策服务，则可通过质的相似性和量的相关性进行高程度的合并；企业进行作业成本计算，不仅为了获取真实准确的成本信息，而且为了致力于进一步的作业管理，应以有利于部门作业管理为前提，主要考虑各项作业质的相似性，把次要作业合并到主要作业中去。因此，企业在具体划分作业中心时应依据两个原则：一是重要性原则，即应考虑各项作业在现在和将来的重要程度。作业的重要程度主要取决于作业耗费的大小或其在产品生产过程中的地位。如果某项作业是重要的，或者将成为重要的，则应将其作为一个单独的作业中心，反之则可与其他作业合并为一个作业中心；二是相关性原则，即组成作业中心的作业必须是相关的，其相关性主要表现在应具有相同的成本驱动因素和相同的成本分配率。

这一步骤的实施是建立在对企业作业和资源动因进行全面分析的基础上的。在作业中心确定之后，如何将各种资源耗费依据成本动因汇集到作业成本库，就成为本步骤的重要内容。按照作业成本计算的规则，作业量的多少决定着资源的耗用量，资源耗用量的高低与最终产品的产出量没有直接关系，也就是说，正确地确定资源动因，并根据资源动因将资源耗费分配计入各作业成本库是本步骤应完成的工作。而将每个作业成本库中汇集的作业成本进行累加，就可以得出作业成本库的总价值。

【例 6-1】 某制造公司本月生产产品的过程中共发生间接费用 964 000 元，其中消耗服务资源 300 000 元，制造资源 664 000 元。生产消耗的服务资源在储存部、购货部、验货部、收货部和会计部 5 个作业中心进行分配，生产消耗的制造资源在加工制造部、生产准备部两个作业中心进行分配。资源分配结果如表 6-2 所示。

表6-2 资源分配结果

作业中心	耗费的资源/元	资源动因	资源动因数量	作业成本分配率	分配给作业成本库的资源/元
储存部		存货体积	40 000 立方米	3 元/立方米	120 000
购货部			10 人		60 000
验货部	300 000		9 人		54 000
收货部		职工人数	5 人	6 000 元/人	30 000
会计部			6 人		36 000
加工制造部		人工工时	900 小时		597 600
生产准备部	664 000		100 小时	664 元/小时	66 400
合 计	964 000	作业成本库的总价值			964 000

五、计算作业成本分配率

在将资源耗费分配给作业成本库后,就应依据产品与作业的关系,确定作业动因,将作业中心所汇集的成本总额,除以该中心的成本动因的数量化形式,从而得出本中心的作业成本分配率。对于可直接追溯的成本,如直接材料和直接人工应直接计入产品成本;对于间接成本,则应依有关的作业动因分配计入。例如,当"供电部门"被确定为一个作业中心时,许多与供电有关的成本将会汇集到消耗该项资源的作业中心,这时产品生产所消耗的"供电度数"就成为一个作业动因。将供电部门汇集的作业成本除以供电度数,就可以计算出每度电的成本。

接例 6-1,该制造公司本月生产甲、乙两种产品,它们所消耗的购货、收货、验货等作业的数量,相关的其他资料以及作业成本分配率的计算结果如表 6-3 所示。

表6-3 作业成本分配率的计算结果

作业成本库	待分配的作业成本/元	作业动因	作业动因数量/件	作业成本分配率/(元/件)
储存部	120 000	储存数量	60 000	2
购货部	60 000	购货合同	500	120
验货部	54 000	验货报告	300	180
收货部	30 000	收货单	300	100
会计部	36 000	付款次数	250	144
加工制造部	597 600	机器小时	3 000	199.2
生产准备部	66 400	生产准备次数	50	1 328

六、根据产品对作业的消耗，汇集计算产品成本

当成本汇集到各作业中心，并依据作业动因计算出作业成本分配率后，就可以按照不同产品所消耗的作业量的多少来分配作业成本，最终计算出产品应承担的作业成本。因此，这一步骤的分配工作体现了作业成本计算法的物理前提，即产品消耗作业，产出量的多少决定作业量的多少。例如产品生产消耗动力，其作业动因为耗电度数，根据产品耗电度数就可以把动力费分配到产品成本中去。

接例 6-1，该制造公司本月生产甲、乙两种产品，它们所消耗的直接材料、直接人工，所分配的作业成本以及最终产品成本的计算结果如表 6-4 所示。

表 6-4　最终产品成本的计算结果

作业成本库	作业成本分配率/(元/件)	甲产品		乙产品	
		消耗的作业量	应分配的成本/元	消耗的作业量	应分配的成本/元
储存部	2	20 000	40 000	40 000	80 000
购货部	120	200	24 000	300	36 000
验货部	180	100	18 000	200	36 000
收货部	100	100	10 000	200	20 000
会计部	144	100	14 400	150	21 600
加工制造部	199.2	1 000	199 200	2 000	398 400
生产准备部	1 328	20	26 560	30	39 840
作业成本合计			332 160		631 840
直接材料			360 000		650 000
直接人工			120 000		200 000
产品总成本			812 160		1 481 840

根据前面的分析，可以将作业成本核算的程序描述成图 6-3 所示。

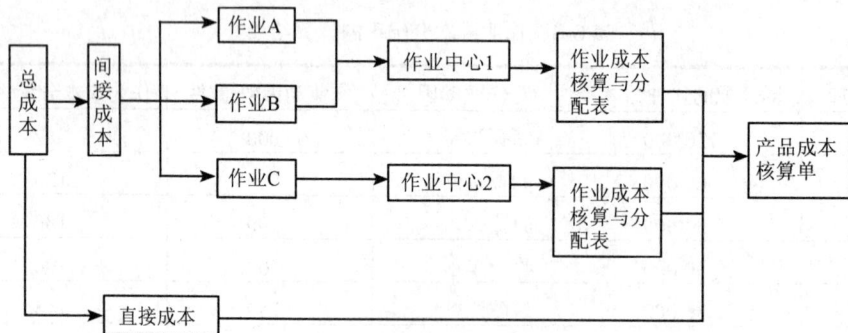

图 6-3　作业成本核算程序图

第三节　作业成本核算方法与传统成本核算方法的比较

通过第四章和第五章的介绍，我们熟悉了传统的成本核算方法，通过本章第一节和第二节的介绍，我们熟悉了作业成本的核算方法。那么，这两种核算方法有什么区别呢？

一、产品成本计算过程的比较

假设某企业生产甲、乙两种产品，某月份发生的成本资料如表6-5所示。

表6-5　某月份发生的成本

项　目	甲产品	乙产品	合　计
产量/件	20 000	400 000	—
直接成本/元	20 000	100 000	120 000
间接成本总计/元			720 000
其中：准备费用/元			200 000
检验费用/元			145 000
电费/元			180 000
维护费/元			195 000
准备次数/次	600	400	1 000
检验时数/小时	1 000	450	1 450
耗电量/度	120 000	180 000	300 000
机器工时/小时	20 000	100 000	120 000

在传统成本计算法下，假设间接成本按机器工时统一分配，则：

间接成本分配率=720 000÷120 000=6(元/工时)

两种产品总成本及单位成本的计算如表6-6所示。

表6-6　甲、乙两种产品的总成本及单位成本　　　　　　　元

项　目	总　成　本			单　位　成　本		
	直接成本	间接成本	合　计	直接成本	间接成本	合　计
甲产品	20 000	120 000	140 000	1	6	7
乙产品	100 000	600 000	700 000	0.25	1.5	1.75
合　计	120 000	720 000	840 000	—	—	—

如果该企业采用作业成本法进行产品成本计算，则计算过程如下。

首先，分析与间接成本相关的作业及其成本动因，其分析结果如表 6-7 所示。

表 6-7　作业及其成本动因

作　业	准备	检验	供电	维护
成本动因	准备次数	检验时数	用电度数	机器小时

然后，建立同质作业中心。经分析可知。甲、乙两种产品在准备、检验、供电和维护四项作业中，分别具有不同的作业动因，因而可将它们归纳为四个作业中心，并以作业中心为对象，进行成本分配，结果如表 6-8 所示。

表 6-8　作业中心成本分配汇总表

成本项目	作业中心汇集成本/元	作 业 量	分 配 率
准备费用	200 000	1 000 次	200 元/次
检验费用	145 000	1 450 小时	100 元/小时
电费	180 000	300 000 度	0.6 元/度
维护费用	195 000	120 000 小时	1.625 元/小时

最后，根据产品耗用的作业量，将作业中心的成本分配到甲、乙两种产品，并据以计算甲、乙两种产品的总成本和单位成本，计算结果如表 6-9 所示。

表 6-9　甲、乙两种产品的总成本和单位成本　　　　　　　　　　　　　　元

项目	总　成　本							单　位　成　本						
	直接成本	间接成本					合计	直接成本	间接成本					合计
		准备费用	检验费用	电费	维护费用	小计			准备费用	检验费用	电费	维护费用	小计	
甲产品	20 000	120 000	100 000	72 000	32 500	324 500	344 500	1	6	5	3.6	1.625	16.225	17.255
乙产品	100 000	80 000	45 000	108 000	162 500	395 500	495 500	0.25	0.2	0.112 5	0.27	0.406 25	0.988 75	1.238 75
合计	120 000	200 000	145 000	180 000	195 000	720 000	840 000	—	—	—	—	—	—	—

二、产品成本计算结果的比较与分析

根据上述计算，作业成本计算法和传统成本计算法的产品成本计算结果比较如表 6-10 所示。

表 6-10　单位产品成本计算结果比较　　　　　　　　　　　　　　　　　元

产品类别	作业成本计算法	传统成本计算法	绝 对 差
甲产品	17.225	7	−10.225
乙产品	1.238 75	1.75	0.511 5

通过表 6-10 的比较可以明显地看出，相对于作业成本计算法，在传统的成本计算法下，对于批量较小、技术上较复杂的甲产品的成本，在很大程度上被低估，被低估的成本绝对额为 10.225 元，甚至超出了其传统成本计算法下的成本；而对于批量大、技术上较为简单的乙产品成本，在很大程度上被高估，被高估的成本绝对额为 0.511 5 元。这说明在传统成本计算法下，批量越大，技术越简单的产品，其成本被高估的可能性就越大；相反，批量越小、技术越复杂的产品，其成本被低估的可能性也就越大。由于表 6-10 仅仅是就甲、乙产品的全部成本所进行的比较，其中包括了两种产品所耗费的直接成本(主要为原材料费用)这一不可比因素，剔除这一不可比因素，仅就间接成本(主要为制造费用)这一因素进行比较，结论应该会更明显。这一结果同时也说明传统成本计算方法产生的成本信息在很大程度上已经丧失了决策相关性。在本例中，传统成本计算法与作业成本计算法在成本计算结果上之所以会产生这样大的差距，其根本原因就在于两种成本计算方法在费用分配基础的选择上存在重大差别。在传统的成本计算方法下，间接费用的分配是以数量为基础来进行的，而且一般是以工时消耗这一单一分配标准对所有产品分配制造费用；而在作业成本计算法下，是以作业量为基础来分配制造费用，即为不同的作业耗费选择相应的成本动因来向产品分配制造费用，从而使成本计算的准确性大大提高。

三、对作业成本核算方法的评价

作业观念的引入和作业成本计算方法的出现是现代成本会计发展的必然结果，它拓展了成本会计的研究领域，并将在未来处于核心地位。从实质上看，作业成本计算法是分解企业所耗资源的多样性并合理地把它们追踪至作业、产品、服务或顾客的方法。当我们用作业的观念来对企业活动进行描述时，就会发现企业从研究开发到顾客服务的一系列活动就是一条作业链，同时也是一条价值链。信息技术的飞速发展已经能够满足人们针对每一项作业来实施管理和控制，将企业成本核算的重点由产品转为作业，这有助于成本管理者更好地分析资源消耗的合理性，寻找出降低企业整体运营成本的途径，从而更好地为实现成本会计的目标服务。现代企业经营管理中必须树立一个观念：仅有一个好的会计信息系统并不能使企业成功,然而,一个不完整或产生误导的会计信息系统则足以使企业失败,成本会计信息系统尤其如此。

作业成本计算法的产生与其在企业成本计算中的应用,不仅弥补了全部成本法和变动成本法的决策缺陷,而且扩展了成本行为分析和责任成本的范围,而这两方面正是成本管理的基础和核心。首先,作业成本计算系统下的成本行为分析建立在对成本动因认识的基础上,它充分分析了所有作业、作业消耗的资源、成本动因之间的相互制约关系,提供了产品或服务的真实成本信息,拓宽了成本行为分析的范围,充实了成本会计的信息基础。其次,通过对作业成本计算法提供产品或服务成本信息的过程的进一步透视,就可以发现作业成本计算法给企业的各项业务活动带来了前所未有的成本可视性,从而有利于分辨企业的一项作业是否增加了顾客价值,这同时也为企业实施作业成本管理奠定了基础。

总之,作业分析以及作业成本计算为加强企业的生产经营管理,优化企业的决策,减少以至消除非增值作业从而大幅度降低成本,以及提高企业经济效益提供了广泛的可能性。作业成本计算及其基础工作所提供的财务与非财务信息,对于加强企业的生产经营管理,具有广泛的用途和极为重要的价值,是企业有效地进行成本控制和科学进行成本决策的重要信息来源。作业成本计算法能为企业实施最优化的物流决策、改善企业作业管理、增强企业竞争优势提供更有价值的成本信息,从而使其具有广泛的适应性和旺盛的生命力。

案 例 分 析

【案例】

BC 公司生产三种电子产品,分别是产品 X、产品 Y、产品 Z。产品 X 是三种产品中工艺最简单的一种,公司每年销售 10 000 件;Y 产品工艺相对复杂一些,公司每年销售 20 000 件,在三种产品中销量最大;产品 Z 工艺最复杂,公司每年销售 4 000 件。公司设有一个生产车间,主要工序包括零部件排序准备、自动插件、手工插件、压焊、技术冲洗及烘干、质量检验和包装。原材料和零部件均外购。BC 公司一直采用传统成本法计算产品成本。

1) 按传统成本法计算产品成本

(1) 公司有关的产品成本资料如表 6-11 所示。

表6-11 有关的产品成本资料

项 目	产品 X	产品 Y	产品 Z	合 计
产量/件	10 000	20 000	4 000	
直接材料/元	500 000	1 800 000	80 000	2 380 000
直接人工/元	580 000	1 600 000	160 000	2 340 000
制造费用/元				3 894 000
年直接人工工时/小时	30 000	80 000	8 000	118 000

（2）在传统成本法下，BC公司以直接人工工时为基础分配制造费用如表6-12所示。

表6-12 制造费用分配表

项 目	产品 X	产品 Y	产品 Z	合 计
年直接人工工时/小时	30 000	80 000	8 000	118 000
制造费用/元	990 000	2 640 000	264 000	3984 000

注：制造费用分配率=3 894 000÷118 000=33。

（3）采用传统成本法计算的产品成本资料如表6-13所示。

表6-13 传统成本法计算的产品成本资料   元

项 目	产品 X	产品 Y	产品 Z
直接材料	500 000	1 800 000	80 000
直接人工	580 000	1 600 000	160 000
制造费用	990 000	2 640 000	264 000
合计	2 070 000	6 040 000	504 000
产量/件	10 000	20 000	4 000
单位产品成本	207	302	126

公司的定价策略及产品销售方面的困境：

（1）公司的定价策略：公司采用成本加成定价法作为定价策略，按照产品成本的125%设定目标售价，如表6-14所示。

表6-14 定价策略表   元

项 目	产品 X	产品 Y	产品 Z
产品成本	207.00	302.00	126.00
目标售价(产品成本×125%)	258.75	377.50	157.50
实际售价	258.75	328.00	250.00

（2）产品销售方面的困境：近几年，公司在产品销售方面出现了一些问题。产品X按照目标售价正常出售，但来自外国公司的竞争迫使公司将产品Y的售价降低到328元，远远低于目标售价377.5元。产品Z的售价定为157.5元，公司收到的订单的数量非常多，超过其生产能力，因此公司将售价提高到250元。即使在250元这一价格下，公司收到的订单仍然很多，其他公司在产品Z的市场上无法与公司竞争。上述情况表明，产品X的销售及盈利状况正常，产品Z是一种高盈利低产量的优势产品；而产品Y是公司的主要产品，

年销售量最高，但现在却面临困境，因此产品 Y 成为公司管理人员关注的焦点。在分析过程中，管理人员对传统成本计算法提供的成本资料的正确性产生了怀疑，他们决定使用作业成本计算法重新计算产品成本。

2) 按作业成本法计算成本

(1) 管理人员经过分析，认定了公司发生的主要作业成本库并将其划分为几个同质作业成本库，然后将间接费用汇集到各作业成本库中。汇集的结果如表 6-15 所示。

表 6-15　作业成本库　　　　　　　　　　　　　　　　　　　　　　元

制造费用	金　额
装配	1 212 600
材料采购	200 000
物料处理	600 000
启动准备	3 000
质量控制	421 000
产品包装	250 000
工程处理	700 000
管理	507 400
合　计	3984 000

(2) 管理人员认定作业成本库的成本动因并计算单位作业成本如表 6-16(成本动因)和表 6-17 所示。

表 6-16　成本动因

制造费用	成本动因	作业量			
		产品 X	产品 Y	产品 Z	合　计
装配	机器小时/小时	10 000	25 000	8 000	43 000
材料采购	订单数量/张	1 200	4 800	14 000	20 000
物料处理	材料移动/次	700	3 000	6 300	10 000
启动准备	准备次数/次	1 000	4 000	10 000	15 000
质量控制	检验小时/小时	4 000	8 000	8 000	20 000
产品包装	包装次数/次	400	3 000	6 600	10 000
工程处理	工程处理时间/小时	10 000	18 000	12 000	40 000
管理	直接人工/小时	30 000	80 000	8 000	118 000

表 6-17　单位作业成本

制造费用	成本动因	年制造费用/元	年作业量	单位作业成本
装配	机器小时/小时	1 212 600	43 000 小时	28.2/(元/小时)
材料采购	订单数量/张	200 000	20 000 张	10/(元/张)
物料处理	材料移动/次	600 000	10 000 次	60/(元/次)
启动准备	准备次数/次	3 000	15 000 次	0.2/(元/次)
质量控制	检验小时/小时	421 000	20 000 小时	21.05/(元/小时)
产品包装	包装次数/次	250 000	10 000 次	25/(元/次)
工程处理	工程处理时间/小时	700 000	40 000 小时	17.5/(元/小时)
管理	直接人工/小时	507 400	118 000 小时	4.3/(元/小时)

(3) 将作业成本库的制造费用按单位作业成本分摊到各产品，如表 6-18 所示。

表 6-18　作业成本法下的制造费用

制造费用	单位作业成本/元	X 产品		Y 产品		Z 产品	
		作业量	作业成本/元	作业量	作业成本/元	作业量	作业成本/元
装配	28.2	10 000 小时	282 000	25 000 小时	705 000	8 000 小时	225 600
材料采购	10	1 200 张	12 000	4 800 张	48 000	14 000 张	140 000
物料处理	60	700 次	42 000	3 000 次	180 000	6 300 次	378 000
启动准备	0.2	1 000 次	200	4 000 次	800	10 000 次	2 000
质量控制	21.05	4 000 小时	84 200	8 000 小时	168 400	8 000 小时	168 400
产品包装	25	10 000 次	3 000	75 000 次	6 600	165 000 次	165 000
工程处理	17.5	10 000 小时	175 000	18 000 小时	315 000	12 000 小时	210 000
管理	4.3	30 000 小时	129 000	80 000 小时	344 000	8 000 小时	34 400
合　计	—		734 400		1 836 200		1 323 400

(4) 经过重新计算，管理人员得到的产品成本资料如表 6-19 所示。

表 6-19　作业成本法下的产品成本资料　　　　　　　　　　　　　　　　元

制造费用	产品 X	产品 Y	产品 Z
直接材料	500 000	1 800 000	80 000
直接人工	580 000	1 600 000	160 000
装配	282 000	705 000	225 600

续表

制造费用	产品 X	产品 Y	产品 Z
材料采购	12 000	48 000	140 000
物料处理	42 000	180 000	378 000
启动准备	200	800	2 000
质量控制	84 200	168 400	168 400
产品包装	10 000	75 000	165 000
工程处理	175 000	315 000	210 000
管理	129 000	344 000	34 400
合　计	1 814 400	5 236 200	1 563 400
产量	10 000	20 000	4 000
单位产品成本	181.44	261.81	390.85

采用作业成本法计算取得的产品成本资料显示产品 X 和产品 Y 在作业成本法下计算的产品成本都远远低于传统成本法下计算的产品成本。如表 6-20 所示,根据作业成本法下计算的产品成本,产品 Y 的目标售价应是 327.26 元,公司原定 377.5 元的目标价格显然不合理,公司现有的 328 元的实际售价与目标售价基本吻合。产品 X 的实际售价 258.75 元高于重新确定的目标售价 229.30 元,是一种高盈利的产品。产品 Z 在传统成本法下的产品成本显然被低估了,公司制定的目标售价过低,导致实际售价 250 元低于作业成本法计算得到的产品成本 390.85 元。如果售价不能提高或产品成本不能降低,公司应考虑放弃生产产品 Z。BC 公司的管理人员利用作业成本核算法计算取得了比传统成本法计算更为准确的产品信息。以传统成本与作业成本为基础确定产品目标价格的比较如表 6-20 所示。

表 6-20　产品目标价格的比较　　　　　　　　　　　　　　　　　　　　元

项　目	产品 X	产品 Y	产品 Z
产品成本(传统成本法)	209.00	302.00	126.00
产品成本(作业成本法)	181.44	261.81	390.85
目标售价(传统成本法下的产品成本×125%)	258.75	377.50	157.50
目标售价(作业成本法下的产品成本×125%)	226.80	327.26	488.56
实际售价	258.75	328.00	250.00

复习思考题

一、简答题

1. 作业成本法的内涵是什么?

2. 作业成本法与制造成本法比较，有何优缺点？

二、计算题

【资料】某企业本月生产A、B两种产品，其中A产品技术工艺过程较为简单，生产批量较大；B产品技术工艺过程较为复杂，生产批量较小。传统成本计算所需要的有关资料见表6-21，经作业分析后，为制造费用的汇集和分配所建立的作业成本库及其可追溯成本、成本动因等有关资料如表6-21、表6-22所示。

表6-21 制造费用的汇集

项 目	A 产 品	B 产 品
产量/件	40 000	5 000
机器工时/小时	20 000	2 000
直接人工成本/元	120 000	14 000
直接材料成本/元	400 000	50 000
制造费用/元	220 000	

表6-22 作业成本库及有关资料 元

作业成本库	可追溯成本/元	成本动因	作业量		
			A 产品	B 产品	合 计
材料采购	48 000	采购次数	45 次	35 次	80 次
生产准备	24 000	准备次数	80 次	40 次	120 次
质量检验	36 000	检验次数	60 次	30 次	90 次
机器工作	88 000	机器工时	20 000 小时	2 000 小时	22 000 小时
设备维修	24 000	维修小时	700 小时	500 小时	1 200 小时
合 计	220 000	—	—	—	—

【要求】

(1) 根据以上资料，分别采用传统成本计算方法(制造费用按机器工时比例分配法)和作业成本法计算A、B两种产品的成本。

(2) 将两种成本计算方法下A、B单位产品所负担的制造费用加以比较(以作业成本法的计算结果为基准)。

第七章

成本控制与成本考核

学习目标：通过对本章的学习，掌握成本控制的基本含义及原则，掌握标准成本的构成及成本差异的计算与分析，掌握责任成本的概念及责任中心的类型，掌握责任中心的考核指标的计算，熟悉责任报告与成本考核的基本内容。本章的重点和难点是责任中心的考核指标的计算。

关键概念：成本控制成本　考核　标准成本　成本差异　直接人工费用　效率差异　制造费用　耗费差异　能量差异　能力差异　成本考核　责任单位　责任成本　责任中心　费用中心　利润中心　投资中心　剩余收益评价指标　责任报告　业绩考核

第一节　成　本　控　制

一、成本控制的内涵

成本控制是指企业在生产经营过程中，依照事先预算的成本水平，对影响实际成本发生的各因素进行全面管理，使生产耗费控制在标准范围内的一种管理过程。

成本控制有广义与狭义之分，广义的成本控制包括事前控制、事中控制和事后控制。事前控制是指产品投产前，通过对产品的设计来规划、控制产品成本，编制成本预算，进行成本总体目标的控制。事中控制也称日常控制，是根据预定的成本目标，在产品成本形成过程中，对生产耗费进行及时的计量、监督、分析和指导，将发生的差异进行及时的纠正与控制，使之符合成本目标的要求。事后控制是指生产耗费实际发生后，要根据实际成本情况将其与目标成本进行对比，对所产生的差异加以分析，查明原因，分清责任，并做好目标成本的修订。

成本控制的意义表现在：首先，成本控制是成本管理的重要环节和手段，成本预测、决策和预算为成本控制提供了依据，而成本控制也是实现成本目标的基本保障和重要手段，它协同成本管理的其他环节，构成了成本管理的全部内容。其次，实施成本控制，就必然要建立相应的成本控制标准和制度，从而有效地防止和克服生产中的浪费和损失，使企业的人、财、物得到合理使用，从而实现节约生产耗费、降低成本、提高投入产出效果的目的。最后，成本控制还是实施企业经济责任制的重要条件，分解后的目标成本指标，是责任制的重要内容，通过成本控制，使企业职工主动考虑降低成本、完成指标，有效地推动经济责任制的落实。

二、成本控制的原则和基本程序

(一)成本控制的原则

成本控制在执行过程中，必须遵守一定的原则，才能取得显著的效果。成本控制的一般原则有以下几个方面：

(1) 全面控制的原则。成本控制的全面性是指针对产品生产的全部费用，都要加以监督控制，既要控制日常发生的变动费用，也要控制固定性支出；既要控制设计成本，还要控制生产成本；同时也要降低销售后的使用成本。对成本控制中所涉及的人员，无论是领导还是工人，都应强化成本意识，加入到成本控制的行列中来。

(2) 重点控制的原则。成本控制要将注意力放在影响成本的重点事项上，如构成产品成本的三大成本项目：材料、人工及制造费用。控制住它们与目标成本的差异，也就控制住了产品成本的重要方面。一旦出现较大差异，应及时进行信息反馈，查明原因，解决问题，从而保证目标成本的实现。其他细小项目与预算如果出现细小差异也属基本正常，可以在事后查明原因后调整目标成本。

(3) 提高效益的原则。成本控制的目的是节约成本和提高效益。但是，我们所提倡的节约是相对的节约，而不是绝对的节约和盲目的节约。在提高产品质量、扩大数量的前提下，成本控制也是灵活的。只要收入提高了，产品质量标准上去了，成本的相对增加不仅是必要的，也是可行的。因此，讲求效益的原则就是要正确处理成本控制与经济效益的关系。例如，某些产品的质量标准较高，盲目降低成本反而可能使产品质量达不到标准，从而影响企业产品品牌形象，失去固定的客户群体。

(二)成本控制的基本程序

1．制定成本控制标准

要控制产品成本就必须有一个成本标准。成本控制的标准一般按产品成本项目设置，有直接材料标准成本、直接人工标准成本和制造费用标准成本。每一项标准成本都要反映数量和价格因素的影响。

2．及时揭示成本差异

成本的控制标准制订后，要及时将生产过程中所发生的实际耗费按成本项目与标准成本进行比较，正确进行差异的计算。

3．进行成本反馈

在成本控制实施过程中，成本差异的计算结果应及时反馈到相关部门。以便各部门及时进行控制与纠正，防止浪费及损失情况的继续发生。例如，直接材料数量超支情况应及时反馈到生产部门与供应部门，价格超支情况应及时反映到供应部门等。

三、标准成本控制

20 世纪初，在西方国家，随着科学管理在企业中的广泛应用，会计工作中逐渐增添了一些管理的职能，如标准成本及差异分析。这些内容原来和成本核算联系在一起，作为事后分析的一种方法，随着管理内容的增加，它们渐渐从核算中分离出来，成为成本管理的重要内容。其中为成本控制提供目标成本的标准成本制度，成为使用最为广泛的一种控制制度。

实施标准成本控制制度一般要经过以下几个步骤：①制定单位产品的标准成本；②根据实际产量和成本标准计算产品的标准成本；③汇总产品的实际成本；④计算实际成本与标准成本的差异；⑤分析成本差异发生的原因及进行相应的账务处理；⑥向有关责任人提供成本控制报告并提出建议。

(一)标准成本的含义及种类

1．标准成本的含义

标准成本是指通过调查分析与技术测定而制定，用于评价实际成本与工作业绩的一种目标成本。标准成本是一种预定成本。它的作用在于制定既先进同时只有经过努力才能达到的成本标准，促使人员能够在没有浪费和正常高效率运作的前提下，达到要求的成本水平。

2．标准成本的种类

(1) 基本标准成本：是以某一正常年度的生产技术和经营管理条件为基础制定的标准成本。只要企业生产的基本条件无重大变化，基本标准成本就保持不变。企业的基本条件的变化是指产品的物理结构发生变化，重要原材料及劳动力价格，生产工艺及技术条件发生根本性变化等。用基本标准成本与各期实际成本对比，可以反映成本变动的趋势，但它一般不按各期实际值进行修订，因此，不宜直接用来评价成本控制的有效性。

(2) 现行标准成本：是指根据企业目前生产经营条件而制定的标准成本，这种标准一般都考虑到材料价格，工作效率及生产能力利用程度的变化。因而较为合理，这种标准可以成为评价实际成本的依据，实际工作中较多采用这一标准成本。

(3) 理想标准成本：是指在最优的生产条件下，利用现有生产技术条件和经营管理水平所能达到的最低成本。制定这一标准是根据最佳状况，即：生产中无浪费，使用最熟练的工人，机器设备利用程度最大，原材料、劳动力等生产要素价格最低。这种标准的主要作用是提供一个完美的目标，揭示实际成本下降的潜力，由于理想标准成本的基础很难达到，所以该标准不宜作为考虑成本控制绩效的依据。

一般可将现行标准成本与预期的成本相结合，考虑未来变动趋势，制定既先进又可行的标准成本。

(二)标准成本差异的计算与分析

1. 直接材料

直接材料的标准成本由直接材料的数量标准与直接材料的价格标准所构成。

1) 直接材料标准成本

某产品直接材料标准成本=$\sum$(直接材料标准数量×直接材料标准价格)

直接材料的标准数量是现有技术条件下生产单位产品所需的材料数量。包括不可避免的消耗及损失。直接材料的价格标准,是预计下一年度实际需要支付的进料单位成本。包括发票单价、运费、检验及正常用量、允许损耗等(见表7-1)。

2) 直接材料成本差异的计算与分析

直接材料成本差异是指直接材料实际成本与标准成本之间的差额,它由两部分构成,一部分表现为价格差异,一部分表现为用量差异。前者是由于实际价格脱离标准价格而形成的成本差异。后者是由于实际用量脱离标准用量而形成的成本差异,两部分相加成为直接材料成本总差异。

直接材料价格差异=实际数量×(实际价格-标准价格)

直接材料数量差异=标准价格×(实际数量-标准数量)

表 7-1 直接材料标准成本

标 准	材料甲	材料乙	合 计
价格标准:			
发票单价/元	14.5	18.5	
运装卸检验费/元	0.50	1.5	
每千克标准价格/元	15	20	
用量标准:			
正常用量/千克	11.8	10	
允许损耗量/千克	0.2		
单位产品标准用量/千克	12	10	
标准成本/元	180	200	380

【例 7-1】 A 产品耗用甲、乙两种直接材料,标准价格分别为 15 元和 20 元,本月标准耗用量分别产 1 200 千克和 1 000 千克,实际耗用量分别为 1 300 千克和 900 千克,甲乙两种材料的实际价格为 16 元和 19.5 元,则:甲乙两种材料的差异计算如下:

甲材料数量差异=(1 300-1 200)×15=1500 元

乙材料数量差异=(900-1 000)×20=-2 000 元

甲材料价格差异=(16-15)×1 300=1 300 元

乙材料价格差异=(19.5-20)×900=450 元

A 产品材料数量差异=1 500+(-2 000)=-500 元(节约)

A 产品材料价格差异=1 300+(-450)=850 元(超支)

A 产品直接材料总差异=数量差异+价格差异=-500+850=350(超支)

在实际工作中,材料价格差异一般应由采购部门负责,出现差异的主要原因有市场价格的变动、采购费用的增减等。材料的数量差异一般由生产部门负责,出现差异的主要原因有工人造成材料浪费及质量事故造成损失。由于采购部门购入劣质材料或仓储部门管理不善造成材料变质等也会造成材料用量的增加。

2. 直接人工

1) 直接人工标准成本

直接人工标准成本包括直接人工用量标准和直接人工价格标准。

直接人工用量标准是单位产品的标准工时。标准工时是指在现有生产技术条件下,生产单位产品所需要的时间,包括直接加工时间、必要的停工时间、设备调整时间等。它一般由生产技术部门确定。

直接人工的价格标准是指标准工资率。它需要根据每月工资总额除以工时总量来确定。

某产品直接人工标准成本=$\sum$(直接人工标准数量×直接人工标准价格)

2) 直接人工差异的计算与分析

直接人工差异包括两部分,即直接人工效率差异(用量差异)和直接人工工资率差异(价格差异)。其计算公式如下:

直接人工效率差异=(实际工时-标准工时)×标准工资率

直接人工工资率差异=(实际工资率-标准工资率)×实际工时

直接人工标准成本计算表如表 7-2 所示。

表 7-2　直接人工标准成本计算表

项　　目	第一车间	第二车间	合　　计
每月标准总工时/小时	1 000	900	
每月人工费用总额/元	3 000	2 700	
每一工时直接人工费/元	3	3	3
单位产品标准工时/小时	4	6	10
单位产品直接人工标准成本/元	12	18	30

【例 7-2】某企业本月生产甲产品 200 件,实际支付工资 6 208 元,实际总工时为 1 940 工时,标准总工时为 2 000 工时,则按上述公式计算:

直接人工效率差异=(1 940-2 000)×3=-180(节约)

$$直接人工工资率差异=\left(\frac{6\,208}{1940}-\frac{5\,700}{1900}\right)\times1\,940$$

$$=(3.2-3)\times1940=388(元)(超支)$$

直接人工总差异=6 208-6 000=208(元)(超支)

$$=-180+388=208(元)$$

本例中，由于人工工资率的提高(3.2-3=0.2)导致人工成本增加 388 元，同时，由于劳动生产率的提高导致实际总工时低于标准总工时，从而节约人工成本 180 元，两方面的原因致使直接人工成本总差异超支 208 元。

在实际工作中，工资率差异主要是生产工人使用过程中技术水平的升降导致的。工资率调整、临时加班等原因也会造成此差异的产生。企业的劳动人事部门及生产管理部门应共同负责。直接人工效率降低主要是由于工作环境恶劣、工人操作失误、新工人较多及作业计划安排不当等原因造成，企业的生产部门应负主要责任。

3. 变动性制造费用的差异分析

1) 变动性制造费用的标准成本

变动性制造费用的标准成本由其数量标准和价格标准两部分构成。

变动性制造费用的数量标准通常采用单位产品直接人工工时标准，也可以采用机器工时或其他用量标准。但是应注意它与变动性制造费用的发生额应能保持较直接的线性关系。变动性制造费用的价格标准是其标准分配率，它是根据变动性制造费用预算总数和直接人工标准总工时相除得到的。

$$变动性制造费用标准分配率 = \frac{变动性制造费用预算总数}{直接人工预算总工时}$$

变动性制造费用标准成本=单位产品直接人工的标准工时×
变动性制造费用的标准分配率

2) 变动性制造费用的差异分析

变动性制造费用差异包括变动性制造费用耗费差异和变动性制造费用效率差异两部分。

变动性制造费用耗费差异=实际工时×(变动性制造费用实际分配率-
变动性制造费用标准分配率)

变动性制造费用效率差异=(实际工时-标准工时)×变动性制造费用标准分配率

【例 7-3】 本月实际生产甲产品 200 件，实际总工时 1 940 工时，实际发生的制造费用为 4 074 元，变动性制造费用标准成本中工时标准为 10 工时/件，价格标准为 2 元/小时。按上述计算公式，则有

变动性制造费用耗费差异=1 940×(4 074/1 940-2)

$$=1\,940\times(2.1-2)=194(元)(超支)$$

变动性制造费用效率差异=(1 940-200×10)×2

=-120(元)(节约)

变动性制造费用总差异=194-120=74(元)(超支)

=4 074-200×10×2=74(元)(超支)

本例中，由于变动性制造费用的实际分配标准超出标准分配率，而导致费用超支 194 元，同时，由于劳动工时的节约而导致费用节约 120 元，因此，总体结果是变动性制造费用实际发生额超出标准 74 元。

在实际工作中，变动性制造费用的价格差异是在实际工时的前提下发生的，实际性支出超过标准支出，表明生产管理部门工作有失误。数量差异反映总效率的问题，基本上应由生产管理部门负责，其原因与直接人工效率差异相似。

4. 固定性制造费用差异的计算与分析

1) 固定性制造费用标准成本

固定性制造费用标准成本中，用量标准可以采用直接人工工时、机器工时等，它应和变动性制造费用标准一致，以便于差异分析。固定性制造费用的价格标准是其每小时的标准分配率，它是根据固定性制造费用预算和直接人工标准总工时相除计算得来的。

$$固定性制造费用标准分配率 = \frac{固定性制造费用预算总数}{直接人工预算总工时}$$

固定性制造费用标准成本=单位产品直接人工标准工时×

每工时固定制造费用的标准分配率。

2) 固定性制造费用的差异分析

固定性制造费用差异分析与前面成本项目的其他内容不同，其分析方法有"二因素分析法"与"三因素分析法"。

二因素分析法是将固定制造费用差异分为耗费差异和能量差异。

耗费差异是指固定制造费用的实际金额与固定制造费用预算金额之间的差异。由于固定费用不受业务量变动的影响，故预算数即为标准数。

能量差异是指固定制造费用预算与固定制造费用实际业务量条件下标准费用的差额。它反映未能充分利用生产能力而造成的损失。计算公式如下：

固定性制造费用耗费差异=固定制造费用实际数-固定制造费用预算

固定性制造费用能量差异=(计划产量标准工时-实际产量标准工时)×

标准费用分配率

【例 7-4】 依上例资料，本月实际发生固定制造费用 4 300 元，实际工时 1 940，实际产量 200 件，企业计划产量为 300 件，每件标准工时为 10，每件固定制造费用标准成本为 15，标准分配率为 1.5 元/小时，按上述公式计算。

固定性制造费用耗费差异=4 300-3 000×1.5

=-200(元) (节约)

固定性制造费用能量差异=3 000×1.5-200×10×1.5

$$=4\ 500-3\ 000=1\ 500(元)\ (超支)$$

固定性制造费用成本差异=-200+1 500=1 300(元)(超支)

本例中，该企业固定性制造费用超支 1 300 元，主要是由于生产能力利用不足，实际产量小于计划产量所致。造成差异的原因一般应由管理部门负责。二因素分析法没有反映出生产效率对固定制造费用成本差异的影响，在计算能量差异时，使用的是标准工时。如果实际产量标准工时和计划产量标准工时相等，能量差异不存在。但实际工时与标准工时却可能存在差异，而这种差异属于效率高低的问题。因此，实际分析中，人们更多地采用三因素分析法。在三因素分析法中，将能量差异进一步分为能力差异和效率差异，耗费差异的计算与二因素分析法相同。

能力差异是指实际产量实际工时脱离计划产量标准工时，而引起的生产能力利用程度差异而导致的成本差异。计算公式为：

固定性制造费用能力差异=(计划产量标准工时-实际产量实际工时)×标准费用分配率

效率差异是指因生产效率导致的实际工时脱离标准工时而产生的成本差异，计算公式为：

固定性制造费用效率差异=(实际产量实际工时-实际产量标准工时)×标准费用分配率

三因素分析法的各项计算公式，可归纳如图 7-1。

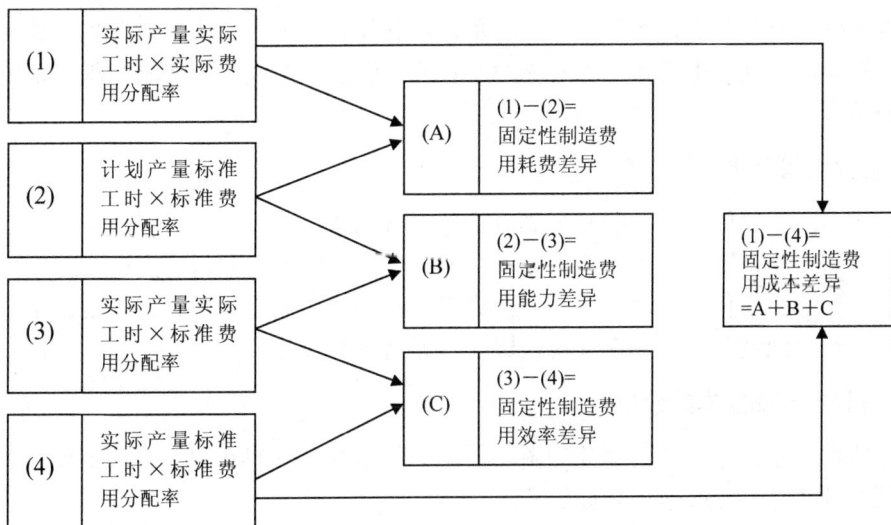

图 7-1 三因素分析法的各项计算公式

【例 7-5】 依例 7-4 资料，计算结果如下：

固定性制造费用能力差异=(3 000-1 940)×1.5

$$=1\ 590(元)(超支)$$

固定性制造费用效率差异=(1 940-200×10)×1.5

=-90(元)(节约)

固定性制造费用能力差异(1 590 元)与效率差异(-90 元)之和为 1 500 元,与二因素分析法中的能量差异数额相同。采用三因素分析法能更好地说明生产能力利用程度和生产效率高低所导致的成本差异情况,而且便于划清责任。能力差异的出现一般应由管理部门负责,效率差异的出现应由生产部门负责。

第二节　成　本　考　核

一、成本考核的意义

成本考核是根据会计报告期实际成本核算资料与计划成本指标,结合成本分析的其他有关资料,评价和考核成本管理成绩和水平的一项重要工作,是检验成本管理目标是否实现的一个重要步骤。

成本考核一般以各个责任单位(或个人)为对象,以责任成本为内容来综合核算和评价其工作业绩,通过成本考核起到以下作用。

1. 能较好地贯彻落实经济责任制

成本考核的对象是责任者可控制的成本,在其权限范围内,成本的发生、计量都是责任者可以控制的,同时也是责任者有能力左右的。所以,对成本的考核过程也是更好落实责任制的过程。

2. 能提高管理水平和生产效益

通过成本考核,能为企业的奖惩制度提供有效的依据。划分了责任权限后,如果成本指标能按计划实施,就可以奖励其责任单位(或个人)。对没有完成计划指标或预算任务的,进行适当的惩罚也有依据。这样,企业把成本考核与奖惩制度结合起来,根据工作业绩来决定奖惩,充分地调动各个责任者的积极性,提高生产效益。

3. 有利于产品成本的分析

通过成本考核,企业能发现计划数与实际数的差异,查明原因,分清责任,为下一年度制定新的预算目标和成本计划提供基础。

二、责任成本

(一)责任成本的概念

责任成本是指特定的责任中心所发生的耗费。这种以责任中心为对象,以责任中心内可控成本为汇集内容的成本称为责任成本。

(二)责任成本与产品成本的区别和联系

责任成本与产品成本的区别表现在：责任成本的汇集对象是责任中心，而产品成本的汇集对象是产品；责任成本的汇集原则是谁负责谁承担，产品成本的汇集原则是谁受益谁承担；责任成本核算的目的是控制和降低各责任中心的成本耗费，产品成本核算的目的是正确地计算实际生产过程中的各种消耗。

责任成本与产品成本的联系表现为：虽然责任成本控制的角度与产品成本核算的角度不一致，但总量上它们是一致的。责任成本与产品成本的模式如图 7-2 所示。

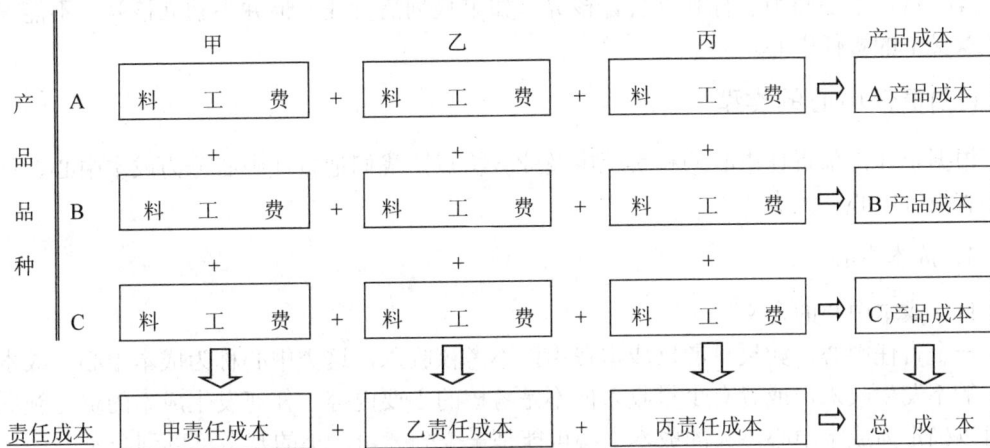

图 7-2　责任成本与产品成本的模式

由于责任成本是责任中心内各项可控成本之和，所以成本的可控性就成为成本是否是责任成本的重要标准。具备以下条件的成本均为可控成本：

(1) 可以预计的成本。该中心能知道将要发生什么性质的成本。

(2) 可以计量的成本。该中心能够对发生的成本进行计量。

(3) 可以改变的成本。该中心能够通过自己的行为改变或调节该成本。

三、责任中心与责任成本的计算

(一)责任中心的概念

为了实施有效的控制，企业按照责、权、利相结合的原则，在企业内部划分各种责任单位，给予它们相应的权限和利益，同时也赋予一定的责任，促使它们各尽其责、共同发展。这种承担一定经济责任并享有一定权利和利益的企业内部单位即是责任中心。

(二)责任中心的特征

(1) 责任中心是一个责、权、利相结合的内部责任单位。在中心内，其经济责任通过指标的分解具体化，同时，赋予责任中心相应的权力，制定出相应的考核标准与收益分配标准。

(2) 责任中心所行使的权力与承担的责任都是可控的。考核责任中心的业绩也只针对它们所能控制的范围进行。

(3) 责任中心具有相对独立的经营业务和财务收支活动。责任中心相对独立的经营业务活动既有自然组织形式形成的，也有人为划分形成的，它们是确定责任中心的基本前提。

(4) 责任中心必须进行独立会计核算。如果只划清责任，但并不独立核算，不能算作真正意义上的责任中心。

(三)责任中心的类型

根据企业内部责任中心的权责范围及业务特点，我们把责任中心分为成本中心、利润中心和投资中心三大类。

1. 成本中心

1) 成本中心的含义

一个责任中心，如果只考核成本费用而不考核收入，这类中心称为成本中心。成本中心一般不发生收入，或者有少量收入但不是考核的主要内容。任何发生成本的责任领域，都可以确定为成本中心。大的成本中心可能是一个分公司，小的甚至可以到个人。

2) 成本中心的类型

成本中心有两种类型：标准成本中心和费用中心。

标准成本中心：这类中心的成本发生数可以通过分析标准化。它的投入量与产出量有一定的依存关系，故标准成本中心就是对特定成本的归类、分配、控制负有责任的单位。

费用中心，这类中心所发生的费用与业务量的产出并没有直接的依存关系。如行政管理部门和研究开发部门的支出等与业务量的产出并无直接的依存关系。对于这类中心，无法从投入与产出效果上去评判其效率，只有对预算总额予以总量直接控制。

3) 成本中心的考核

对成本中心的考核主要是对成本中心的责任成本进行考核。如前所述，责任成本是责任中心可控成本之和。在对其进行考核时，要将由预算分解到各责任中心所形成的预算责任成本与各责任中心实际发生的实际责任成本进行对比，分析确定其成本控制的绩效，采取相应的奖惩措施。

成本中心在考核预算责任成本和实际责任成本时，主要采用成本费用降低额和成本费用降低率这两项指标。

其计算公式如下：

成本费用降低额=预算责任成本(费用)-实际责任成本(费用)

　　　　　　　=实际产量×预算单位成本-实际产量×实际单位成本

$$成本费用降低率=\frac{成本费用降低额}{预算责任成本(费用)}×100\%$$

在上述计算中，若实际产量与预算产量出现不一致的情况，应按实际产量计算预算责任成本和实际责任成本。

【例 7-6】 某企业内部成本中心生产甲产品，预算产量 500 件，单位成本 50 元，实际产量 600 件，实际单位成本 45 元，则有

成本降低额=600×50-600×45=3 000 元

成本降低率=3 000/(600×50)=10%

2.利润中心

1) 利润中心的含义

利润中心是指既能控制成本的发生，又能控制产生的收益和利润的单位。这类中心通常是有产品或劳务生产经营决策权的内部单位。

利润中心相对于成本中心，其权力和责任要大一些。由于利润是收入与成本的差。所以，利润中心强调的是相对成本的节约和如何寻求收入增长的途径。

2) 利润中心的类型

利润中心分为自然利润中心与人为利润中心两种。自然利润中心一般能够直接向企业外部出售产品，在市场上发生购销业务。例如，企业管理组织形式采用事业部制，每个事业部都有采购、生产、销售权力，这些事业部都是典型的利润中心。

人为利润中心主要是指在企业内部单位之间按内部转移价格流转产品，从而使得这些内部责任单位形成人为的利润。如企业内部的辅助生产单位包括供水、供气等部门，可以按双方协商的内部价格向生产部门收取费用，形成人为利润中心，并进行考核。

3) 利润中心的考核

若利润中心只计算可控成本，不分担不可控成本时，这种意义上的利润其实是贡献毛益总额。人为利润中心比较适合采用这种计算方式。

利润中心贡献毛益总额=该利润中心销售收入总额-该利润中心可控成本总额

该利润中心可控成本总额=该利润中心变动成本总额

若利润中心不仅要计算可控成本，同时也要计算不可控成本，这时的利润就是各责任中心的利润总额。自然利润中心适合采用这一方式进行计算。当采用变动成本法时，其计算程序如表 7-3。

表 7-3　变动成本

项　目	金额/元
销售收入	15 000
减：变动成本总额	10 000
边际贡献	5 000
减：可控固定成本	800
可控边际贡献	4 200
减：不可控固定成本	1 200
部门边际贡献	3 000
减：公司管理费用	1 000
部门税前利润	2 000

　　以可控边际贡献 4 200 元作为业绩评价依据是比较好的。它反映了责任中心责任人在其权限和控制范围内有效使用资源的能力，责任人可控制的收入、变动成本及部分固定成本，因而可以对可控边际贡献承担责任。如果要评价责任人的业绩，那么可控边际贡献这一指标无疑是科学的。

　　以部门边际贡献 3 000 元作为评价部门对企业利润的贡献，同样是适合的。如果要评价一个部门的业绩如何，部门边际贡献就是有重要意义的信息。

　　3．投资中心

　　1)　投资中心的含义

　　投资中心是指既对中心的收入成本和利润负责，同时也要对投资效果负责的内部责任单位。

　　在投资中心内，责任人所拥有的自主权不仅包括制定价格、确定产品生产方向与数量等短期经营决策，还包括投资规模等决策权，因此，它不仅能控制收入，还能控制企业的资产，进行长期投资。

　　投资中心是最高层次的责任中心，它拥有最高的决策权，同时也承担最大的责任。一般来说，大型集团所属的子公司、分公司及事业部都是投资中心。在组织形式上投资中心一般都是独立的法人。

　　2)　投资中心的考核

　　由于投资中心不仅涉及收入、成本和利润，同时也涉及资产的占用。因此，对投资中心的考核除利润指标外，还应考虑投入与产出的效益比。分析利润与投资额的关系，常用的考核指标有投资利润率和剩余收益。

(1) 投资利润率。投资利润率是指投资中心所获得的利润与投资额之间的比率，计算公式如下：

$$投资利润率=\frac{利润}{投资额}\times 100\%$$

$$=\frac{销售收入}{投资额}\times \frac{利润}{销售收入}\times 100\%$$

$$=资本周转率\times 销售利润率$$

式中投资额是指投资中心总资产扣除负债后的余额，即净资产。

投资利润率是评价投资中心最常用的指标，该指标的优点是：能反映投资中心的综合盈利能力。由于投资利润率可以分解为资本周转率与销售利润率的乘积，故该指标可以反映企业资本营运状况与投资报酬情况；投资利润率可以进行横向比较，促使部门之间进行提高效益的竞争，使管理者认真控制对资产的占用，从而全面提高部门的经营成果。该指标的缺陷是：由于利润指标的局限性，容易使账面信息失真，从而无法揭示投资中心的实际经营能力；容易使部门负责人只考虑部门利益、当前利润而忽视全局利益。

【例 7-7】 某部门的资产占用额为 20 000 元，利润为 4 000 元，资金成本为 15%，则该部门的投资利润率是多少呢？

通过计算我们可以得到 20%(4 000/20 000)，若该部门面临新的投资机会，投资额为 10 000 元，每年净利 1 700 元，投资利润率为 17%。显然，由于投资利润率高于资金成本，应当抓住这一投资机会，但部门负责人却有可能放弃，因为新的投资机会将导致该部门的投资利润率从 20% 降为 19%。

$$投资利润率=\frac{4\ 000+1\ 700}{20\ 000+10\ 000}=19\%$$

使用投资利润率作为业绩评价指标，部门负责人可以通过扩大分子内容或降低分母内容来提高该指标，有时，降低分母更容易，这样将失去不是最好的，但可以扩大企业总利润的项目，从而影响企业的整体利润。

(2) 剩余收益。剩余收益是指投资中心获得的利润扣减其最低投资收益后的余额。计算公式如下：

剩余收益=利润-投资额×预期最低报酬率

以剩余收益作为投资中心经营业绩的评价指标。其优点在于：同样也能体现投入与产出的关系。因此，也可以全面评价投资中心的效益。剩余收益指标还避免了狭隘的本位主义思想，引导部门负责人采纳高于资产成本的投资决策项目，使业绩评价与企业目标协调一致。投资中心投资的标准是只要有利于提高剩余收益，投资行为就可取。

【例 7-8】 某公司下设甲、乙两个投资中心，甲投资中心的投资额为 500 万元，利润为 25 万元；乙投资中心的投资额为 800 万元，利润为 120 万元；该公司加权平均最低投资利润率为9%。如果甲投资中心追加投资200万元，年利润增加了17万元，或乙投资中心追加投资400万元，年利润增加了57万元。其有关的投资利润率、剩余收益计算如表7-4所示。

表7-4 投资中心指标计算表

项　目		投资额/万元	利润/万元	投资利润率/%	剩余收益/万元
追加投资前	甲	500	25	5	25-500×9%=-20
	乙	800	120	15	120-800×9%=+48
	合计	1 300	145	11.15	145-1300×9%=+28
甲投资中心追加投资200万元	甲	700	42	6	42-700×9%=-21
	乙	800	120	15	120-800×9%=+48
	合计	1 500	162	10.8	162-1500×9%=+27
乙投资中心追加投资400万元	甲	500	25	5	25-500×9%=-20
	乙	1 200	177	14.75	177-1200×9%=+69
	合计	1 700	202	11.88	202-1700×9%=+49

根据表中资料评价甲、乙两个投资中心的经营业绩，可以发现：如果以投资利润率作为评价指标，那么追加投资后的甲的利润率由5%提高到6%，乙的利润率由15%下降到14.75%；如果以剩余收益作为评价指标，那么甲的剩余收益还是-20万元，乙的剩余收益由原来的48万元增加到69万元。如果单从各投资中心的角度进行评价，就会出现上述矛盾现象。如从公司总体进行评价，就会发现，甲追加投资时公司总体的投资利润率和剩余收益均有所下降；乙追加投资时，公司总体的投资利润率和剩余收益均有所上升，这和以剩余收益指标评价各投资中心的经营业绩的结果是一致的。可见，以剩余收益作为评价指标可以保持各投资中心经营目标和公司总体目标相一致。

需要说明的是，若以剩余收益作为评价指标，预期最低投资报酬率的大小对剩余收益的影响较大，所以确定这一报酬率时，一般应以公司平均利润率或资金成本作为标准。

由于剩余收益是个绝对量指标，故不便于在不同部门之间进行比较，规模大的部门其剩余收益也相应较多，但也许该部门的投资利润率并不高。为此，在使用该指标时，应先建立与每个部门资产比例相适应的剩余收益预算，通过实际剩余收益和预算剩余收益的对比来综合评价该部门的业绩。

四、责任报告与业绩考核

(一)责任报告

责任报告是根据责任会计记录编制的反映责任预算实际执行情况，揭示责任预算与实际执行结果差异的内部会计报告。

责任报告的形式主要是报表与数据分析，在揭示差异时，若出现重大差异还必须有具体的文字说明，用定性分析方法找出差异产生的原因并提出修改意见。

责任报告的内容受责任中心层次的影响，责任中心的层次越低，报告的内容应越详细。随着责任中心层次的提高，责任报告的内容也就越概括。除此以外，责任报告的内容要遵循"例外管理"的原则，突出重点，对重大差异问题要详细报告，以便引起报告使用者的注意。

为配合编制责任报告，责任会计的核算也相应有两种类型，一是各责任中心指定专人把各中心发生的收入、成本及结算转账业务单独记入责任会计的编号账户内，定期计算盈亏，与财务会计账户严格分开。二是不另设专用的责任会计账户，在财务会计的明细账户内，附设责任会计账户进行登记、核算，从而简化责任会计核算工作。

(二)业绩考核

业绩考核是以责任报告的内容为依据，通过差异的调查，分析原因，并实施奖惩的一系列工作过程。

1. 成本中心的业绩考核

成本中心的特点是只发生成本，没有收入来源，因而对其进行考核时，其范围就是成本中心的责任成本，成本中心业绩考核是以责任报告为基本依据，将实际成本与责任成本进行对比分析，找出差异的数额及原因，对实际成本低于责任成本或预算成本的给予奖励，对实际成本超出责任成本的给予惩罚，并注意责任成本的调整。

2. 利润中心的业绩考核

利润中心的特点是既发生收入，也发生成本。因此，企业对利润中心的考核指标可以用销售收入、贡献毛益、税前利润等进行。利润中心所发生的实际利润与目标利润的差异是考核的重点，依据差异的结果实施奖惩。在对利润中心业绩考核时需注意的是影响利润的收入与成本项目的范围确定问题，若不属于本利润中心权责范围内的收入与成本，尽管已经实际收到或支出，仍应予以扣除，不能作为实际利润的计算依据。

3. 投资中心的业绩考核

投资中心的特点是不仅要对利润负责，还要对投资额负责。业绩考核的重点放在投资利润率和剩余收益两项指标上，用投资利润率指标评价各投资中心的投资效果，用剩余收益指标评价各投资中心对整个企业的贡献。具体操作时，应将两项指标结合使用，此外，由于投资额是构成企业资产的重要内容之一，故评估投资中心的业绩时，企业还应结合投资项目的质量、长期效果等内容全面考虑。

案 例 分 析

【案例】

神州公司生产和销售甲产品。甲产品生产需要耗用 A、B 两种材料，只经过一个生产加工过程，本月预计生产 1 000 件。本月预算固定制造费用为 40 000 元，预算变动制造费用为 60 000 元，预算工时为 20 000 工时。变动制造费用分配率和固定制造费用分配率均按直接人工工时计算。甲产品的标准成本资料见表 7-5。

表 7-5　单位产品标准成本

项 目	标准消耗量	标准单价/元	金额/元
直接材料			
A 材料	20 千克	10	200
B 材料	30 千克	9	270
直接人工	20 工时	5	100
变动制造费用	20 工时	3	60
固定制造费用	20 工时	2	40
单位产品标准成本			670
变动制造费用 预算分配率	60 000÷20 000=3 元/小时	固定制造费用 预算分配率	40 000÷20 000=2 元/小时

甲产品月初没有在产品，本月投产 900 件，并于当月全部完工；本月销售甲产品 800 件，每件售价 950 元。本月其他有关实际资料见表 7-6，本期所购材料货款已全部支付，所发生的各项制造费用均通过应付款科目核算。

表 7-6　甲产品生产费用表

项 目	采购材料数量	实际耗用量	实际单价/元	实际成本/元
直接材料				
A 材料	20 000 千克	19 800 千克	9	178 200
B 材料	25 500 千克	25 200 千克	9.5	239 400
直接人工		19 800 工时	5.2	102 960
变动制造费用			2.8	55 440
固定制造费用			2.1	41 580
实际产品成本总额				617 580

如果神州公司请你根据上述资料为之进行标准成本的会计处理，那么你将怎样来做？并请根据处理结果进行评价。

【分析与计算】

如果神州公司请我为之进行标准成本的会计处理，那么我将从以下三方面着手进行：

第一，根据上述资料，进行 WK 企业标准成本的计算和分析，确定各种成本差异。

第二，编制与标准成本有关的会计分录(假定本月发生的成本差异全部计入当期损益)。

第三，在计算确定各种成本差异后，进行成本差异分析评价。

具体处理过程如下：

1) 计算确定材料成本差异

(1) 计算购入原材料标准成本和价格差异。

A 材料标准成本=20 000×10=200 000(元)

B 材料标准成本=25 500×9=229 500(元)

A 材料实际成本=20 000×9=180 000(元)

B 材料实际成本=25 500×9.5=242 250(元)

直接材料价格差异=422 250-429 500=-7 250(元)

(2) 计算直接材料标准成本的数量差异。

A 材料标准成本=20×10×900=180 000(元)

B 材料标准成本=30×9×900=243 000(元)

A 材料实际成本=19 800×10=198 000(元)

B 材料实际成本=25 200×9=226 800(元)

直接材料数量差异=424 800-423 000=1 800(元)

(3) 编制会计分录。

购进材料的分录如下。

借：原材料　　　　　　　　429 500
　　贷：银行存款　　　　　　　　422 250
　　　　材料价格差异　　　　　　　7 250

耗用材料的分录如下。

借：基本生产成本　　　　　423 000
　　材料数量差异　　　　　　1 800
　　贷：原材料　　　　　　　　　424 800

2) 计算确定直接人工成本差异

(1) 标准总工时=20×900=18 000(小时)

(2) 直接人工标准成本=5×18 000=90 000(元)

(3) 实际小时工资率=102 960÷19 800=5.2(元/小时)

(4) 直接人工效率差异=(19 800-18 000)×5=9 000(元)

(5) 直接人工工资率差异=19 800×(5.2-5)=3 960(元)

(6) 编制会计分录

借: 基本生产成本　　　　　　　90 000

　　直接人工效率差异　　　　　9 000

　　直接人工工资率差异　　　　3 960

　　贷: 应付工资　　　　　　　　　　102 960

3) 计算确定变动制造费用成本差异

(1) 变动制造费用标准成本=20×3×900=54 000(元)

(2) 变动制造费用实际分配率=55 440÷19 800=2.8(元/小时)

(3) 变动制造费用效率差异=(19 800-20×900)×3=5 400(元)

(4) 变动制造费用耗费差异=55 440-19 800×3=-3 960(元)

(5) 编制会计分录

实际发生费用的分录如下。

借: 变动制造费用　　　　　　　55 440

　　贷: 应付账款　　　　　　　　　　55 440

变动费用计入产品成本的分录如下。

借: 基本生产成本　　　　　　　54 000

　　贷: 已分配变动制造费用　　　　　54 000

结清已分配变动制造费用和实际发生费用账户并记录其差异的分录如下。

借: 已分配变动制造费用　　　　54 000

　　变动制造费用效率差异　　　5 400

　　贷: 变动制造费用耗费差异　　　　3 960

　　　　变动制造费用　　　　　　　　55 440

4) 计算确定固定制造费用成本差异

(1) 固定制造费用标准成本=20×2×900=36 000(元)

(2) 固定制造费用实际分配率=41 580÷19 800=2.1(元/小时)

(3) 固定制造费用效率差异=(实际工时-实际产量标准工时)×预算分配率

　　　　　　　　　　　　　=(19 800-900×20)×2=3 600(元)

(4) 固定制造费用生产能力利用差异=固定制造费用预算-实际工时×预算分配率

　　　　　　　　　　　　　=40 000-19 800×2=400(元)

(5)　固定制造费用耗费差异=41 580-40 000=1 580(元)

(6)　编制会计分录

实际发生费用的分录如下。

借：固定制造费用　　　　　　　　41 580
　　贷：应付账款　　　　　　　　　　　　41 580

固定费用计入产品成本的分录如下。

借：基本生产成本　　　　　　　36 000
　　贷：已分配固定制造费用　　　　　　36 000

结清已分配固定制造费用和实际发生费用账户并记录其差异的分录如下。

借：已分配固定制造费用　　　　36 000
　　固定制造费用效率差异　　　　3 600
　　固定制造费用耗费差异　　　　1 580
　　固定制造费用生产能力利用差异　400
　　贷：固定制造费用　　　　　　　　　41 580

5)　结转完工产品成本

借：产成品　　　(670×900)　603 000
　　贷：基本生产成本　　　　　　　603 000

6)　销售产品

借：应收账款　　　(950×800)　760 000
　　贷：主营业务收入　　　　　　　　760 000

同时，结转已销产品成本

借：主营业务成本　　(670×800)　536 000
　　贷：产成品　　　　　　　　　　　536 000

7)　结转各种成本差异

借：主营业务成本　　　　　　　　14 530
　　材料价格差异　　　　　　　　　7 250
　　变动制造费用耗费差异　　　　　3 960
　　贷：材料数量差异　　　　　　　　　1 800
　　　　直接人工效率差异　　　　　　　9 000
　　　　直接人工工资率差异　　　　　　3 960
　　　　变动制造费用效率差异　　　　　5 400
　　　　固定制造费用生产能力利用差异　　400
　　　　固定制造费用效率差异　　　　　3 600
　　　　固定制造费用耗费差异　　　　　1 580

8) 进行各种成本差异的评价与分析

材料数量差异金额 1 800 元，是由于 A、B 两种材料消耗量变化造成的，应具体分析是由于生产技术上产品设计变更、制造方法改变、机器设备性能变化、材料本身质量原因，还是工人操作和技术水平的原因造成的。

材料价格差异 7 280 元，是由于 A、B 两种材料的实际单价发生变化造成的，如果对产品质量没有影响，则是企业采购工作的成绩。

直接人工效率和工资率差异分别是 9 000 元和 3 960 元，前者是由于工时消耗增加造成的，后者是因工资率上升造成的。应具体查找原因，对工时消耗增加，应分析是否是因机器设备、材料质量、制造方法改变，以及工人熟练程度、劳动纪律、劳动态度等主观原因造成的。

变动制造费用效率差异及固定制造费用效率差异具体原因分析可与人工效率差异相同。变动制造费用耗费差异 3 960 元，应是企业降低消耗的成绩。

固定制造费用耗费差异 1 580 元和固定制造费用能力利用差异 400 元，说明生产能力实际利用未达到预算水平，实际费用超过了预算水平。

复习思考题

一、简答题

1. 什么是成本控制？
2. 简述成本控制的基本程序。
3. 说明标准成本控制的含义及种类。
4. 实施标准成本的步骤有哪些。
5. 标准成本差异的性质及其分析的通用模式是什么？
6. 直接材料成本差异的影响因素有哪些？怎样计算各因素的影响？
7. 直接人工成本差异的影响因素有哪些？怎样计算各因素的影响？
8. 影响制造费用成本差异的因素有哪些？怎样计算各因素的影响？
9. 标准成本制度账务处理的特点是什么？标准成本差异的处理方式是什么？
10. 怎样计算标准成本修改差异？对其如何进行账务处理？

二、判断题(正确的画"√"，错误的画"×")

1. 成本控制的原则包含三个方面：全面控制的原则、重点控制的原则和提高效益的原则。
（　　）

2. 制造费用标准成本的制定，应以各责任部门为单位，但不需要区分固定费用和变动费用来编制费用预算。　　　　　　　　　　　　　　　　　　　　　（　　）

3. 直接材料三因素分析法，在将影响材料成本差异的因素分为数量和价格差异的基础上，将数量差异进一步区分为产出差异和耗费差异。　　　　　　　　　（　　）

4. 固定制造费用差异的三因素分析法，将固定制造费用差异分为效率差异、耗费差异和生产能力利用差异。　　　　　　　　　　　　　　　　　　　　　（　　）

5. 变动性制造费用标准成本等于单位产品直接人工的标准工时乘以变动性制造费用的标准分配率。　　　　　　　　　　　　　　　　　　　　　　　　　（　　）

6. 材料价格差异产生的原因是由于市场价格、采购地点、运输方式变动，以及生产技术上产品设计的变更造成的。　　　　　　　　　　　　　　　　　　（　　）

7. 标准成本制度下，材料数量差异和材料价格差异都属于材料成本差异，可计入"材料成本差异"科目进行核算。　　　　　　　　　　　　　　　　　　　（　　）

8. 在标准成本制度下，为了正确计算各种产品实际成本，应选择恰当的分配标准将各种成本差异在各种产品之间进行分配。　　　　　　　　　　　　　　（　　）

9. 对于标准成本差异的处理方式是将其结转至下期，或是将差异在存货及销售成本之间按比例分摊，也可以将差异转入损益或销售成本科目。　　　　　　　（　　）

10. 我国企业实行标准成本制度时，对于成本差异的处理方式与西方企业完全相同。　　　　　　　　　　　　　　　　　　　　　　　　　　　　　　　　（　　）

11. 在标准成本制度下，各种成本差异的处理有不同方式可供选择；而在定额成本制度下，各种成本差异一般应在各种产品之间进行分配。　　　　　　　　（　　）

12. 标准成本制度并非一种单纯的成本计算方法，它是把成本计划、控制、计算和分析相结合的一种会计信息系统和成本控制系统。　　　　　　　　　　（　　）

三、单项选择题

1. 按制定标准成本的水平分类，可将标准成本分为_____。

　　A. 预期标准成本　　　　　　　　　B. 历史标准成本

　　C. 正常标准成本　　　　　　　　　D. 基本标准成本

2. 在制造费用分为变动制造费用和固定制造费用的情况下，生产能力利用差异的计算公式是_____。

　　A. (实际工时－预算工时)×固定制造费用预算分配率

　　B. (预算工时－实际工时)×固定制造费用预算分配率

　　C. (实际工时－标准工时)×固定制造费用预算分配率

　　D. (标准工时－实际工时)×固定制造费用预算分配率

3. 直接材料成本差异按三因素法进行分析时,组合差异等于_____。

    A. 材料实际耗用总量×(实际结构平均实际单价 − 实际结构平均标准单价)

    B. 材料实际耗用总量×(实际结构平均标准单价 − 标准结构平均标准单价)

    C. 材料实际耗用总量×(实际结构平均实际单价 − 标准结构平均标准单价)

    D. 材料标准耗用总量×(实际结构平均标准单价 − 标准结构平均标准单价)

4. 我国企业按标准成本制度进行核算时,应设置的差异账户是_____。

    A. 生产成本差异   B. 材料价格差异

    C. 直接人工差异   D. 制造费用差异

5. 制造费用的标准成本,应以各责任部门为单位,按固定费用和变动费用编制费用预算,为了计算固定费用和变动费用标准分配率,应以确定的预算费用除以_____。

    A. 预算生产量   B. 实际生产量

    C. 预算工时   D. 实际工时

6. 在定额成本制度下,生产成本科目的借贷方是_____。

    A. 按定额成本登记   B. 按标准成本登记

    C. 按实际成本登记   D. 按计划成本登记

7. 在制造费用不区分为变动制造费用和固定制造费用的情况下,制造费用差异是_____。

    A. 标准制造费用与实际制造费用之间的差额

    B. 实际产量标准制造费用与实际制造费用之间的差额

    C. 计划产量标准制造费用与实际制造费用之间的差额

    D. 预算产量标准制造费用与实际制造费用之间的差额

8. 在将制造费用分为变动制造费用和固定制造费用的情况下,变动制造费用差异的影响因素可分为效率差异和耗费差异,其中效率差异的计算公式是_____。

    A. (预算工时 − 标准工时)×制造费用预算分配率

    B. (预算工时 − 标准工时)×变动制造费用预算分配率

    C. (实际工时 − 标准工时)×制造费用预算分配率

    D. (实际工时 − 标准工时)×变动制造费用预算分配率

四、多项选择题

1. 标准成本制度的特点是_____。

    A. 事先制定产品各项目标准成本

    B. 事中对比成本的实际消耗与标准消耗

    C. 事前完善各项成本管理基础工作

    D. 事后揭示各项成本差异

    E. 事后计算产品实际成本

2. 标准成本制度的优点是_____。

    A. 有利于成本控制   B. 有利于成本核算

    C. 有利于简化会计工作   D. 有利于正确评价业绩

    E. 有利于价格决策

3. 按制定标准成本依据的资料分类，标准成本可以分为_____。

    A. 理想标准成本   B. 正常标准成本

    C. 历史标准成本   D. 预期标准成本

    E. 基本标准成本

4. 实施标准成本制度的步骤是_____。

    A. 健全成本管理组织   B. 揭示实际消耗与标准成本的差异

    C. 完善各项成本管理的基础工作   D. 比较实际成本与标准成本的差异

    E. 计算实际成本

5. 标准成本差异是实际成本与标准成本之间的差额，具体包括_____。

    A. 直接材料数量差异   B. 固定制造费用生产能力利用差异

    C. 固定制造费用耗费差异   D. 直接材料分配率差异

    E. 直接人工效率差异

6. 在直接人工三因素分析法下，影响直接人工标准成本差异的因素是_____。

    A. 人工生产效率差异   B. 人工效率差异

    C. 人工组合差异   D. 人工工资率差异

    E. 人工工作效率差异

7. 工资率差异产生的原因可能是_____。

    A. 工资计算方法改变   B. 材料质量和制造方法改变

    C. 劳动态度   D. 工人熟练程度

    E. 工人级别结构的变化

8. 标准成本差异的处理方式一般包括_____。

    A. 将差异转入损益科目

    B. 将差异转入销售成本科目

    C. 将差异结转至下期

    D. 将差异在存货及销售成本之间按比例分摊

    E. 将差异保留在各差异账户中

9. 标准成本制度与定额成本制度的不同之处是_____。

    A. 标准成本制度下，生产成本科目按标准成本登记

    B. 定额成本制度下，生产成本科目按实际成本登记

    C. 定额成本制度下，单独设置各种成本差异科目反映成本差异

D. 定额成本制度下，不单独设置各种成本差异科目反映成本差异

E. 标准成本制度下不要求计算产品实际成本，而定额成本法要求计算产品实际成本

五、核算与计算题

1. 某企业生产甲种产品，单位产品标准配方资料如表 7-7 所示。

表 7-7 单位产品标准配方表   元

材料名称	单 价	混合用量标准/千克	标准成本
201	5	2	10
202	4	1	4
203	3	4	12
合 计	—	7	26

本期甲种产品实际产量为 1 800 千克，各种材料实际消耗资料如表 7-8 所示。

表 7-8 材料耗用情况表   元

材料名称	单 价	实际耗用量/千克	标准成本
201	14	2 900	40 600
202	18	1 800	32 400
203	9	150	1 350
合 计	—	4 850	74 350

【要求】根据上述资料，按照三因素分析法计算分析直接材料成本差异。

2. 某企业生产乙产品，本月份预算工时数为 1 000 小时，变动制造费用预算数为 25 000 元，固定制造费用预算数为 16 000 元，实际产量的标准工时数为 800 小时，实际工时数为 8 80 小时，变动制造费用实际发生数为 24 800 元，固定制造费用实际发生数为 15 700 元。

【要求】计算制造费用标准成本差异，并进行成本差异分析。

3. 某企业生产甲产品，本月预计生产量 200 件，其他有关资料如表 7-9 和表 7-10 所示。

(1) 产品标准成本和费用预算资料。

表 7-9　甲产品标准成本表　　　　　　　　　　　　元

直接材料	标准单价	标准消耗量	金　额
A 材料	20	200 千克	4 000
B 材料	10	40 千克	400
小　计	—	—	4 400
直接人工	标准工资率	标准工时	金　额
直接人工	10	80	800
制造费用	标准工资率	标准工时	金　额
变动制造费用	4	80	320
固定制造费用	12	80	960
小　计	—	—	1 280
单位产品标准成本	—	-6 480	

表 7-10　费用预算　　　　　　　　　　　　元

项　目	每小时费用	总费用 20 000 小时	项　目	每小时费用	总费用 20 000 小时
变动费用:			固定费用:		
消耗材料	2.00	20 000	折旧费	3.00	80 000
消耗动力	0.40	36 000	办公费	0.80	50 000
修理费	1.00	5 000	设计费	0.30	30 000
……	……	……	……	……	……
变动费用总计	4.00	80 000	固定费用总计	12	240 000
			费用总计	—	320 000

(2) 本月实际发生有关业务内容如下:

购进 A 材料 24 000 千克,单价为 19 元;购入 B 材料 6 000 千克,购进单价为 12 元。生产甲产品领用 A 材料 42 000 千克,B 材料 8 600 千克。材料款项已通过银行支付。

本月发生生产工人实际工时数 18 000 小时,预算总工时为 20 000 小时,应付工资总额 171 000 元,实际工资率为 9.5 元。

本月制造费用实际发生额为 316 000 元，其中固定制造费用为 250 000 元，变动制造费用为 66 000 元，假设全部费用均以银行存款支付。

本月生产甲产品 200 件，期初和期末均无在产品。本月出售该产品 160 件，单价 8 000 元，收入确认的条件已具备，但货款尚未收到。

要求：根据本例所给资料，计算甲产品标准成本，填列下列有关计算表(表 7-11～表 7-16)，并进行账务处理(本月发生的成本差异全部计入销售成本)。

表 7-11 购入材料标准和价格差异计算　　　　　　　　　　　　　　　元

材料名称	购入数量	标 准		实 际		价格差异
		单 价	成 本	单 价	成 本	
A 材料						
B 材料						
合 计						

表 7-12 实际产量直接材料标准成本和数量差异　　　　　　　　　　元

材料名称	标准单价	标 准			实 际		数量差异
		单位用量	总耗用量	总成本	总耗用量	总成本	
A 材料							
B 材料							
合 计							

表 7-13 实际产量直接人工标准成本和差异　　　　　　　　　　　　元

标 准				实 际			差 异	
单位工时	总工时	小时工资率	总成本	总工时	小时工资率	总成本	效率差异	工资率差异

表 7-14 实际产量变动制造费用标准成本和差异 元

预算分配率	标 准		实 际		差 异	
	总工时	总成本	总工时	总成本	效率差异	耗费差异

预 算			标 准		实 际		差 异		
总工时	分配率	总成本	总工时	总成本	总工时	总成本	效率差异	能力利用差异	耗费差异

表 7-15 产品入库和销售标准成本计算 元

完工产品标准成本	单位产品标准成本	完工产品标准成本		销售产品标准成本	
		入库数量	总成本	销售数量	总成本
甲产品					

第八章

成本费用报表与成本费用分析

学习目标：通过对本章的学习，应该了解成本费用报表的特点、种类及设置的要求，了解成本费用分析的一般方法，掌握商品产品成本表、主要产品单位成本表和制造费用明细表的结构、编制和分析的方法。本章的重点和难点是成本费用报表的分析方法。

关键概念：成本费用报表　商品产品成本表　主要产品成本表　制造费用明细表　可比产品　期间费用报表　成本费用分析　成本事前分析　成本事中分析　成本事后分析　成本费用报表趋势分析法　成本报表指标对比分析法　成本比率分析法　因素分析方法　连环替代分析法　差额计算法　可比产品成本计划降低额　可比产品成本计划降低率　可比产品成本实际降低额　可比产品成本实际降低率　品种构成(或品种结构)

第一节　成本费用报表

成本费用报表是按照成本管理的各种需要，根据日常成本核算资料和其他有关经营管理费用资料定期编制，用以反映工业企业一定时期产品成本水平和构成情况，以及经营管理费用发生情况的一种报告文件。编制成本费用报表是企业成本管理的一项重要工作，也是成本会计的一项重要内容。

由于在市场经济环境下，企业的生产经营情况、资金耗费和产品成本水平等成本信息都属于对外保密的资料，企业将其作为一种商业秘密，因此成本费用报表不宜对外报送公开，只是作为向企业经营管理者提供有关成本和经营管理费用信息，进行成本费用分析的一种内部管理报表。

一、成本费用报表及其特点

1. 灵活性

成本费用报表是服务于企业内部经营管理目的的报表，可以根据企业对成本管理的要求灵活设置，并且不受外界因素的影响，因此成本费用报表的种类、格式、指标项目、编制时间、报送程序和范围都可根据企业需要自行规定，并随着生产条件的变化、管理要求的提高，随时进行修改和调整，具有较大的灵活性。

2. 多样性

成本费用报表是在企业特定的生产环境下，结合企业的生产特点和管理要求而编制的，不同企业的生产特点和成本管理要求不同，这就决定了不同企业编制的成本费用报表在种类、格式、指标项目及指标计算口径上必然有所不同，因而呈现出多样性。

3. 综合性

成本费用报表需要同时满足财会部门、各级生产技术部门和计划管理部门等对成本管理的需要，对这些职能部门而言，不仅要求提供用于事后分析的资料，还要求提供事前计划、事中控制所需要的大量信息。因此，成本费用报表不仅要设置货币指标，还需要设置反映成本消耗的多种形式的指标；不仅包括会计核算提供的指标，还包括统计核算、业务核算提供的指标，这些指标实质上是会计核算资料与技术经济资料的有机结合。由于成本费用报表提供的信息广泛，因此具有综合性的特点。

二、设置和编制成本费用报表的要求

作为内部报表的成本费用报表在编制时，除应遵守会计报表的一般要求外，还应结合企业生产的特点和管理要求注意以下四个方面的问题。

1. 成本费用报表的专题性

成本费用报表有些是反映企业成本的全貌，有些则是反映企业成本中的某一方面或某些方面。作为内部报表的成本费用报表，其专题性是报表设置需要考虑的重要问题。专题性强调的是成本费用报表的设置应适应成本管理中某一方面的需要，突出成本管理中的重点问题。对成本形成产生重大影响或费用发生集中的部门，应单独设置有关成本费用报表，以提供充分的成本信息，从而满足企业内部成本管理的需要。

2. 成本费用报表指标的实用性

成本费用报表的指标设置应以适应企业内部成本管理的需要为标准。成本指标既可按全成本进行反映，也可按变动成本和固定成本来反映，还可以考虑将成本指标与生产工艺规程及各项消耗定额对照，以便从最原始的资料入手，分析成本升降的原因，挖掘降低产品成本的潜力。

3. 成本费用报表格式的针对性

成本费用报表格式的设计，应能针对某一具体业务的特点及其存在的问题，重点突出，简明扼要，切忌表式复杂庞大，避免无用的计算。

4．成本费用报表编制的及时性

为了反映成本计划和费用预算的执行情况，成本费用报表可以像财务报表一样定期按月、季、半年、年编制，从而为企业进行成本预测、编制成本计划提供必要的成本信息。在日常成本核算过程中，为了及时反馈成本信息和提示存在的问题，还需要以旬报、周报、日报甚至班报为形式编制不定期成本费用报表，从而使有关部门及时了解生产耗费的变化情况和发展趋势，并采取相应的措施改进工作，加强成本控制。

三、成本费用报表的种类

成本费用报表主要是为满足企业内部经营管理的需要而编制的对内报表，因此从报表的种类、格式、编制报表项目、编制方法，到报送时间和报送对象，都不是由国家统一规定的，而是由企业根据自身生产经营过程的特点和成本管理的要求所确定的。一般情况下，企业编制的成本费用报表具有较大的灵活性和多样性。尽管如此，为了加强企业成本的日常管理，有必要对成本费用报表进行科学的分类，通常按不同的标准进行如下分类。

(一)成本费用报表按其反映的内容分类

根据成本费用报表的成本信息汇集对象和在成本管理中的用途不同，可以分为反映成本水平的报表、反映费用支出情况的报表和成本管理专题报表。

1．反映成本水平的报表

这类报表主要反映报告期内企业各种产品的实际成本水平。通过本期实际成本与前期平均成本、本期计划成本的对比，可以了解企业成本发展变化的趋势和成本计划的完成情况，并为进行深入的成本分析、挖掘降低成本的潜力提供资料。这类报表主要有产品生产成本表和主要产品单位成本表等。

2．反映费用支出情况的报表

这类报表主要反映企业在报告期内某些费用支出的总额及其构成情况。通过此类报表可以分析费用支出的合理程度及变化趋势，有利于企业制定费用预算，考核费用预算的实际完成情况，以明确有关经济责任。这类报表主要有制造费用明细表、营业费用明细表、管理费用明细表和财务费用明细表等。

3．反映成本管理专题报表

这类报表主要反映企业在报告期内某些成本、费用发生的具体情况和成本管理中某些特定、重要的信息。通过对这些信息的反馈和分析，可以有针对性地采取措施，从而加强企业的成本管理。这类报表一般根据企业实际需要灵活设置，通常有责任成本表、质量成本表等。

(二)成本费用报表按其编制的时间分类

成本费用报表按其编制的时间可以分为定期报表和不定期报表两大类。定期报表一般按月、季、半年、年来编制，如产品生产成本表、主要产品单位成本表、制造费用明细表等。但为了及时反馈某些重要的成本信息，以便管理部门采取对策，定期报表也可采用旬报、周报、日报乃至班报的形式。不定期报表是针对成本管理中出现的问题或急需解决的问题而随时按要求编制的报表，例如发生了金额较大的内部故障成本，需及时将信息反馈给有关部门而编制的质量成本报表等。

(三)成本费用报表按其编制的范围分类

成本费用报表按编制的范围划分为全厂成本报表、车间成本报表和班组(或个人)成本报表等。一般来说，商品产品成本表、主要产品单位成本表、管理费用明细表、营业费用明细表、财务费用明细表等都是全厂成本费用报表，而制造费用明细表，既可以是全厂成本费用报表，也可以是车间、班组(或个人)的成本费用报表。

在上述三种成本费用报表的分类中，第一种分类是最基本、重重要的分类，后两种分类则是对第一种分类的补充和完善。

四、成本费用报表的编制方法

各种成本费用报表，一般需要反映本期产品的实际成本，本期经营管理费用的实际发生额，以及实际成本或实际费用的累计数。为了考核和分析成本计划的执行情况，这些报表还需反映有关的计划数和某些补充资料。

企业在编制成本费用报表时，应根据有关的产品成本或费用明细账的实际发生额填列成本费用报表的实际成本、费用；应根据本期报表的本期实际成本、费用加上上期报表的累计实际成本、费用计算填列成本费用报表的累计实际成本、费用；如果有关的明细账簿中记有期末累计实际成本、费用，也可以直接根据有关的明细账相应数据填列其累计实际成本费用。

第二节　成本费用分析

一、成本费用分析的一般方法

成本费用分析是对一定时期企业成本完成情况的全面评价，旨在提示和测定影响成本变动的主要因素及这些因素对成本变动的影响过程，寻找降低成本途径，提高企业经济效益。

成本费用分析是成本会计工作的重要环节,是企业成本管理的重要组成部分。通过成本费用分析,可以反映企业生产经营管理工作质量和劳动耗费水平,以便改进工作质量、降低劳动耗费;可以查明影响成本升降的原因,以便挖掘企业降低成本的潜力;还可以为成本预测和决策等提供信息资料,以便指导未来的成本管理工作。

成本费用分析的任务是:依据成本核算资料,对照成本计划和同期成本核算,了解成本计划完成情况和成本变动趋势,查找影响成本变动的原因,测定其影响程度,为改进成本管理工作、降低产品成本提供依据和建议。

成本费用分析方法很多,下面主要介绍常用的几种分析方法,包括对比分析法、比率分析法、连环替代分析法、差额分析法和趋势分析法。

1. 对比分析法

对比分析法,也称比较分析法,它是把相同事物的指标在时间上和空间上进行对比,从数量上确定差异的一种方法。这种分析方法的主要作用是揭示成本差异,并为进一步分析指出方向,以便采取措施,降低成本。它是成本分析最基本的方法,各种成本分析均要采用这种方法。

对比的基数由于分析目的的不同而不同,一般有计划数、定额数、前期实际数、以往年度周期实际数及本企业的历史先进水平等。对比分析法只适用于同质指标的数量对比,如实际产品成本与计划产品成本对比,本期制造费用与前期实际制造费用对比等。在采用这种分析方法时,应注意相比指标的可比性,也就是说对比指标采用的计价标准、时间单位、指标内容和计算方法等应具有比较的共同基础。如果相比的指标之间存在不可比因素,应按可比的口径先进行调整,然后再进行对比。在实际工作中对比分析法常用以下几类指标进行对比分析:

1) 实际指标与成本计划指标或定额指标的对比分析

通过该类指标的对比分析,可以反映计划或定额的完成情况,检查计划、定额本身是否既先进,又切实可行。

2) 本期实际与前期(上期、上年同期或历史先进水平)实际指标的对比分析

通过该类指标的对比分析,可以反映成本指标的变动情况和发展趋势,揭示本期同前期成本指标间的差距。

3) 本企业实际成本指标(或某项技术经济指标)与国内外同行业先进指标的对比分析

通过该类指标的对比分析,可以反映企业成本水平在国内外同行业中所处的地位,揭示企业与国内外先进成本指标间的差距。

2. 比率分析法

比率分析法是通过计算各项指标之间的相对数,即比率,借以考察经济业务的相对效益的一种分析方法。比率分析法主要有以下两种:

1) 相关指标比率分析法

相关指标比率分析法是计算两个性质不同而又相关的指标的比率，从而进行数量分析的方法。在实际工作中，由于企业规模不同等原因，单纯地对比绝对数指标，有时并不能起到对比的作用，而需要计算相对的指标，如产值成本率、成本利润率等。其中：

$$产值成本率 = \frac{成本}{产值} \times 100\%$$

$$成本利润率 = \frac{利润}{成本} \times 100\%$$

上列公式中，产值成本率低、成本利润率高的企业经济效益好；产值成本率高，成本利润率低的企业经济效益差。

2) 构成比率分析法

构成比率分析法是计算某项指标的各个组成部分占总体的比重，即部分与全部的比率进行数量分析的方法。如将构成产品成本的各项费用分别与产品成本总额相比，计算产品成本的构成比率。这种比率分析法也称比重分析法。通过这种分析可以反映各个成本或费用的构成是否合理。其中：

$$直接材料费用比率 = \frac{直接材料费用}{产品成本} \times 100\%$$

$$直接人工费用比率 = \frac{直接人工费用}{产品成本} \times 100\%$$

$$制造费用比率 = \frac{制造费用}{产品成本} \times 100\%$$

无论采用相关指标比率分析法，还是采用构成比率分析法，进行成本费用分析时，都可将本企业比率的实际数与其计划数(或前期实际数)进行对比分析，也可将本企业比率的实际数与其他企业相同时期的构成比率指标进行对比分析，从而反映本企业在不同时期，与国内外先进企业的成本费用水平或经济效益相比存在的差距，反映本企业产品成本的构成是否合理。

3. 连环替代分析法

连环替代分析法是顺序用各项因素的实际数替换基数，借以计算各项因素影响程度的一种分析方法。单纯采用对比分析法和比率分析法只能揭示实际数与基数之间的差异，并不能揭示产生差异的因素和各因素的影响程度。采用连环替代法就可以解决这一问题。其计算程序是：①根据指标的计算公式确定影响指标变动的各项因素。②排列各项因素的顺序。③按排定的因素顺序和各项因素的基数进行计算。④顺序将前面一项因素的基数替换为实际数，将每次替换以后的计算结果与其前一次替换以后的计算结果进行对比，顺序算出每项因素的影响程度，有几项因素就替换几次。⑤将各项因素的影响程度的代数和与指标变动的差异总额核对。

连环替代法的计算原理如表 8-1 所示(假定指标为三项因素的乘积)。

表 8-1　连环替代分析法计算原理

替代次数	因　　素			乘积编号	每次替换	产生差异
	第 1 项	第 2 项	第 3 项			
基数	基数	基数	基数	①		
第 1 次	实际数	基数	基数	②	②-①	第 1 项因素
第 2 次	实际数	实际数	基数	③	③-②	第 2 项因素
第 3 次	实际数	实际数	实际数	④	④-③	第 3 项因素
各项因素影响程度合计					差异总额	各项因素

确定各因素排列顺序的一般原则是：如果既有数量因素又有质量因素，则先计算数量因素变动的影响，后计算质量因素变动的影响；如果既有实物数量因素又有价值数量因素，先计算实物数量因素变动的影响，后计算价值数量因素变动的影响；如果有几个数量因素或质量因素，还应区分主要因素和次要因素，先计算主要因素变动的影响，后计算次要因素变动的影响。从以上可以看出，连环替代分析法具有以下特点：计算程序的连环性、因素替换的顺序性、计算结果的假定性。

4．差额分析法

差额分析法是根据各项因素的实际数与基数的差额来计算各项因素影响程度的方法，是连环替代分析法的一种简化的计算方法。

上述连环替代分析法的计算原理，可按下列公式表示：

第 1 项因素的影响程度=(第 1 项因素实际数×第 2 项因素基数×第 3 项因素基数)-
(第 1 项因素基数×第 2 项因素基数×第 3 项因素基数)
=(第 1 项因素实际数-第 1 项因素基数)×第 2 项因素基数×
第 3 项因素基数

第 2 项因素的影响程度=(第 1 项因素实际数×第 2 项因素实际数×第 3 项因素基数)-
(第 1 项因素实际数×第 2 项因素基数×第 3 项因素基数)
=(第 2 项因素实际数-第 2 项因素基数)×第 1 项因素实际数×
第 3 项因素基数

第 3 项因素的影响程度=(第 1 第项因素实际数×第 2 项因素实际数×
第 3 项因素实际数)-(第 1 项因素实际数×
第 2 项因素实际数×第 3 项因素基数)
=(第 3 项因素实际数-第 3 项因素基数)×第 1 项因素实际数×
第 2 项因素实际数

在上列各项计算公式中，第二个等号后面的计算公式都是差额计算分析法的计算公式。

这种分析法与连环替代分析法的因素排列顺序如果相同，则计算结果完全相同。

在只有两项因素的情况下，由于能够简便合理地排列因素的顺序，因而普遍地采用差额分析法，使计算既准确又简便。

5．趋势分析法

趋势分析法是通过对连续若干期相同指标的对比，来揭示各期之间的增减变化，据以预测经济发展趋势的一种分析方法。采用这种分析方法，在连续的若干期之间，可以按绝对数进行对比，也可以按相对数(即比率)进行对比；可以以某个时期为基期，其他各项均与该时期的基数进行对比；也可以在各个时期之间进行环比，即分别以上一时期为基期，下一时期与上一时期的基数进行对比。

【例 8-1】　假定某工业企业在 2005～2009 年的 5 年间，某种产品的实际单位成本分别为 89 元、90 元、92 元、94 元、95 元。

从上列各年单位成本的绝对额可以看出，该种产品的单位成本呈逐年上升的趋势。

若以 2005 年为基年，以该年单位成本 89 元为基数，规定为 100%，可以计算其他各年的单位成本与之相比的比率如下：

2006 年：$\dfrac{90}{89} \times 100\% = 101\%$

2007 年：$\dfrac{92}{89} \times 100\% = 103\%$

2008 年：$\dfrac{94}{89} \times 100\% = 106\%$

2009 年：$\dfrac{95}{89} \times 100\% = 107\%$

从上列计算可以看出，该种产品 2005～2009 各年单位成本与 2005 单位成本相比的上升程度。

若分别以上年为基期，可以计算各年环比的比率如下：

2006 年比 2005 年：$\dfrac{90}{89} \times 100\% = 101\%$

2007 年比 2006 年：$\dfrac{92}{90} \times 100\% = 102\%$

2008 年比 2007 年：$\dfrac{94}{92} \times 100\% = 102\%$

2009 年比 2008 年：$\dfrac{95}{94} \times 100\% = 101\%$

从上列计算可看出，该种产品的单位成本都是逐年递增的，但各年递增的程度不同。

以上所述的各种分析法实质上都是对比分析法。比率分析法是分子指标与分母指标的对比，以及据此算出的相对的指标的实际数与基数的对比；趋势分析法是作为分析趋势基础的各期指标之间的对比。应该注意不论什么分析方法，都只能为进一步调查研究指明方向，而不能代替调查研究。

二、商品产品成本的分析

1. 商品产品成本报表的编制

商品产品成本表是反映企业在报告期内所生产的全部商品产品总成本和单位成本的报表。利用该表可以考核全部商品产品和主要商品产品成本计划的完成情况，以及分析各种可比产品成本降低任务的完成情况。

商品产品成本表的格式和内容如表 8-2 所示。

商品产品成本表的主要内容，是反映可比产品和不可比产品的实际产量、单位成本、本月总成本及本年总成本。

该表各项的内容和填列方法如下。

1) 实际产量

(1) 本月实际产量。根据产品成本计算单或产品生产成本明细账的记录填列。

(2) 本年累计实际产量。根据本月实际产量，加上上月本表的本年累计实际产量计算填列。

2) 单位成本

(1) 上年实际平均单位成本。根据上年度本表所列全年累计实际平均单位成本填列。

(2) 本年计划单位成本。根据年度成本计划所列的单位成本填列。

(3) 本月实际单位成本。根据表中本月实际总成本除以本月实际产量所得商数填列。

(4) 本年累计实际平均单位成本。根据表中本年累计实际总成本除以本年累计实际产量所得商数填列。

3) 本月总成本

(1) 按上年实际平均单位成本计算的总成本。根据上年实际平均单位成本乘以本月实际产量所得积数填列。

(2) 按本年计划单位成本计算的总成本。根据本年计划单位成本乘以本月实际产量所得积填列。

(3) 本月实际总成本。根据成本计算单的有关数字填列。

4) 本年累计总成本

(1) 按上年实际平均单位成本计算的本年累计总成本。根据表中本年累计实际产量乘以上年实际平均单位成本所得积填列。

(2) 按本年计划单位成本计算的本年累计总成本。根据表中本年累计实际产量乘以本年计划单位成本所得积填列。

(3) 本年累计实际总成本。根据本月实际总成本，加上上月本表的本年累计实际总成本填列。

表8-2 商品产品成本报表

2005年12月31日

元

产品名称	规格	实际产量/件		单位成本				本月总成本			本年累计总成本		
		本月	本年累计	上年实际平均	本年计划	本月实际	本年累计实际	按上年实际平均单位成本计算	按本年计划单位成本计算	本月实际	按上年实际平均单位成本计算	按本年计划单位成本计算	本年实际
		(1)	(2)	(3)	(4)	$(5)=(9)÷(1)$	$(6)=(12)÷(2)$	$(7)=(1)×(3)$	$(8)=(1)×(4)$	(9)	$(10)=(2)×(3)$	$(11)=(2)×(4)$	(12)
可比产品合计	×	×	×	×	×	×	×	30 000	27 500	2 6950	330 000	30 2500	299 200
其中: 甲		200	2 200	100	90	98	89	20 000	18 000	17 600	220 000	19 8000	195 800
乙		50	550	200	190	197	188	10 000	9 500	9 350	110 000	104 500	103 400
不可比产品合计	×	×	×	×	×	×	×	×	4 200	4 310	×	54 600	57 200
其中: 丙		10	130	×	420	431	440	×	4 200	4 310	×	54 600	57 200
全部商品产品成本	×								31 700	31 260		357 100	356 400

补充资料: (本年累计实际数)

①可比产品成本降低额 30 800 元; ②可比产品成本降低率 9.33‰。

本年计划降低额为 28 000 元, 本年计划降低率为 8.48‰。

该表补充资料的内容和填列方法如下：

(1) 可比产品成本累计实际降低额。根据可比产品按上年实际平均单位成本计算的本年累计总成本减去本年累计实际总成本计算填列(超支用负数表示)。

(2) 可比产品成本累计实际降低率。根据可比产品成本累计实际降低额除以可比产品按上年实际平均单位成本计算的本年累计总成本计算填列(超支用负数表示)。

本年可比产品计划降低额和降低率，根据可比产品成本降低计划填列。

2．商品产品成本费用报表的分析

1) 全部商品产品成本计划完成情况的分析

全部商品产品包括可比产品和不可比产品。可比产品是指企业过去曾经生产过，有完整的成本资料可供对比的产品；而不可比产品则是指企业过去从未生产过，或虽生产过，但规格性能已发生了显著变化，缺乏可供比较的成本资料的产品。全部商品成本计划完成情况的分析应当是全部商品产品的计划总成本和实际总成本对比，确定实际成本比计划成本的降低额和降低率。由于商品产品成本表中的计划总成本是按实际产量计算的，因此进行对比的商品产品计划总成本是经过调整后的实际产量计划总成本，这样就剔除了产量变动和产品结构变动对总成本的影响。计算公式如下：

全部商品产品成本降低额=实际总成本−∑(实际产量×计划单位成本)

$$全部商品产品成本降低率=\frac{降低额}{\sum(实际产量×计划单位成本)}$$

以表8-2资料，计算全部商品产品成本降低额和降低率如表8-3所示。

表8-3 全部商品产品成本计划完成情况分析表

产品名称	计划总成本/元	实际总成本/元	降低额/元	降低率/%
可比产品	302 500	299 200	3 300	1.09
其中：				
甲产品	198 000	195 800	2 200	1.11
乙产品	104 500	103 400	1 100	1.05
不可比产品	54 600	57 200	−2 600	−4.76
其中：				
丙产品	54 600	57 200	−2 600	−4.76
总　计	357 100	356 400	700	0.20

从表8-3中可以看出，该企业全部商品产品成本实际比计划节约700元，节约率为0.20%。从各产品看，可比产品完成了成本计划，其中甲产品成本降低率为1.11%，乙产品成本降低率为1.05%；不可比丙产品未完成成本计划，超支率为4.76%。

2) 可比产品成本降低计划完成情况的分析

可比产品成本降低包括计划降低额和计划降低率。降低额指可比产品计划总成本比计划产量的上年总成本的降低数额。

该企业可比产品成本降低计划如表 8-4 所示。

表 8-4　可比产品成本降低计划

产品名称	计划产量	单位成本/元		总成本/元		计划降低任务	
		上年实际平均	本年计划	按上年实际平均单位成本计算	本年计划	降低额	降低率/%
甲产品	2 300	100	90	230 000	207 000	23 000	10
乙产品	500	200	190	100 000	95 000	5 000	5
合　计				330 000	302 000	28 000	8.48

根据可比产品成本实际降低额和降低率同可比产品成本降低计划比较，确定可比产品降低计划的完成情况。

降低额差额=30 800-28 000=2 800(元)

降低率差额=9.33%-8.48%=0.85%

从上述计算可以看出，可比产品成本降低超计划完成。影响可比产品成本降低计划完成情况的因素，概括起来有三个：

(1) 产品产量。可比产品成本的计划降低额和降低率是根据计划产量制定的，而实际成本降低额和降低率则是根据各种产品的实际产量计算的，所以在其他条件不变的情况下，产品产量的增减变动会引起可比产品成本发生等比例变动，即其他条件不变，产量变动只会影响成本降低额，而不会影响成本降低率。

(2) 产品结构。所谓产品结构是各种产品在全部可比产品中的构成比例。由于各种产品成本降低的程度不同，有大有小，有节约有超支。当产品产量不是等比例增加时，成本降低额和降低率会同时发生变化。当成本降低幅度较大的产品其产量在全部可比产品产量中所占比重较大时，全部可比产品成本的降低额和降低率的计划完成情况会相应好一些，反之就会差一些，这实质是权数的作用。

(3) 产品单位成本。成本降低计划表中规定的可比产品成本降低额和降低率，是以本年计划成本和上年实际成本相比较而制定的，而可比产品成本的实际降低额和降低率是根据本年实际成本和上年实际成本相比较计算出来的，因此本期可比产品的实际单位成本与计划单位成本有差异时，就必然引起可比产品成本的降低额和降低率。当其他条件不变时，单位成本与成本降低额和降低率成反比。

在确定上述各因素变化对可比产品成本降低计划完成情况的影响时，可采用因素替换法在可比产品降低计划的基础上，分别以实际产量、实际品种结构和实际单位成本，逐步替代计划数,确定各种因素变化对可比产品成本降低额和降低率差异的影响。

仍以表 8-2 和表 8-4 资料对可比产品成本降低计划完成情况分析计算如下:

① 如前所述,在其他条件不变的情况下,单纯产量的变化,只影响降低额不影响降低率。产量对降低额的影响公式如下:

产量变动对成本降低额的影响=$[\sum$(本年实际产量×上年实际平均单位成本)×

计划降低率]-计划降低额

=330 000×8.48%-28 000=-16(元)

② 产品结构变化对可比产品成本降低计划完成情况的影响公式如下:

产品结构变动对成本降低额的影响=$[\sum$(本年实际产量×上年实际平均单位成本)-

$\sum$(本年实际产量×本年计划单位成本)]-

$\sum$(本年实际产量×上年实际平均单位成本)×

计划降低率

=(330 000-302 500)-330 00×8.48%=-484(元)

产品结构变动对成本降低率的影响=$\dfrac{\text{产品结构变动对降低额的影响}}{\sum(\text{本年实际产量×上年实际平均单位成本})}\times$

$100\%=\dfrac{-484}{330\,000}\times100\%=-0.15\%$

③ 产品单位成本变动对可比产品成本降低计划完成情况的影响公式如下:

产品单位成本变动对成本降低额的影响=$\sum$(本年实际产量×本年计划单位成本)-

$\sum$(本年实际产量×本年实际平均单位成本)

=302 500-299 200=3 300(元)

产品单位成本变动对成本降低率的影响=$\dfrac{\text{产品单位成本变动对降低额的影响}}{\sum(\text{本年实际产量×上年实际平均单位成本})}$

$\times100\%=\dfrac{3300}{330000}\times100\%=1\%$

将上述各因素对可比产品成本降低计划完成情况的影响汇总编制表 8-5 所示。

表 8-5　汇总表

影响因素	降低额	降低率/%
产品产量	-16	—
产品结构	-484	-0.15
产品单位成本	3 300	1
合　计	2 800	0.85

三、主要产品单位成本的分析

1．主要产品单位成本表的编制

主要产品单位成本表，是反映企业在报告期内各种主要产品单位成本的构成和各项主要技术经济指标的报告。利用该表可以了解成本和主要技术经济指标的执行情况，从而分析各项消耗定额的变化情况和产品单位成本的升降原因，以便进一步挖掘降低成本的潜力。

主要产品单位成本表是对商品产品成本表的具体说明和补充。其格式和内容如表 8-6 所示。

表 8-6　　主要产品单位成本表(丙产品)

××年 12 月 31 日

成本项目	单位	历史先进水平	上年实际平均	本年计划	本月实际	本年累计实际平均
直接材料	元			232	240	250
直接人工	元			100	90	95
制造费用	元			88	101	95
成本合计				420	431	440
主要技术经济指标	单位	用量	用量	用量	用量	用量
A 材料	千克			38	38	40
B 材料	千克			10	10	8
C 材料	千克			50	48	40

表 8-6 各项目的内容和填列方法如下：

(1) 历史先进水平单位成本。根据历史上该种产品成本最低年度成本表的实际平均单位成本填列。

(2) 上年实际平均单位成本。根据上年度本表实际平均单位成本填列。

(3) 本年计划单位成本。根据本年度计划单位成本填列。

(4) 本月实际单位成本。根据该种产品成本明细账或成本计算填列。

(5) 本年累计实际平均单位成本。根据该种产品成本明细账所记年初起至报告期末止完工入库总成本除以本年累计实际产量计算填列。

(6) 不可比产品，历史先进水平的单位成本和上年实际平均单位成本这两项不填。

(7) 表 8-6 中上年实际平均单位成本、本年计划单位成本、本月实际单位成本和本年累计实际平均单位成本,应与商品产品成本表该产品的相应项目相符。

(8) 表中的有关技术经济指标,应根据有关业务核算资料填列。

2. 主要产品单位成本表的分析

全部产品成本的计划完成情况分析,可以总括地评价企业全部产品和可比产品成本的计划执行情况。为了揭示成本升降的具体原因,寻求降低产品成本的具体途径和方法,需要对主要产品成本的计划完成情况进行深入细致的分析。分析所依据的资料是主要产品单位成本报表、成本计划表、各项消耗定额及反映各项技术经济指标的业务资料等。分析的方法是在商品产品成本分析的基础上,采用因素替换法,进一步分析各项因素的变化对各成本项目的影响。

以丙产品为例,说明主要产品单位成本的分析。丙产品单位成本对比计划变动情况分析如表 8-7 所示。

一定时期产品单位成本的高低,受多种因素的影响,诸如生产技术水平、生产组织状况和经营管理水平、各种降低产品成本措施的实施效果等。下面仅就几个主要的成本项目说明分析的一般方法。

表 8-7 丙产品单位成本对比计划变动情况分析表   元

成本项目	本年计划单位成本	本年累计实际平均单位成本	降低额	降低率
直接材料	232	250	−18	−7.76
直接人工	100	95	5	5
制造费用	88	95	−7	−7.95
成本合计	420	440	−20	−4.76

1) 直接材料成本项目分析

影响直接材料成本项目实际成本脱离计划成本的因素主要是材料消耗量和材料单价。

单位产品成本材料费用=单位产品消耗的材料数量×材料单价

分析的程序如下:

(1) 确定分析对象,即实际单位产品成本材料费用与计划单位产品成本材料费用。

(2) 因素分析。

单位产品消耗材料数量变动的影响=(实际单位产品耗用量-计划单位产品耗用量)×材料计划单价

材料单价变动的影响=(材料实际单价-材料计划单价)×单位产品材料实际耗用量

丙产品消耗的有关材料数量和价格资料如表 8-8 所示。

表 8-8　丙产品直接材料成本对比计划变动情况分析表

材料名称	消耗量/千克		单价/元		直接材料费用/元		
	计划	实际	计划	实际	计划	实际	差异
A 材料	38	40	5.00	5.30	190	212	22
B 材料	10	8	4.20	4.75	42	38	-4
合　计					232	250	-18

由表 8-8 所列的分析资料可以看出，丙产品的直接材料费用实际超计划 18 元。其中由于消耗量变动的影响计算如下：

A 材料：(40-38)×5=10(元)

B 材料：(8-10)×4.20=-8.4(元)

合计　　　　　　　　1.6(元)

由于价格变动的影响计算如下：

A 材料：(5.30-5.00)×40=12(元)

B 材料：(4.75-4.20)×8=4.4(元)

合计：12+4.4=16.4(元)

上述两因素中，材料单价变动一般属客观因素，企业自身无法控制，而单位产品消耗数量变动属主观因素，企业应进一步分析，可以从以下几方面入手：

①　优化产品设计，缩小体积，减轻重量，从而减少材料消耗，降低材料费用。

②　改进工艺流程和加工方法，提高材料利用率，节约材料消耗，降低材料费用。

③　材料代用品应用于生产过程和各种材料的配料比例趋于经济合理，会减少材料消耗量和降低材料费用。

④　联产品、副产品的生产会使等量的材料费用被更多品种和数量的产品承担，从而降低材料费用。

此外，材料的质量、生产过程中废料的利用程度和回收率，劳动者的态度、成本意识、操作熟练程度、设备性能等都会影响材料费用的增减。

2)　直接人工成本项目的分析

分析产品单位成本中直接人工成本的变动应结合具体的工资制度和工资费用计入产品成本的具体方法来进行。在计件工资制度下，由于单位产品成本中规定有计件单价(定额内)，因此只要计件单价不变，单位产品成本中的工资费用也不会发生变化。在计时工资制度下，若企业只生产一种产品，则影响单位成本工资费用高低的因素不外乎生产工人工资总额和产品产量两个因素，若企业生产多种产品，单位产品成本中包含的工资费用是按工时比例分配计入产品成本的，产品单位成本中工资费用的多少取决于生产单位产品的工时消耗和工资分配率两个因素的变动情况。

单位产品直接人工成本=单位产品工时消耗量×工资分配率

分析程序如下：

(1) 确定分析对象为实际单位产品直接人工成本减去计划单位产品直接人工成本。

(2) 因素分析。

单位产品工时消耗量变动的影响=(实际单位产品工时消耗量-计划单位产品工时消耗量)×计划工资分配率

工资分配率变动的影响=(实际工资分配率-计划工资分配率)×实际单位产品工时消耗量

丙产品消耗的有关工时数量和工资分配率资料如表8-9所示。

表8-9 丙产品消耗的有关工时数量和工资分配率资料

项 目	消耗量/工时		工资分配率/(元/小时)		直接人工成本/元		
	计划	实际	计划	实际	计划	实际	差异
生产工时	50	40	2	2.375	100	95	-5

成本实际节约5元。其中由于工时消耗量变动的影响计算如下：

(40-50)×2=-20(元)

由于工资分配率变动的影响计算如下：

(2.375-2)×40=15(元)

生产单位产品工时消耗越少，劳动生产率越高，成本中分摊的工资费用也越少。反之，劳动生产率越低，成本中分摊的工资费用也越多。另外，工资分配率的提高是产品单位成本中工资费用增加的因素。工资分配率的变动既受计时工资总额变动的影响，也受企业工时利用程度高低的影响。这两项因素的变动需通过工资总额分析和工时利用分析才能查明，所以对产品单位成本中工资费用的分析应结合生产、工艺、劳动组织等方面的情况进行，重点是分析单位产品工时变动。

3) 制造费用成本项目的分析

影响制造费用实际脱离计划的因素主要是工时消耗和制造费用分配率。丙产品消耗的有关工时数量和制造费用分配率资料如表8-10所示。

表8-10 丙产品制造费用对比计划变动情况分析表

项 目	消耗量/工时		制造费用分配率/(元/小时)		制造费用成本/元		
	计划	实际	计划	实际	计划	实际	差异
制造费用	50	40	1.76	2.375	88	95	7

由表 8-10 所列的分析资料可以看出，丙产品的制造费用实际超过计划 7 元。其中由于工时消耗量变动的影响计算如下：

$(40-50) \times 1.76 = -17.6$(元)

由于制造费用分配率变动的影响计算如下：

$(2.375-1.76) \times 40 = 24.6$(元)

四、制造费用的分析

制造费用明细表是反映企业生产单位一定时期内为组织和管理生产所发生费用总额和各明细项目数额的报表。该表按费用项目分"上年同期实际"、"本年计划"、"本年累计实际"进行反映。通过本年累计实际与上年同期实际比较，可了解制造费用各项目的变动情况，从动态上研究其特征及发展规律；本年累计实际与本年计划比较，可以反映制造费用计划完成情况及节约或超支的原因。制造费用明细表的格式，如表 8-11 所示。

表 8-11　制造费用明细表

××年 12 月　　　　　　　　　　　　　　　　　　　　元

项　目	行　次	上年同期实际	本年计划	本年累计实际
1. 工资		48 000	50 000	49 500
2. 职工福利费		6 720	7 000	6 930
3. 折旧费		80 000	76 000	75 700
4. 修理费		2 500	2 000	2 100
5. 办公费		1 300	1 000	1 150
6. 水电费		18 000	15 000	14 700
7. 机物料消耗		1 200	1 500	1 560
8. 劳动保护费		2 100	2 000	1 950
9. 低值易耗品摊销		1 600	1 500	1 450
10. 差旅费		25 000	22 000	22 500
11. 租赁费		500	300	350
12. 保险费		800	700	650
13. 设计制图费		600	700	630
合计		188 320	179 700	179 170

企业为反映各生产单位各期制造费用任务的完成情况，制造明细表可分车间按月进行编制。表中"本期计划数"按当期计划资料分项目填列，12月的制造费用明细表按本年计划数填列。"上年同期实际"栏，根据上年同期该报表的"本年累计实际"栏的对应项目填列。"本年累计实际"栏可根据"制造费用"科目所属明细资料累计填列。

对制造费用明细表的分析，主要采用"比较分析法"，对费用总额及各个费用项目的本年实际累计数与上年同期实际数相比较，以了解各项费用的变化趋势；与计划数相比较，可以了解各项费用比计划节约或超支，即计划的完成情况。对于增减变动较大的费用项目，还应作重点分析，深入探究其具体原因。

案 例 分 析

【案例】

某企业本年度生产五种产品，有关资料如表8-12。

表8-12　五种产品的相关资料

产品名称		产量/件			单位成本/元		总成本/元	
		本月	本年累计	本年计划	上年实际	本年计划	本月实际	本年实际
可比产品	A产品	100	1 100	1 200	163	162	16 100	177 650
	B产品	80	980	950	134	133	10 880	132 790
	C产品	75	900	850	125	122	9 000	108 900
不可比产品	D产品	50	650	700		108	5 300	69 550
	E产品	60	780	780		60	3 300	45 240

【分析与计算】

(1)根据上述资料，本企业的商品产品成本报表编制如表8-13。

表8-13　商品产品成本报表

2009年12月31日

产品名称	规格	实际产量/件 本月(1)	实际产量/件 本年累计(2)	单位成本/件 上年实际平均(3)	单位成本/件 本年计划(4)	单位成本/件 本月实际(5)=(9)÷(1)	单位成本/件 本年累计实际(6)=(12)÷(2)	本月总成本/元 按上年实际平均单位成本计算(7)=(1)×(3)	本月总成本/元 按本年计划单位成本计算(8)=(1)×(4)	本月总成本/元 本月实际(9)	本年累计总成本/元 按上年实际平均单位成本计算(10)=(2)×(3)	本年累计总成本/元 按本年计划单位成本计算(11)=(2)×(4)	本年累计总成本/元 本年实际(12)
可比产品合计		×	×	×	×	×	×	36 395	35 990	35 980	423 120	418 340	419 340
其中: A产品		100	1 100	163	162	161	161.50	16 300	16 200	16 100	179 300	178 200	177 650
B产品		80	980	134	133	136	135.50	10 720	10 640	10 880	131 320	130 340	132 790
C产品		75	900	125	122	120	121	9 375	9 150	9 000	112 500	109 800	108 900
不可比产品合计		×	×	×	×	×	×		9 000	8 600		117 000	114 790
其中: D产品		50	650		108	106			5 400	5 300		70 200	69 550
E产品		60	780		60	55			3 600	3 300		46 800	45 240
全部商品产品成本									44 990	44 580		535 340	534 130

(2) 采用对比分析方法，按产品名称计算本企业本年度全部商品产品成本计划的完成情况。

从表 8-14 可以看出，该企业全部商品产品成本实际比计划节约 1 210 元，节约率为 0.23%。从各产品看，可比产品未完成成本计划，其中，A 产品和 C 产品各自完成了成本计划，A 产品成本实际比计划节约 550 元，节约率为 0.31%，C 产品成本实际比计划节约 900 元，节约率为 0.82%，B 产品未完成成本计划，成本实际比成本计划超支 2 450 元，超支率为 1.88%；不可比产品均完成了成本计划，D 产品成本实际比成本计划节约 650 元，节约率为 0.93%，E 产品成本实际比成本计划节约 1 560 元，节约率为 3.33%。

表 8-14 本年度全部商品产品成本计划完成情况分析表

产品名称		总成本/元		差 异	
		按计划计算	按实际计算	降低额/元	降低率/%
可比产品	A 产品	178 200	177 650	550	0.31
	B 产品	130 340	132 790	-2 450	-1.88
	C 产品	109 800	108 900	900	0.82
	小计	418 340	419 340	-1 000	-0.24
不可比产品	D 产品	70 200	69 550	650	0.93
	E 产品	46 800	45 240	1 560	3.33
	小计	117 000	114 790	2 210	1.89
合　计		535 340	534 130	1 210	0.23

(3)可比产品成本降低计划完成情况分析如表 8-15、表 8-16 所示。

表 8-15 可比产品成本计划降低任务

产品名称	计划产量/件	单位成本/元		总成本/元		计划降低任务	
		上年实际平均	本年计划	按上年实际平均单位成本计算	本年计划	降低额/元	降低率/%
A 产品	1 200	163	162	195 600	194 400	1 200	0.61
B 产品	950	134	133	127 300	126 350	950	0.75
C 产品	850	125	122	106 250	103 700	2 550	2.40
合 计				429 150	424 450	4 700	1.10

表 8-16　可比产品成本实际降低任务

产品名称	实际产量/件	单位成本/元			总成本/元			实际降低任务	
		上年实际平均	本年计划	本年实际平均	按上年实际平均单位成本计算	按本年计划单位成本计算	本年实际	降低额/元	降低率/%
A 产品	1 100	163	162	161.50	179 300	178 200	177 650	1 650	0.92
B 产品	980	134	133	135.50	131 320	130 340	132 790	-1 380	-1.05
C 产品	900	125	122	121	112 500	109 800	108 900	3 600	3.20
合计					423 120	418 340	419 340	3 780	0.89

根据上述表中可比产品成本实际降低额和降低率同可比产品计划降低额和降低率比较，确定可比产品降低计划的完成情况：

降低额差额=3 870-4 700=-920(元)

降低率差额=0.89%-1.10%=-0.21%

从上述计算中可以看出，可比产品成本降低额计划未完成。下面，采用因素替代法来具体分析实际产量、实际品种结构和实际单位成本三要素的变化对可比产品成本降低额和降低率差异的影响。

产量变动只会影响成本降低额，不会影响成本降低率。

产量变动对成本降低额的影响=423 120×1.10%-4 700=-45.68(元)

产品结构变动对成本降低额的影响=(423 120-418 340)-423 120×1.10%=125.68(元)

产品结构变动对成本降低率的影响=125.68÷423 120×100%=0.03%

产品单位成本变动对成本降低额的影响=418 340-419 340=-1 000(元)

产品单位成本对成本降低率的影响=-1 000÷423 120×100%=-0.24%

各因素影响程度汇总如表 8-17 所示。

表 8-17　各因素影响程度汇总表

影响因素	降低额/元	降低率/%
产品产量	-45.68	—
产品结构	125.68	0.03
产品单位成本	-1 000	-0.24
合计	-920	-0.21

复习思考题

一、简答题

1. 什么是成本费用报表？它有哪些特点？

2. 设置和编制成本费用报表的要求是什么？

3. 成本费用分析的一般方法有哪些？

4. 进行成本费用分析的任务是什么？

5. 简述比较分析法的特点和适用范围。

6. 什么是比率分析法？具体形式有哪几种？

7. 连环替代法的适用范围和特点是什么？

8. 什么是商品产品成本报表？它的编制要求有哪些？

9. 什么是可比产品，什么是不可比产品？对这两种的产品的分析有何区别？

10. 如何利用商品产品成本表对企业全部产品成本计划的完成情况进行总括评价？

11. 影响可比产品成本降低计划完成情况的因素有哪几个？其变动影响的特点是什么？

12. 什么是主要产品单位成本表？它的编制要求有哪些？

13. 如何对主要产品单位成本表进行分析？

14. 在分析产品成本计划完成情况时，应注意哪些问题？

15. 如何对各种费用明细表进行分析？

二、判断题(正确的画"√"，错误的画"×")

1. 会计报表按其报送对象可以分为对外报表和对内报表两类。成本报表属于内部报表，不再对外报送。　　　　　　　　　　　　　　　　　　　　　　　　　　　(　　)

2. 比较分析法的主要作用在于揭示客观上存在的差距，并为进一步分析指出方向。
　　　　　　　　　　　　　　　　　　　　　　　　　　　　　　　　　(　　)

3. 比较分析法只适用于同质指标的数量对比。　　　　　　　　　　　　(　　)

4. 相关指标比率是指某项经济指标的各个组成部分占总体的比重。　　(　　)

5. 通过对比某一经济指标不同时期的构成比例变动，可以了解该项经济指标的增长速度。　　　　　　　　　　　　　　　　　　　　　　　　　　　　　　　(　　)

6. 采用比率分析法，先要把对比的数值变成相对数，求出比率，然后再进行对比分析。　　　　　　　　　　　　　　　　　　　　　　　　　　　　　　　　(　　)

7. 成本利润率是相关指标比率。　　　　　　　　　　　　　　　　　　(　　)

8. 销售成本率是构成比率。　　　　　　　　　　　　　　　　　　　　（　　）

9. 采用连环替代法，在测定某一因素变动影响时，是以假定其他因素不变为条件的，即是在其他因素均为计划数时，确定这一因素变动影响程度的。　　　　（　　）

10. 影响可比产品成本降低额指标变动的因素有产品产量、产品品种构成和产品单位成本。　　　　　　　　　　　　　　　　　　　　　　　　　　　　　（　　）

11. 影响可比产品成本降低率指标变动的因素有产品品种构成和产品单位成本。
　　　　　　　　　　　　　　　　　　　　　　　　　　　　　　　　　（　　）

12. 假定产品品种构成和产品单位成本不变，单纯产量变动，只影响可比产品成本降低额，而不影响可比产品成本降低率。　　　　　　　　　　　　　　　（　　）

13. 为了分清企业或车间在降低成本方面的主观努力和客观因素影响，在编制报表时，应从实际成本中扣除客观因素、相关车间和部门工作的影响。　　　　　（　　）

14. 为了分清企业或车间在降低成本方面的主观努力和客观因素影响，在评价企业成本工作时，应从实际成本中扣除客观因素、相关车间和部门工作的影响。　　（　　）

15. 在分析各项费用计划执行情况时，应根据费用超支或节约做出评价。　　（　　）

16. 技术经济指标变动对产品成本的影响，主要表现在对产品单位成本的影响。
　　　　　　　　　　　　　　　　　　　　　　　　　　　　　　　　　（　　）

17. 产量变动之所以影响产品单位成本，是由于在产品全部成本中包括了一部分变动费用。　　　　　　　　　　　　　　　　　　　　　　　　　　　　　　（　　）

18. 产量变动之所以影响产品单位成本，是由于在产品全部成本中包括了一部分相对固定的费用。　　　　　　　　　　　　　　　　　　　　　　　　　　　（　　）

二、单项选择题

1. 按照《企业会计准则》规定，成本费用报表是_____。
   - A. 对外报表
   - B. 对内报表(或称内部报表)
   - C. 既是对外报表，又是对内报表
   - D. 对内还是对外，由企业自行决定

2. 成本费用报表属于内部报表，成本费用报表的种类、格式、项目、指标的设计和编制方法、编报日期、具体报送对象，由_____。
   - A. 企业自行决定
   - B. 国家统一规定
   - C. 国家做原则规定
   - D. 上级主管机关规定

3. 比较分析法是指通过指标对比，从_____确定差异的一种分析方法。
   - A. 质量
   - B. 价值量
   - C. 数量
   - D. 劳动量

4. 将两个性质不同但又相关的指标对比求出的比率，称为_____。
   - A. 构成比率
   - B. 相关指标比率
   - C. 动态比率
   - D. 效益比率

5. 连环替代法是顺序用各种因素的实际数替代基数,借以计算各项因素_____的一种分析方法。

  A. 影响原因 B. 影响数量 C. 影响程度 D. 影响金额

6. 可比产品是指_____,有完整的成本资料可以进行比较的产品。

  A. 试制过   B. 国内正式生产过

  C. 企业曾经正式生产过   D. 企业曾经试制过

7. 产值成本率是产品总成本与_____的比率。

  A. 总产值   B. 商品产值

  C. 净产值   D. 总产值或商品产值

8. 可比产品成本降低额是指可比产品累计实际总成本比按_____计算的累计总成本降低的数额。

  A. 本年计划单位成本   B. 上年实际平均单位成本

  C. 上年计划单位成本   D. 国内同类产品实际平均单位成本

9. 技术经济指标变动对产品成本的影响主要表现在对下列指标的影响_____。

  A. 产品总成本   B. 产品产量

  C. 产品单位成本   D. 产品总成本和产品产量

10. 产量变动之所以影响产品单位成本,是由于下述原因_____

  A. 在产品全部成本中包括了一部分变动费用

  B. 在产品全部成本中包括了一部分相对固定的费用

  C. 是指在产品总成本不变的情况下

  D. 是指在产品产量增长超过产品总成本增长的情况下

四、多项选择题

1. 影响可比产品成本降低额变动的因素有_____。

  A. 产品产量   B. 产品价格

  C. 产品品种构成   D. 产品单位成本

2. 影响可比产品成本降低率变动的因素有_____。

  A. 产品产量   B. 产品品种构成

  C. 产品价格   D. 产品单位成本

3. 影响可比产品成本降低额变动的因素有_____。

  A. 产品产量   B. 产品品种构成

  C. 产品价格   D. 产品单位成本

4. 主要产品单位成本表反映的单位成本,包括_____。

  A. 本月实际   B. 同行业同类产品实际

  C. 本年计划   D. 上年实际平均

5. 影响单位产品原材料消耗数量变动的因素有_____。

    A. 产品或产品零部件结构的变化

    B. 材料质量的变化

    C. 生产中产生废料数量和废料回收利用情况的变化

    D. 材料价格的变化

6. 影响单位产品原材料费用变动的因素主要是_____。

    A. 单位产品原材料消耗数量　　　　B. 原材料消耗数量

    C. 原材料单价　　　　　　　　　　D. 原材料价格差异

7. 影响产品单位成本中工资费用变动的因素主要是_____。

    A. 单位产品工时消耗　　　　　　　B. 产品工时定额

    C. 计时工资总额　　　　　　　　　D. 小时工资率

8. 下列指标中，属于产品生产成本表提供的有_____。

    A. 按品种反映的上年实际平均单位成本

    B. 按品种反映的本年实际单位成本

    C. 按品种反映的本年累计总成本

    D. 按品种反映的上年累计总成本

9. 编制技术经济指标变动对产品成本影响分析表，应突出以下特点_____。

    A. 及时性　　　B. 全面性　　　　C. 针对性　　　D. 灵活性

10. 从各项技术经济指标同产品单位成本的关系看，概括起来有以下几种情况_____。

    A. 一些技术经济指标变动直接影响产品产量

    B. 一些技术经济指标变动直接影响产品总成本

    C. 一些技术经济指标变动直接影响产品总成本，又直接影响产量

    D. 一些技术经济指标变动直接影响产品单位成本

五、核算与计算题

1. 全部产品生产成本计划完成情况分析。

【资料】

(1) 产品生产成本表，见表 8-1。

(2) 产值成本率计划数为 60 元/百元，商品产值本月实际数按现行价格计算为 102 000 元。

【要求】

(1) 计算和填列产品生产成本表中总成本各栏数字(各种产品和可比、不可比产品合计)。

(2) 分析全部产品生产成本计划的完成情况和产值成本率计划的完成情况。

2. 可比产品成本降低计划完成情况分析。

【资料】

(1) 表 8-18 产品生产成本表中可比产品部分。

(2) 可比产品成本计划降低额 1 800 元，计划降低率 3.75%。

【要求】

(1) 计算和填列产品生产成本表中总成本各栏数字(各种可比、不可比产品及其合计)。

(2) 分析可比产品成本降低计划的完成情况。

表 8-18　产品生产成本表　　　　　　　　　　　　　　　　　　　　　元

产品名称	计量单位	实际产量	单位成本			总 成 本		
			上年实际平均	本年计划	本期实际	按上年实际平均单位成本计算	按本年计划单位成本计算	本期实际
可比产品合计								
甲产品	件	25	600	590	580			
乙产品	件	35	800	750	730			
不可比产品合计								
丙产品	件	10		200	230			
全部产品								

3. 可比产品成本降低率计划完成情况分析。

【资料】

(1) 可比产品成本计划降低率为 7%。

(2) 产品生产成本表有关可比产品部分，见表 8-19。

表 8-19　产品生产成本表　　　　　　　　　　　　　　　　　　　　　元

产品名称	产量/件		单位成本/元			总成本/元		
	计划	实际	上年实际平均	本年计划	本期实际	按上年实际平均成本计算	按本年计划成本计算	本期实际
甲产品	20	25	380	360	340			
乙产品	22	20	200	190	195			
合计								

(3) 本期材料涨价，影响可比产品成本实际比计划升高 1 400 元。

【要求】

(1) 计算并填入产品生产成本表中总成本各栏计算结果。

(2) 检查可比产品成本降低率计划完成情况，分析其升降原因，并作出评价。

4. 主要产品单位成本表分析。

【资料】

甲产品单位成本表，见表 8-20。

【要求】

(1) 分析甲产品单位成本变动情况。

(2) 分析影响原材料费用变动的因素和各因素变动的影响程度。

表 8-20　主要产品单位成本表

产品名称：甲产品

成本项目	上年实际平均	本年计划	本期实际
原材料/元	1 862	1 890	2 047
工资及福利费/元	150	168	164
制造费用/元	248	212	209
合　计	2 260	2 270	2 420
原材料消耗量/公斤	950	900	890
原材料单价/元	1.96	2.1	2.3

5. 产品单位成本工资及福利费项目分析。

【资料】

甲产品单位成本工资及福利费项目为：计划 160 元，实际 210 元；经查，单位产品工时消耗为：计划 40 小时，实际 35 小时；小时工资率为：计划 4 元，实际 6 元。

【要求】采用差额计算法，计算工时消耗数量和小时工资率变动对产品单位成本工资及福利费项目变动的影响程度。

6. 单位产品原材料费用变动分析。

【资料】某厂改进乙产品设计，简化了产品结构，减轻了产品重量，改进了乙产品加工方法，提高了原材料利用率。改进前后的有关资料见表 8-21。

表 8-21　乙产品原材料费用变动表

项　目	改进前	改进后
材料费用总额/元	75 000	69 000
材料平均单价/元	15	15
材料消耗总量/公斤	5 000	4 600
加工后产品净重/公斤	4 750	4 462
产品产量/件	200	200

注：废料无残值。

【要求】

(1) 计算由于改进乙产品设计，减轻乙产品重量，对单位产品原材料费用的影响。

(2) 计算产品加工方法改进前后的原材料利用率以及由于原材料利用率变动对单位产品原材料费用的影响。

(3) 计算上述两项措施对乙产品单位产品原材料费用的影响。

7. 材料费用变动情况分析。

【资料】丙产品原材料消耗情况见表 8-22。

表 8-22　丙产品原材料消耗表

材料种类	计划配方				实际配方			
	单价/(元/千克)	用量/千克	配比/%	金额/元	单价/(元/千克)	用量/千克	配比/%	金额/元
A	30	72	60	2160	28	80	64.52	2 240
B	80	48	40	3840	86	44	35.48	3 784
合　计		120	100	6 000				6 024
平均单价				50				48.58

【要求】根据表 8-22 资料，分别计算材料消耗总量、配料比例和材料价格变动对丙产品材料费用变动的影响。

参 考 文 献

1. 会计初级资格考试用书. 成本会计. 北京：经济科学出版社，1999

2. 徐政旦等. 成本会计. 上海：上海三联书社，1994

3. 于富生等. 成本会计. 北京：中国人民大学出版社，1999

4. 陈守文. 成本会计. 沈阳：辽宁人民出版社，2000

5. 欧阳清. 成本会计学. 大连：东北财经大学出版社，1999

6. 周朝琦等. 成本控制. 成都：西南财经大学出版社，1999

7. 于富生. 作业成本计算与控制. 北京：立信会计出版社，2000

8. [美]理查德 B.蔡斯(Richard.chase)(南加州大学)，尼克拉丁·阿奎拉若(Nichdas.Aquilano)(亚利桑那大学)，F.罗伯特·雅各布斯(F.RoberitJacobs)(印第安纳大学)著. 许国防译. 生产与运作管理——制造与服务.

   第10版. 北京：机械工业出版社，1999

9. [美]卡尔 S.沃伦，詹姆斯 M.里夫，菲利普 E.费斯. Accounting(下). 袁淳，曾刚等译. 北京：中信出版社，2003

10. 财政部注册会计师考试委员会办公室编. 2006 年度、2007 年度、2008 年度、2009 年度注册会计师全国统一考试指定辅导教材财务成本管理.

11. 易庭源. 企业成本学. 武汉：湖北科学技术出版社，1997

12. 陈轲. 成本会计学(第 2 版). 北京：经济科学出版社，2002

13. 林万祥. 成本会计学. 成都：西南财经大学出版社，2001

14. 冯浩. 成本会计学. 武汉：武汉大学出版社，2002

15. 冯浩. 成本会计理论与实务. 北京：中国物价出版社，1998

16. 于富生等. 成本会计学. 北京：中国人民大学出版社，2006

17. 万寿义. 成本会计. 大连：东北财经大学出版社，2003

18. 乐艳芳. 成本会计. 上海：上海财经大学出版社，2006

19. 万寿义，任月君，李日昱. 成本会计习题与案例. 大连：东北财经大学出版社，2003

20. 于富生，王俊生，黎文珍. 成本会计学教学辅导用书. 北京：中国人民大学出版社，1999

21. 焦跃华. 成本会计学. 北京：中国财政经济出版社，2001

22. Ronald W. Hilton, Michael W. Maher, Frank H. Selto: Cost Management:Strategies for Business Decisions. 2th edition. The McCraw-Hill Companies, Inc, 2003

23. Edward J . Blocher, Kung H. Chen, Thomas W. Lin,:Cost Management:A Strategic Emphasis. The McCraw-Hill Companies, Inc, 2002

24．Don R．Hansen，Maryanne M．Mowen ，Cost? Management : Accounting and Control,South-Western College Publishing2000.

25．Macher，M.，Cost Accounting:：Creating Value for Management(Fifth Edition), The McGraw-Hill Companies，Inc.1997

读者回执卡

欢迎您立即填妥回函

您好！感谢您购买本书，请您抽出宝贵的时间填写这份回执卡，并将此页剪下寄回我公司读者服务部。我们会在以后的工作中充分考虑您的意见和建议，并将您的信息加入公司的客户档案中，以便向您提供全程的一体化服务。您享有的权益：

★ 免费获得我公司的新书资料；　　　　★ 免费参加我公司组织的技术交流会及讲座；

★ 寻求解答阅读中遇到的问题；　　　　★ 可参加不定期的促销活动，免费获取赠品；

读者基本资料

姓　　名＿＿＿＿＿＿＿　性　别 □男　□女　年　龄＿＿＿＿＿＿＿

电　　话＿＿＿＿＿＿＿　职　业＿＿＿＿　文化程度＿＿＿＿＿

E-mail＿＿＿＿＿＿＿　邮　编＿＿＿＿＿

通讯地址＿＿＿＿＿＿＿＿＿＿＿＿＿＿＿＿＿＿＿＿＿

请在您认可处打√（6至10题可多选）

1、您购买的图书名称是什么：＿＿＿＿＿＿＿＿＿＿＿＿＿＿＿

2、您在何处购买的此书：＿＿＿＿＿＿＿＿＿＿＿＿＿＿＿

3、您对电脑的掌握程度：	□不懂	□基本掌握	□熟练应用	□精通某一领域
4、您学习此书的主要目的是：	□工作需要	□个人爱好	□获得证书	
5、您希望通过学习达到何种程度：	□基本掌握	□熟练应用	□专业水平	
6、您想学习的其他电脑知识有：	□电脑入门	□操作系统	□办公软件	□多媒体设计
	□编程知识	□图像设计	□网页设计	□互联网知识
7、影响您购买图书的因素：	□书名	□作者	□出版机构	□印刷、装帧质量
	□内容简介	□网络宣传	□图书定价	□书店宣传
	□封面，插图及版式	□知名作家（学者）的推荐或书评		□其他
8、您比较喜欢哪些形式的学习方式：	□看图书	□上网学习	□用教学光盘	□参加培训班
9、您可以接受的图书的价格是：	□ 20 元以内	□ 30 元以内	□ 50 元以内	□ 100 元以内
10、您从何处获知本公司产品信息：	□报纸、杂志	□广播、电视	□同事或朋友推荐	□网站
11、您对本书的满意度：	□很满意	□较满意	□一般	□不满意

12、您对我们的建议：＿＿＿＿＿＿＿＿＿＿＿＿＿＿＿＿

请剪下本页填写清楚，放入信封寄回，谢谢！

100084

北京100084—157信箱

读者服务部　　　收

贴邮票处

邮政编码：□□□□□□

技术支持与课件下载：http://www.tup.com.cn

读 者 服 务 邮 箱：service@wenyuan.com.cn

邮 购 电 话：(010)62791865　(010)62791863　(010)62792097-220

组 稿 编 辑：温 洁

投 稿 电 话：(010)62788562-330

投 稿 邮 箱：wenjien_tup@163.com

wenjie@tup.tsinghua.edu.cn